2040 직장인을 부자로 만드는
월급쟁이 경제상식

초판 1쇄 인쇄 2025년 9월 22일
초판 1쇄 발행 2025년 9월 29일

지은이 김종선
펴낸이 박세현
펴낸곳 팬덤북스

기획 편집 곽병완
디자인 김민주
마케팅 전창열
SNS 홍보 신현아

주소 (우)14557 경기도 부천시 조마루로 385번길 92 부천테크노밸리유1센터 1110호

전화 070-8821-4312 | **팩스** 02-6008-4318
이메일 fandombooks@naver.com
블로그 http://blog.naver.com/fandombooks

출판등록 2009년 7월 9일(제386-251002009000081호)

ISBN 979-11-6169-369-9 03320

* 이 책은 저작권법에 따라 보호받는 저작물이므로 무단전재와 무단복제를 금지하며,
  이 책 내용의 전부 또는 일부를 이용하려면 반드시 출판사 동의를 받아야 합니다.
* 책값은 뒤표지에 있습니다.
* 잘못된 책은 구입처에서 바꿔드립니다.

**2040 직장인을 부자로 만드는
월급쟁이 경제상식**

2040 직장인을 부자로 만드는

월급쟁이 경제상식

취업, 창업, 세금, 보험, 금융, 부동산 에서 챗GPT까지

경제상식의 모든 것!

팬덤북스

프롤로그

경제 독립을 위한 가장 확실한 전략?
경제상식을 제대로 다지는 것에서
시작하자!

동서고금을 막론하고 20대~40대는 각자의 인생에서 가장 중요한 시기라고 할 수 있다. 미래를 위한 본격적인 준비를 하고 도약해 나가는 중요한 시기이기 때문이다. 대학에서, 사회에서 지식과 지혜를 쌓으면서 경제적인 부를 축적하는 시기다. 그러니 20대-40대에게 있어 다양한 경제지식은 필수불가결한 것이다.

필자가 청운의 꿈을 품고 학업에 매진하던 대학시절, 사회에 첫발을 내딛던 시절 그리고 사회의 등뼈가 되어 활동하던 그때와 지금은 달라도 참 많이 다르다. 이것저것 사회에서 요구하는 바가 많아서 해야 할 것 또한 산더미처럼 쌓이기 십상이다. 분명 필자가 달려온 시절에 비해 지금의 20대~40대들은 보다 빠르고 길게 경제생활에 노출되고 있다. 그럼에도 과거나 지금이나 알고 있는 경제상식의 폭과 깊이는 큰 차이가 없는 것 같아 안타깝다.

필자는 20대~40대로 대표되는 사회의 등뼈 세대를 사랑한다. 필자가 살아 낸 그 시절의 20대~40대가 아닌 현재를 살고 있는 20대~40대를 사랑한다. 그래서 20대~40대들의 삶이 너무나 바쁘고 힘들어 보여 안스럽다는 생각을 종종 한다. 《2040 직장인을 부자로 만드는 월급쟁이 경제상식》을 집필한 이유도 모두 그 때문이다. 아무쪼록 20대~40대들의 경제지식 함양에 조금이나마 일조하기를 소망해 본다.

이 책에는 창업과 농사 펀드, 인터넷은행은 물론 챗GPT, 코파일럿, 제미니 등 사회적 이슈가 되고 있는 최신 내용들을 가능한 많이 담기 위해 노력했다. 이 책 한 권이면 기본적인 경제상식을 익힐 수 있도록 도움을 주기 위해서다. 20대~40대 독자들에게 말하고 싶다. 취업을 하고자 한다면 혹은 이직을 계획하고 있다면 어떤 것을 준비하고 알아 두어야 하는지, 거래와 영수증 관리는 왜 필요하고 어떻게 관리하면 효과적인지, 사회생활을 위해 반드시 알아 두어야 할 경제법 상식은 무엇인지, 기업 이해에 필수적인 사항들은 무엇인지, 왜 기업뿐만 아니라 개인도 재무관리가 필요한지, 마케팅 전략은 과연 무엇인지, 경제를 움직이는 원리는 무엇인지 등을 충분히 공부해 두기 바란다.

아직 젊으니까 필요성을 크게 느끼지 못할 수도 있다. 경제상식은 어려서 습득할수록 인생 전체에 큰 힘이 된다. 훗날 50대, 60대가 되었을 때 끝 모를 고민의 나락에서 헤매게 될지, 아니면 앞만 보고 성취가도를 달려가고 있을지는 20~40대인 지금 얼마나 경제상식을 충분히 학습했느냐에 달려 있다. 아는 만큼 보인다는 진리는 경제에도 적용되기 마련이다.

이 책을 집필하는 데 도움을 준 제자들에게 고맙다는 말을 하고 싶다. 글들과의 소통을 통해 필자 스스로 많은 것을 배우고 깨닫게 되어 진심으로 감사한다. 조금이라도 많이 가르치고 집필하려고 노력하지만, 시간이 흐르고 나면 결국 필자가 배운 것이 더 많다는 결론을 내린다. 이런 미안함과 고마움을 이 책을 통해 20대~40대들에게 조금이나마 보답하고자 한다.

마지막으로 많은 가르침을 주신 스승이신 유세준 교수님, 사랑하는 아내와 큰 아들 연수, 작은 아들 완수, 그리고 늘 부족한 가르침에도 불구하고 변함없이 성원해 주는 사랑하는 독자들께 깊이 감사드린다.

2025년 9월
저자 김종선

목차

프롤로그 5

1부 | 경제활동 상식 아는 척하기

1장 • 취업상식 18

01 좋은 일자리를 구하기 위한 준비 사항 19
02 인턴 제도란 무엇이고, 어떻게 활용하면 좋을까? 25
03 연봉을 올리기 위한 전략 30
04 퇴직급여란 무엇인가? 35
05 실업급여, 남의 이야기가 아니다 40
06 평생직장은 없다 46
07 이직, 배신이 아니다 50
08 스펙 전성시대, 무엇을 어떻게 준비할 것인가? 54

2장 • 창업상식 58

01 창업 어떻게 준비할까? 59
02 창업 자금은 어떻게 조달할까? 64
03 프랜차이즈에 대한 이해 68
04 프랜차이즈 창업의 장단점은? 72
05 프랜차이즈 창업, 정보공개서를 꼼꼼하게 따져라 76
06 프랜차이즈를 창업하는 절차는 어떻게 될까? 80
07 일반(독립) 창업 절차는 어떻게 되나? 84
08 규제 완화는 성공 창업으로 가는 새로운 틈새시장 88

09	창업 전문가의 도움을 받아라	92
10	창업을 위한 상권 분석 요령	95
11	매출 신장을 위한 요령	98
12	목 좋다고 무조건 창업하면 쪽박 찬다	101

3장 • 세금상식   104

01	근로소득세와 연말정산이란 무엇인가?	105
02	연말정산, 이것만은 꼭 챙겨 두자	109
03	자영업자라면 꼭 챙겨야 할 세금 하나, 사업소득세	112
04	자영업자라면 꼭 챙겨야 할 세금 둘, 부가가치세	116
05	자영업자, 직장인 모두가 챙겨야 하는 종합소득세	118
06	원천징수란 무엇인가?	120
07	세금 납부 기간을 꼭 챙겨라	123

4장 • 필수 보험상식   126

01	국민연금이란 무엇인가?	127
02	건강보험이란 무엇인가?	131
03	고용보험이란 무엇인가?	134
04	산재보험이란 무엇인가?	137
05	노인장기요양보험이란 무엇인가?	140
06	퇴직보험과 퇴직연금이란 무엇인가?	143
07	자동차보험이란 무엇인가?	146

2부 | 금융활동 상식 아는 척하기

1장 • 거래와 영수증 관리   150
- 01 신용카드 사용 기록을 꼼꼼히 챙겨라   151
- 02 현금을 썼다면 반드시 현금영수증을 챙겨라   155
- 03 만일을 위해 영수증을 꼭 보관하라   158
- 04 구매 전에 반드시 환불 규정을 확인하라   160
- 05 인터넷 쇼핑, 지나치게 저렴한 상품은 주의하라   164
- 06 구매 시 인증 마크를 확인하는 습관을 길러라   167
- 07 사용 기간 지난 모바일 상품권은 연장해서 사용하라 170

2장 • 금융활동 관리   174
- 01 제1금융권과 제2금융권은 어떻게 다른가?   175
- 02 대출이라고 모두 똑같지 않다   178
- 03 지혜롭게 대출받는 것도 전략이다   181
- 04 마이너스 통장, 잘 쓰면 득이나 잘못 쓰면 독이다 184
- 05 대출 이자를 연체하면 금융권에서 관련 정보가 공유된다 186
- 06 개인파산 제도란 무엇인가?   189
- 07 파산 말고 개인워크아웃도 있다   192
- 08 프리워크아웃이란 무엇인가?   196
- 09 신용카드는 현명하게 사용하라   198
- 10 신용카드 잘못 쓰다가는 쪽박 찬다   202
- 11 잠자는 신용카드 포인트를 깨워라   205
- 12 인터넷 은행을 활용하라   209
- 13 개인정보 유출에 철저히 대비하라   213

3장 • 각종 거래에 필요한 상식　218

01 돈을 빌리거나 빌려줄 때 챙겨야 할 차용증　219
02 돈을 빌리거나 빌려줄 때 챙기면 좋은 약속어음 공증　222
03 웬만한 문제는 내용증명만으로 해결 가능　225
04 연대보증이 폐지되었지만, 100% 없어지지는 않았다　228
05 보증은 절대로 서지 마라　231
06 인감도장이나 인감증명서를 함부로 사용하지 마라　233
07 소액소송은 변호사 없이도 가능하다　236
08 대리인과 거래할 때 챙겨야 할 것은?　239
09 전세권 등기가 좋을까, 확정일자가 좋을까?　242
10 부동산 계약 시 반드시 챙겨야 할 등기사항전부증명서　245

3부 | 시사경제상식 아는 척하기

1장 • 금리 기본 상식　250

01 금리란 무엇인가?　251
02 금리의 종류　254
03 금리는 어떻게 결정될까?　259
04 금리가 채권 시장을 쥐락펴락한다?　262
05 국내 금리도 글로벌 변수의 영향을 받는다　265
06 금융 위기를 알면 금융 시장을 이해한다　268
07 금리와 주식시장 사이의 함수 관계는?　271

2장 • 통화량 기본 상식　274

　01　통화와 통화량이란 무엇인가?　275
　02　통화량은 어떻게 측정될까?　277
　03　통화량이 증가하면 인플레 압력이 높아진다　280
　04　통화량이 자산 버블에 큰 영향을 준다?　282
　05　통화량 조절을 위한 정부의 정책 수단은?　284

3장 • 물가 기본 상식　288

　01　물가란 무엇인가?　289
　02　물가는 어떻게 측정될까?　291
　03　소비자물가지수란 무엇인가?　293
　04　도매물가지수란 무엇인가?　296
　05　물가와 실업률 사이의 상충 관계란 무엇인가?　298
　06　물가 상승이 발생하는 이유는 무엇인가?　300

4장 • 투자 기본 상식　302

　01　투자란 무엇인가?　303
　02　고용 없는 투자가 문제다　306
　03　정부는 어떻게 투자 촉진을 유도하나?　309
　04　농사 펀드가 차츰 바꿔 나갈 농업의 미래　312

5장 • 국민소득 기본 상식　316

　01　국민소득이란 무엇인가?　317
　02　**GNP vs GDP**　320
　03　**GDP** 구성 항목은 어떻게 되나?　323
　04　우리나라의 최근 **GDP**　325
　05　**GDP**가 높다고 잘사는 것은 아니다?　328

4부 | 기업활동 상식 아는 척하기

1장 • 재무제표 기본 상식　　　　　　　　　　332

　　01 포괄손익계산서의 이해　　　　　　　333
　　02 재무상태표란 무엇인가?　　　　　　335
　　03 현금 흐름표란 무엇인가?　　　　　　338
　　04 자본변동표란 무엇인가?　　　　　　340
　　05 현금주의 vs 발생주의　　　　　　　342
　　06 수익비용대응의 원칙　　　　　　　　344
　　07 기업회계기준이란 무엇인가?　　　　346

2장 • 재무관리 기본 상식　　　　　　　　　　350

　　01 화폐의 시간 가치 이해는 필수다　　　351
　　02 위험과 기대수익 사이의 함수 관계　　354
　　03 현금 흐름에 주목하라　　　　　　　　356
　　04 자본 예산이란 무엇인가?　　　　　　359
　　05 환위험을 관리하라　　　　　　　　　362
　　06 자본비용이란 무엇인가?　　　　　　365
　　07 100% 자기자본이 무조건 좋은 것은 아니다　　368

3장 • 마케팅 전략　　　　　　　　　　　　　372

　　01 STP 전략 활용을 통한 마케팅 효과 극대화　　373
　　02 SWOT 분석으로 마케팅 전략 수립하기　　375
　　03 마케팅의 핵심은 소비자의 마음 읽기　　377

4장 • 기업의 이해　　　　　　　　　　　　　　380

　　01　회사는 망해도 사장은 망하지 않는다?　　381
　　02　지주회사란 무엇인가?　　384
　　03　기업의 자금 조달 방식　　386
　　04　손해를 감수하면서도 생산하는 이유　　388

5부 | 재테크 상식 아는 척하기

1장 • 주식시장　　　　　　　　　　　　　　392

　　01　거래소 시장과 코스닥　　393
　　02　코스피200이란 무엇인가?　　396
　　03　프로그램 매매란 무엇인가?　　399
　　04　주식시장은 언제나 합리적이다?　　402
　　05　기술적 분석과 기본적 분석　　405
　　06　신용등급 평가란 무엇인가?　　408

2장 • 금융시장　　　　　　　　　　　　　　412

　　01　기준금리란 무엇인가?　　413
　　02　예대마진이란 무엇인가?　　417
　　03　가계 부채 해답은 무엇인가?　　421
　　04　금리의 기능과 역할은 무엇인가?　　424
　　05　환율과 국제 수지　　426

3장 • 보험과 펀드 _____ 428

- 01 실비보험, 잘 들면 요긴하다 — 429
- 02 저축성 보험은 신중하게 선택하라 — 433
- 03 보장성 보험은 만약을 대비하는 것이다 — 436
- 04 펀드란 무엇인가? — 439
- 05 어떤 펀드가 좋은 펀드인가? — 442
- 06 펀드 투자 시 주의할 점 — 445

4장 • 부동산 시장 _____ 448

- 01 청약통장을 알아야 내 집 마련이 쉬워진다 — 449
- 02 부동산 거래 시 꼭 알아야 할 것 — 453
- 03 부동산 경매, 집도 장만하고 돈도 벌 수 있다 — 456
- 04 고령화 사회와 부동산 시장 사이의 함수 관계는? — 459
- 05 인구 감소가 부동산 폭락을 이끈다? — 463
- 06 앞으로는 안전한 부동산이 사랑받는다 — 466
- 07 모바일이 부동산 시장을 바꾼다 — 471

5장 • 인공지능으로 경제활동하기 _____ 474

- 01 챗GPT에 주목하자! 취업과 이직의 비밀병기가 될 수 있다 — 475
- 02 챗GPT, 실무에서 이렇게 활용하자 — 480
- 03 업무 혁신을 가능케 하는 코파일럿, 디지털 시대의 동반자이다 — 483
- 04 당신의 금융 멘토, 제미니를 활용한 스마트 재테크 — 488

1부。

경제활동 상식 아는 척하기

1장
취업상식

01 좋은 일자리를 구하기 위한 준비 사항

'좋은 일자리'를 준비하기에 앞서서 '좋은 일자리'란 어떤 일자리를 의미하는지 살펴 볼 필요가 있다. 흔히들 안정적인 직업을 최고의 직업이라고 강조하곤 한다. 이럴 때마다 등장하는 일자리가 공무원이나 고수익을 올릴 수 있는 전문 직종, 누구나 알아주는 대기업 등이다. 과연 방금 열거한 일자리가 무조건 좋은 곳일까? 그런 일자리를 찾기 위해 남보다 훌륭한 스펙을 쌓기 위해 노력해야만 할까?

현재 나타나고 있는 청년실업 문제는 우리가 흔히 생각하는 좋은 일자리에 취직하고 싶어 하는 청년들이 많아서 나타나는 현상이라고 해도 무방하다. 좋은 일자리는 한정적인데 그곳을 꿈꾸는 청년 구직자들은 언제나 넘쳐 나기 때문이다. 이런 이유로 청년 구직자들은 항상 경쟁과 스트레스로 몸살을 앓고 있다.

잠시 생각해 보자. 모든 사람들이 선망하고 추구하는 일자리가 과연 누구에게나 좋은 일자리일까? 그렇지 않다. 직업은 그 특성상 현재 누구나 선망하는 직업이라고 할지라도 미래에도 그러리라는 보장이 없다. 과거에는 없었던 유망한 직종과 새로운 직업이 속속 등장하고 있다. 좋은 일자리에 대한 기준도 상대적이어서 언제나 변화할 수 있다는 점을 간과해서는 안 된다. 또한 현재 유망한 직종일수록 많은 사람들이 몰려 치열한 경쟁이 발생하게 된다는 점 역시 주목할 필요가 있다.

그렇다면 좋은 일자리를 구하기 위한 가장 바람직한 기준은 무엇일까? 답은 의외로 간단하고 명료하다. 자신의 적성과 취향에 적합한 일자리가 정답이다. 단순히 소득이 목적이 아니라 일에 대한 만족도와 성취감을 추구하기 위해서라면 더더욱 적성과 취향은 중요한 요소라고 하겠다.

한국직업능력개발원의 연구결과에 따르면, 직업에 대한 만족도가 가장 높은 직업은 사진작가인 것으로 나타났다. 뒤를 이어 작가, 작곡가, 바텐더, 인문과학 연구원, 상담 전문가 등의 순서였다. 반대로 만족도가 가장 낮은 직업으로는 모델, 의사, 크레인 운전사 등의 순서였다. 스트레스가 가장 많은 직업으로는 투자 분석가, 방송 연출가, 외환 딜러 등이 손꼽혔다. 높은 수익이 보장되어도 고용 불안과 스트레스가 직업 만족도를 현저히 떨어뜨린다는 것이다.

실제로 우리 주변에는 의사, 변호사 등 남들이 선망하는 직업에 종사하다가 어느 날 갑자기 시골로 귀향하는 경우가 의외로 많다. 대부분 극심한 스트레스와 심적 불안이 원인이다. 좋은 일자리를 찾으려면 먼저 대학교에서 실시하고 있는 무료 진로 상담 프로그램이나 성격과 적성을 검사할 수 있는 적성검사 등을 통해 자신에게 적합한 일자리를 찾는 것이 무엇보다 중요하다.

한편 한국고용정보원의 〈2016년 재직자 조사〉에서는 만족도가 높은 직업으로 판사, 도선사, 목사, 대학총장 등이 나타난 바 있다. 그러나 2024년 발표한 〈2023 한국의 직업정보〉에 따르면, 만족도가 높은 직업으로 수의사, 대학교수, 재활치료사, 치과의사, 사서, 법률전문가 등이 상위권에 오른 것으로 나타났다. 이처럼 시간의 흐름에 따라 만족도가 높은 직업은 바뀌게 된다. 대표적인 경우로 최근 미국의 직업 조사 커뮤니티인 '글래스도어'의 조사를 들 수 있다.

글래스도어가 미국의 직장인들을 대상으로 '최고의 직업 순위'를 조사한 자료에 따르면 가장 만족도가 높은 직업은 'AI 엔지니어'인 것으로 나타났다. 그 뒤를 이어 '제품 매니저', '데이터 사이언티스트', '프로젝트 매니저', 'HR 매니저' 등의 직군이 상위권을 차지했다. 과거 가장 만족도가 높았던 직업이었던 '빅데이터 분석가'도 여전히 상위 10위 안에 포함된 것으로 나타났으나 만족도는 하락한 것으로 조사되었다. 'AI 엔지니어'는 인공지능 알고리즘을 설계하고, 대규모 데이터를 활용해 예측, 자동화, 생성 등의 기능을 구현함으로써 다양한 산업에 혁신을 일으키는 사람이다. 어찌 보면 복잡한 수학, 통계, 프로그래밍 지식이 요구되는 고난도 직무이기 때문에 만족도가 떨어질 것처럼 보일 수 있다. 그럼에도 불구하고, 기술 발전의 최전선에서 일한다는 성취감과 높은 수요에 따른 안정적인 처우 덕분에 높은 직업 만족도를 보이는 것으로 나타났다.

물론 아직까지 우리나라에서는 'AI 엔지니어'가 높은 만족도를 보이는 직업이 아닌 것은 사실이다. 그러나 미국의 예에서 볼 수 있듯 조만간 누구나 선망하는 직업으로 발돋움할 것으로 예상된다. '빅 데이터 분석'이 우리 일상생활에까지 매우 중요한 의미를 갖게 되었기 때문이다. 좋은 직업, 좋은 일자리는 시간의 흐름에 따라 계속 변화하기 마련이다.

이런 이유로 정부에서도 구직자들이 바뀌는 추세에 발맞춰 좋은 일자리를 구하기 쉽도록 다양한 정책을 개발하여 실시하고 있다. 그중 하나가 각 지역의 대학생과 우수 기업을 연결해 주는 '희망이음 프로젝트'이다. 단편적인 기업 정보와 채용 정보로 대학생들이 기업의 실상을 제대로 파악하지 못해 입사 지원을 망설이거나, 입사 후에도 직무에 대한 불만으로 조기 퇴사하는 경우 등을 예방하기 위해, 지역의 우수 기업을 선별하고 취업 준비생들에게 체험 기회와 실질적인 정보를 제공하는 프로그램이다. 정부가 지원하는 프로그램에 적극적으로 참여하는 것도 좋은 일자리를 얻기 위한 과정이라고 할 수 있다.

희망이음 프로젝트 홈페이지 자료(희망이음 프로젝트, www.hopeium.kr)

    아울러 정부에서 지자체와 해당 지역의 기업 지원 기관, 대학 등을 활용하여 실시하고 있는 인턴 제도 역시 취업 준비생들이 적성에 맞는 좋은 일자리를 구하는 데 큰 도움을 준다. 인턴 제도에 대해 잘 알아보고 자신이 평소 찾고 있던 일자리나 관심 있는 일자리에 지원해 보는 것도 좋은 방법이다.

    다시 한 번 말하지만 이것저것 스펙 쌓기에 치중하기보다는 자신의 적성과 소질, 전공에 맞는 기업을 선택하여 그 기업이 원하는 핵심 인재가 되도록 노력하는 것이 중요하다. 또한 대학 졸업 후 바로 취업해야 한다는 사회적 인식이 취업 준비생들에게 부담이 되어 결국 조기 퇴사의 원인이 되거나, 되는 대로 지원해서 마구잡이식의 경력을 쌓는 일이 일어나기도 한다. 서두르지 않고 충분한 시간을 가지며 심사숙고해서 자신의 재능을 발휘할 일자리를 택하는 것이 무척 중요하다.

　좋은 일자리는 남들이 좋다고 하는 일자리가 아니다. 자신의 적성에 맞는 일자리, 자신이 잘할 수 있는 분야의 일자리, 자신의 능력과 창의성을 최대한 발휘할 일자리가 좋은 일자리이다. 좋은 일자리를 얻기 위해서는 무엇보다 자신의 적성에 맞는 일자리에 대한 준비를 해야 하는 것이다.

인턴 제도란 무엇이고, 어떻게 활용하면 좋을까?

　인턴 제도를 아주 쉽게 정의한다면, 기업에서 원하는 인재인지 여부를 실제 업무를 통해 검증한 후 신입사원으로 채용하기 위한 과정이라 정의할 수 있다. 취업난이 갈수록 심화되고 있고, 취업 준비생들의 스펙 관리도 치열해지고 있다. 대다수의 대학생들은 경력에 도움이 되지 않는 일반 아르바이트보다는 분야만 같다면 경력으로 인정되는 인턴 사원이 되기를 희망한다. 그래서 틈나는 대로 인터넷과 오프라인 구인 광고를 들여다 보거나 선후배들을 통해 인턴 사원 채용 정보를 찾기 위해 열심히 노력하는 것이다.

　인턴 사원 채용 정보를 찾더라도 기업마다 기본적으로 나이 제한이나 학력 제한은 물론 각종 자격증을 보유하고 있는 사람을 우대하는 기준이 있기 때문에 선뜻 지원을 망설이는 경우가 다반사이다. 사실 기업들이 인턴 사원을 채용할 때 위에서 언급한 요건과 함께 중요하게 고려하는 것이 있다. 인턴을 지원한 사람이 얼마나 열심히 일을 할 수 있는지, 해당 기업과는 얼마나 잘 맞는지를 평가한다는 사실을 간과해서는 안 된다. 인턴 사원을 채용하는 이유를 곰곰이 생각해 본다면 충분히 이해가 될 것이다.

기업의 입장에서 볼 때 인턴 사원을 채용한 이후 기업에 적합하다고 판단된다면 정규직 사원으로의 전환을 도모할 것이다. 이미 조직 문화나 업무를 파악하고 있는 만큼 별도의 교육 비용이나 적응 절차가 필요 없기 때문이다. 그럼에도 대부분의 인턴 사원들은 자신들이 비록 인턴 사원으로 채용됐다 하더라도 정규직이 되어 꾸준하게 다니기는 어렵다는 이유로 끊임 없이 눈을 돌려 안정적인 일자리를 찾으려고 애쓴다.

사회적으로 인재 채용을 위한 방법으로 인턴 제도가 확실히 자리를 잡았는데도, 여전히 대다수의 취업 준비생들은 인턴 제도가 기업을 위한 제도라고 생각하고 있다. 인턴 제도는 기업에게만 이익이 되는 제도가 결코 아니다. 인턴 제도에 지원한 사람들은 자신이 해당 업무에 어울리는 적성과 성격을 갖고 있는지, 과연 자신에게 적합한 업무인지 검토하는 기회로 활용해야 한다.

그러기 위해선 취업 준비생들의 의식 속에 자리 잡고 있는 인턴 제도에 대한 발상의 전환이 필요하다. 인턴 사원을 가리켜 흔히 허드렛일을 하는 사원이라고 생각하면서 비꼬기도 하지만, 신입사원으로 입사했다고 생각하고 업무를 하나씩 차근차근 배워야 한다. 작은 일들을 성공시켜 가는 과정에서 자신감을 키우고 실무 적응력을 향상시켜 나간다면 자신을 한 단계 발전시키는 기회가 될 것이다.

요즘은 경기 침체로 청년 실업이 심화되면서 민간 기업뿐만 아니라 공공기관에서도 청년들을 대상으로 하는 인턴 채용을 확대하고 있다. 2024년 12월 기획재정부가 발표한 '2024년 공공기관 청년인턴 운영계획' 자료에도 이러한 흐름이 잘 나타나고 있다.

자료에 따르면, 2024년 공공 부문의 청년 고용 확대를 위해 공공기관 평가 대상을 체험형 인턴에서 체험형 + 채용형으로 포함 및 확대하고, 6개월 인턴 채용에 대한 평가를 신설하여 2023년 실적부터 즉시 적용하며, 인턴 운영 우수기관을 선정하여 부총리 포상10개 기관을 수여하는 등 특정인센티브도 강화하는 내용이 제시된 바 있다.

구체적인 내용을 살펴보면, 2024년 공공기관 청년 인턴을 총 22만 명 채용하고 6개월 인턴도 1만 명 수준으로 대폭 확대한다. 이제 공공 기관이 채용하는 인턴에도 적극 관심을 가져 보는 것이 바람직하다는 점을 보여 주는 것이라 하겠다. 다음은 2024년 청년인턴 운영계획 보도자료 중 일부이다.

기획재정부 청년인턴 관련 보도자료 (기획재정부 2023년 12월 18일)

    한편 인턴 제도에 대한 너무 큰 기대와 이해력 부족으로 인해 대학 전공이나 자신이 잘할 수 있다고 생각하는 분야와 관련된 일을 시켜 주지 않으면 실망하고 일을 그만두는 경우가 종종 있다. 이런 자세는 자신을 위해서라도 결코 지혜로운 선택이 아니라는 점을 명심하자. 인턴 사원이라고 하더라도 신입사원의 자세로 자신에게 주어진 일을 묵묵히 하다 보면 반드시 인정을 받게 되는 날이 올 것이다. 다음의 사례들은 시사하는 바가 매우 크니 천천히 숙지해 두도록 하자.

    어느 외국 회사의 여성 임원은 인턴 사원 당시 붙여진 별명이 '카피걸copy girl'이었다고 한다. 그녀는 복사 부탁을 받을 때마다 매번 복사기 유리를 깨끗이 닦고, 글씨가 작은 것은 확대 복사를 해서 보기 편하게 해주는 등 정성을 들여서 복사를 했다고 한다. 그런 좋은 습관을 인정한 회사 선배들은 그녀에게 일도 많이 가르쳐 주고 밥 먹으러 갈 때도 자주 데리고 갔다. 이러한 노력이 그녀를 여성 임원으로 만드는 중요한 밑바탕이 되었음은 물론이다.

'스크랩맨scrap man'이란 별명을 얻었던 임원도 있었다. 역시 인턴 사원 시절에 자료 스크랩 지시를 받으면 유사한 다른 자료들을 찾아 함께 붙여 주거나 자료 아래에 자신의 의견을 메모지에 적어 붙이는 등의 노력을 했다고 한다. 하나를 시키면 두 가지, 세 가지를 알아서 해주는 후배가 어찌 사랑스럽지 않겠는가! 당연히 '카피걸'과 '스크랩맨'은 동기보다 매번 승진이 빨랐고, 결국 둘 다 회사의 임원 자리에 앉게 되었다.

인턴 사원으로 일하는 것을 단순히 아르바이트 수준으로 보거나, 자신에게 중요한 일을 시켜 주길 바라면서 불평만 해서는 안 된다. 자신이 한 발 앞으로 나아가기 위한 발판으로 삼는다면 앞에서 본 예처럼 인턴 사원에서 회사의 임원까지 오르는 꿈이 결코 몽상만은 아닌 것이다.

연봉을 올리기 위한 전략

 현재 사회생활을 하고 있거나 장차 사회에 진출하게 되면 연봉 협상을 하게 된다. 물론 경력이 쌓이다 보면 현재 받고 있는 연봉보다 높은 연봉 수준을 꿈꾸게 될 것이다. 그러나 사회는 냉엄하다. 꿈만 꾼다고 해서 이루어지는 것은 아무것도 없다. 연봉을 높이기 위해서는 나름의 전략이 필요하다. 신입이든 경력직이든 동일하다.

▶ 업무 외 시간을 투자하라

 자기 분야에서 1인자가 되겠다는 각오로 자기 계발을 꾸준히 해야 한다. '어떻게 How'에 길들여진 기술자가 아니라 '무엇 What'을 해야 하는지를 이해하는 전문가가 되어야 한다. 근무 시간 이후에 시간을 쪼개 자격증을 획득하거나, 전문가들이 모이는 동아리 활동을 하거나, 야간 대학원 과정에 다니는 것도 좋다. 끊임 없이 자신을 갈고 닦아 언제든 보다 수준 높은 고용 시장에 진출할 수 있도록 준비해야 한다. 특히 빠르게 변화하는 트렌드에 적절하게 대응할 능력을 함양하는 것이 필요하다. 일례로 인공지능AI이나 빅데이터 분석에 필요한 코딩 능력을 기르는 것을 들 수 있다.

▶ 현 직장에서 최선을 다하라

경력 개발의 80%는 현 직장의 업무를 통해서 이뤄진다. 현재 직장에서 최대한 성과를 내고, 그 사실을 회사 사람들에게 인식시켜야 한다. 평판 관리는 자신의 몸값을 올리는 토대가 된다. 이직을 하려는 경우 회사는 지원자의 대인 관계와 경력, 실적 등 전 직장에서의 성과를 조회해 보는 경우가 많다.

▶ 업무성과를 객관적 자료로 관리하라

자신의 실적을 수치화하는 것이 중요하다. 자신의 현재 또는 전 직장에서 기여한 공로 등을 평가해서 객관적 자료로 만들어 놓도록 하자. 성과를 금액으로 환산하는 방법도 효과적이다. 정확한 데이터를 이력서와 함께 첨부해 제출하면서 보다 높은 연봉을 요구하면 긍정적인 답변을 하는 기업이 늘어난다. 3개월이나 6개월 단위로 이력서를 업데이트하는 것도 자신의 몸값을 높이는 좋은 방법이다.

▶ 잦은 이직은 피하라

이직은 충분한 준비가 바탕이 되어야 한다. 급한 마음에 쉽게 이직을 결정하면 다시 그만두는 경우가 많아 잦은 이직 경력만 남게 된다. 잦은 이직 경력은 인사 담당자의 입장에서 보면 마이너스 요인이 된다.

▶ 영어는 기본이다

30대 중반에 영어로 프레젠테이션을 할 수 있는 사람과 그렇지 못한 사람의 연봉 차이는 최소한 1,000만 원은 될 것이다. 개척하는 사람만이 몸값을 높일 수 있다. 그러나 여기에 안주해서는 곤란하다. 제2, 제3의 언어도 준비하는 것이 필요하다. 자신의 몸값을 올리는 가장 중요한 요소이기 때문이다.

▶ 아침형 인간이 돼라

교육장과 강의실에서 맨 앞줄에 앉는 사람과 맨 뒤에 앉는 사람의 능력이 같을 수 없다. 출퇴근 시간이 다른 만큼 인생의 품질도 달라진다. 어려운 현실을 극복하려면 그만큼 시간과 노력이 필요하다. 예를 들어 성공한 사람, 억대의 연봉을 받는 사람들의 공통점은 남들보다 적게 자고, 바쁜 시간을 쪼개 한 달에 책 두세 권 이상을 읽고, 끊임 없이 자기계발을 하는 부지런함이라는 것을 기억해 두어야 한다.

▶ **자신감을 가져라**

끊임 없이 변화와 도전을 추구하는 직장인이 인정받는 시대이다. 잘못된 부분은 과감히 인정하고 수정해야 하며, 잘하는 부분은 더욱 개발해야 한다. 현재의 성과에 도취되지 말고 10년 후, 20년 후를 꼼꼼히 기획하고 전략을 세워야 한다. 학연과 지연 등을 과감히 버리고 '오로지 능력 있는 자만이 살아남는다'는 현실을 봐야 한다.

▶ **한두 가지의 취미 활동을 하라**

현대 직장인들은 누구나 한두 가지의 취미 활동을 하고 있다. 자신의 건강을 위해 할 수도 있고, 친목 도모를 위해 할 수도 있고, 그밖에 여러 가지 이유가 있다. 그중 가장 근본적인 이유는 업무에서 탈피해 자신을 재충전함으로써 보다 창의적이고 재능 있는 직원으로 발전해 나가기 위함이다.

위에서 언급한 내용 외에도 연봉을 올리기 위한 여러 가지 전략이 있다. 가장 중요한 것은 자신에게 주어진 일에 항상 최선을 다하고 끊임없이 노력하는 자세를 가져야 한다는 점이다. 어느 한순간에 능력 있고 노력하는 직원이라고 인정받기는 어렵다. 꾸준히 노력하는 직원의 노력이 인정받지 못하는 경우는 매우 드물다는 사실을 명심하자.

04 퇴직급여란 무엇인가?

　우리나라의 근로 관련 법률은 계속근로기간이 1년 이상인 근로자가 퇴직하면 사용자(회사)가 근로자에게 퇴직에 따른 급여를 지급하도록 되어 있다. 다만 계속근로기간이 1년 미만인 근로자, 4주간을 평균하여 1주간의 소정근로시간이 15시간 미만인 근로자는 제외된다. 이때 지급되는 급여를 퇴직급여라고 부른다. 우리나라의 '근로자퇴직급여 보장법'은 퇴직하는 근로자에게 퇴직급여를 지급하기 위하여 사용자로 하여금 퇴직급여제도 중 하나 이상의 제도를 설정하도록 하고 있다.
　'근로자퇴직급여 보장법'에 따르면 퇴직급여란 '퇴직급여제도나 제25조에 따른 개인형퇴직연금제도에 의하여 근로자에게 지급되는 연금 또는 일시금'이라고 정의하고 있다. 또한 '퇴직급여제도'는 "확정급여형 퇴직연금제도, 확정기여형 퇴직연금제도 및 제8조에 따른 퇴직금제도"로, '퇴직연금제도'는 '확정급여형 퇴직연금제도, 확정기여형 퇴직연금제도 및 개인형 퇴직연금제도'로 정의하고 있다.

구분	확정급여형 퇴직연금제도	확정기여형 퇴직연금제도	개인형 퇴직연금제도
특징	°근로자가 퇴직할 때 받을 퇴직급여가 사전에 확정 °사용자가 매년 부담금을 금융 회사에 적립하여 책임지고 운용 °운용 결과와 관계 없이 근로자는 사전에 정해진 수준의 퇴직급여를 수령	°사용자가 납입할 부담금(매년 연간 임금총액의 1/12 이상)이 사전에 확정 °사용자가 근로자 개별 계좌에 부담금을 정기적으로 납입하면 근로자와 사용자 선택에 따라 본인이 직접 적립금을 운용 °운용성과에 따라 수령액이 달라짐 *2024년부터 사용자가 납입한 부담금은 디폴트 옵션에 따라 자동 투자될 수 있음	*퇴직급여 수령 전에 자율로 가입하거나 이직 시 받은 퇴직금을 입금해 퇴직연금처럼 적립·운용할 수 있는 제도 *2024년 기준 1,800만 원까지 세액공제 한도 *연 700만 원까지 세액공제 혜택(퇴직금 외 추가 납입) *퇴직연금 운용사별 수익률·수수료에 차이 존재 *적립금은 수령 시 연금 또는 일시금으로 수령 가능
주의사항	°운용시 적립금 적립 비율을 매년 체크할 필요가 있음	*2024년부터 중소기업도 DC제도 도입 의무화 대상에 포함 *적립금 운용성과에 따라 퇴직금이 달라지므로 주기적인 관리 필요	°IRP 특례 : 상시근로자 수가 10인 미만인 기업에서 근로자 개별 동의를 얻어 퇴직금 전액 IRP로 설정 가능 *세제혜택 적용 시 조건 주의 필요 *2024년 고용노동부 지침에 따라 IRP 운용성과 평가 강화

계속 근로 기간	*계속근로기간 1년 이상	*계속근로기간 1년 이상 *부담금은 연간 임금총 액의 1/12로 산정	-
퇴직 급여 지급 기준	*계속근로기간×30일분 의 평균임금	계속근로기간×연간 임 금총액의 1/12 합산액	-

퇴직연금제도 비교자료(고용노동부, www.moel.go.kr)

　　확정급여형 퇴직연금제도란 '근로자가 받을 급여의 수준이 사전에 결정되어 있는 퇴직연금제도'를 말하고, 확정기여형 퇴직연금제도란 '급여의 지급을 위하여 사용자가 부담하여야 할 부담금의 수준이 사전에 결정되어 있는 퇴직연금제도'를 말한다. 개인형퇴직연금제도는 2017년 7월 26일부터 소득이 있는 모든 취업자라면 가입이 가능한데, '가입자의 선택에 따라 가입자가 납입한 일시금이나 사용자 또는 가입자가 납입한 부담금을 적립·운용하기 위하여 설정한 퇴직연금제도로서 급여의 수준이나 부담금의 수준이 확정되지 아니한 퇴직연금제도'를 말한다.

　　과거 친숙한 개념이었던 퇴직금제도를 설정하려는 사용자는 계속근로기간 1년에 대하여 30일분 이상의 평균임금을 퇴직금으로 퇴직 근로자에게 지급할 수 있는 제도를 설정해야 한다. 이때 계속근로기간은 근로 계약을 체결하여 고용된 날부터 퇴직할 때까지의 기간을 의미하며 퇴직금 산정의 핵심 기준이 된다. 퇴직금 산정의 기준이 되는 평균임금은 이를 산정하여야 할 사유가 발생한 날 이전 3개월 동안에 그 근로자에게 지급된 임금의 총액을 그 기간의 총일수로 나눈 금액으로, 산출된 금액이 그 근로자의 통상임금보다 적으면 그 통상임금액을 평균임금으로 한다. 여기서 임금총액은 그 3개월 동안의 근로의 대가로 지급되었거나, 또는 사유가 발생되어 지급받아야 될 임금_{세액 공제 전}이다. 총일수는 평균임금 산정 사유 발생일 이전 3개월을 역으로 소급하여 계산한 기간의 총일수를 말하는데, 월의 대소에 따라 89~92일이 된다.

> **평균임금의 산정 공식**
> = [산정 사유 발생일 이전 3월 간의 임금총액
> ÷위 3월 간의 역일수(총 날짜수)]
>
> **퇴직금**
> = 평균임금×30일분×계속근로일수/365

계속하여 1년 이상 근로하였음에도 퇴직금을 지급하지 않으면 사용자는 처벌을 받게 된다. 만약 사용자가 근로자에게 퇴직금을 지급하지 않는다면 회사 관할 고용노동청에 진정하여 받을 수 있다. 계속근로기간의 산정은 임시직이나 수습기간, 일용직, 계약직에 상관없이 최초의 입사일을 기준으로 모든 근로연수를 합산하여 산정한다. 특히 1년이나 그 이하의 계약기간을 정하여 계약을 반복하는 경우에도 고용의 단절 없이 실질적으로 계속 근로를 했다면 최초 입사일을 기준으로 계속근로기간을 산정하게 된다. 계속근로기간이 1년 미만이면 퇴직금을 받을 수는 없지만, 1년을 초과하면 월月 단위는 물론 일日 단위까지 일할 계산하여 지급받는다.

퇴직급여는 근로자 퇴직급여보장법에 의해 의무적으로 지급해야 한다. 회사 규정이나 근로 계약, 또는 구두상으로 퇴직금을 지급하지 않기로 한 합의, 혹은 법에서 정한 평균임금에 미달하는 기준을 정한 경우는 모두 법적 효력이 없다. 반드시 법에서 정한 기준에 따라 퇴직금을 지급하여야 한다. 법에서 규정하고 있는 퇴직급여는 최소 금액을 의미한다. 다시 말해 법에서 규정하고 있는 금액보다 많이 지급할 수는 있어도 적게 지급해서는 안 된다.

근로자가 퇴직하면 사용자는 지급 사유가 발생한 날부터 14일 이내에 퇴직금을 지급하여야 한다. 다만 특별한 사정이 있으면 당사자 간의 합의에 따라 지급 기일을 연장할 수 있다. 지급 기일을 연장하는 경우 근로자들이 반드시 주의해야 할 것이 있다. 퇴직금을 받을 권리는 3년간 행사하지 아니하면 시효가 소멸한다는 점이다. 모르고 자신의 권리를 행사하지 않아 손해를 보는 일이 없도록 잘 챙겨 두자.

05 실업급여, 남의 이야기가 아니다

실업급여란 고용보험 가입자 중 일정한 요건을 갖춘 실직 근로자에게 지급되는 급여이다. 실업급여의 목적은 실직 근로자의 재취업 활동 기간 중의 생활안정과 구직활동을 촉진하기 위함이다. 실업급여에 대해 좀 더 자세히 살펴보면 다음과 같다.

▶ **실업급여의 종류**

실업급여의 종류는 구직급여, 취업촉진수당으로 구분된다. 먼저 구직급여에는 구직급여, 연장급여, 질병 등의 특례에 따른 상병급여가 있다. 연장급여는 다시 훈련연장급여, 개별연장급여, 특별연장급여로 나뉜다.

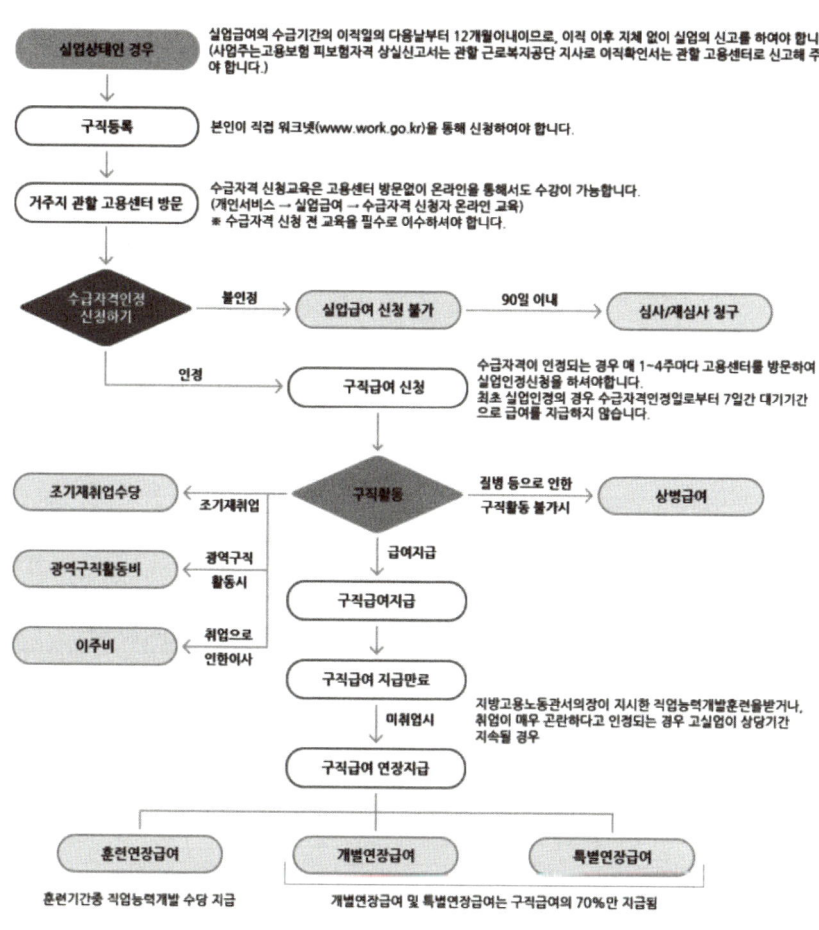

실업급여의 처리 절차도(찾기쉬운 생활법령정보, www.easylaw.go.kr)

종류	내용	지급액
훈련 연장 급여	°고용센터의 장이 직업능력개발 훈련 등을 받도록 지시한 경우 수급자격자가 그 직업능력개발 훈련 등을 받는 기간 중 실업의 인정을 받은 날에 대해 소정급여일수를 초과하여 받을 수 있는 연장된 구직급여를 말함	°훈련연장급여의 수급 기간은 2년을 한도로 함 °훈련연장급여의 구분에 따른 구직급여일액은 해당 수급자격자의 구직급여일액의 100분의 100 °산정된 구직급여일액이 최저구직급여일액보다 낮은 경우 법에 명시된 최저구직급여일액을 그 수급자격자의 구직급여일액으로 함
개별 연장 급여	°취업이 특히 곤란하고 생활이 어려운 수급자격자로서 일정한 요건을 갖춘 경우에 실업의 인정을 받은 날에 대해 소정급여일수를 초과하여 받을 수 있는 연장된 구직급여를 말함	°최대 60일 동안 지급하며, 일정 기간 동안 실업급여를 반복하여 수급한 정도를 고려하여 고용노동부장관이 정하는 기준에 따라 그 지급기간을 60일 미만으로 정할 수 있음 °개별연장급여의 구직급여일액은 해당 수급자격자의 구직급여일액의 100분의 70을 곱한 금액으로 함 °산정된 구직급여일액이 최저구직급여일액보다 낮은 경우 법에 명시된 최저구직급여일액을 그 수급자격자의 구직급여일액으로 함
특별 연장 급여	°실업의 급증 등 일정한 사유가 발생한 경우에 실업급여 수급자격자가 실업의 인정을 받은 날에 대해 소정급여일수를 초과하여 받을 수 있는 연장된 구직급여를 말함	°특별연장급여는 60일의 범위에서 받을 수 있음 ° 특별연장급여의 구직급여일액은 해당 수급자격자의 구직급여일액의 100분의 70을 곱한 금액으로 함 °산정된 구직급여일액이 법에서 정한 최저구직급여일액보다 낮은 경우 최저구직급여일액을 그 수급자격자의 구직급여일액으로 함

연장급여의 종류(찾기 쉬운 생활법령정보, www.easylaw.go.kr)

취업촉진수당에는 조기재취업 수당, 직업능력개발 수당, 광역 구직활동비, 이주비가 있다. 조기재취업수당은 수급 자격자가 안정된 직업에 재취직하거나 스스로 영리를 목적으로 하는 사업을 영위하는 경우에 일정한 요건을 충족하면 지급된다.

종류	내용	지급액
조기 재취업 수당	°조기재취업 수당은 수급자격자(「외국인근로자의 고용 등에 관한 법률」 제2조에 따른 외국인 근로자는 제외)가 대기기간이 지난 후 재취업한 날의 전날을 기준으로 소정급여일수(기본 실업급여 지급 일수)를 2분의 1 이상 남기고 재취업한 경우로서 12개월 이상 계속하여 고용된 경우나, 12개월 이상 계속하여 사업을 영위한 경우 받을 수 있음	° 조기재취업 수당의 금액은 구직급여일액에 미지급일수(남은 소정급여일수)의 2분의 1을 곱한 금액으로 함
직업 능력 개발 수당	°수급자격자가 고용센터의 장이 지시한 직업훈련 등을 받는 경우 그 직업능력개발 훈련 등을 받는 기간에 대해 받는 실업급여를 말함	°직업능력개발 수당의 금액은 직업능력개발 훈련을 받은 날에 한정하여 1일 5,800원으로 함
광역 구직 활동비	°수급자격자가 고용센터의 소개에 따라 광범위한 지역에 걸쳐 구직 활동을 하는 경우에 받을 수 있는 실업급여를 말함	°운임 : 실비 지급(각 교통수단별로 중등급의 수준) °숙박료 : 「공무원 여비 규정」에 따라 실비 지급(1일 6만 원 상한)
이주비	° 수급자격자가 취업하거나 고용센터의 장이 지시한 직업능력개발 훈련 등을 받기 위해 그 주거를 이전하는 경우에 받을 수 있는 실업급여	°5톤 이하의 이사화물 : 해당 이사화물 이전비의 실비(사다리차 이용료 포함) °5톤을 초과하는 이사화물(7.5톤 상한) : 5톤의 이사화물에 해당하는 이전비의 실비(사다리차 이용료 포함)에 5톤 초과 7.5톤 이하의 이사화물에 해당하는 이전비의 실비(사다리차 이용료 포함)의 50퍼센트를 더한 금액

취업촉진수당의 종류(찾기 쉬운 생활정보, www.easylaw.go.kr)

▶ 구직급여 지급액 및 기간

보통 실업급여라고 하면 구직급여를 의미하는 경우가 많다. 구직급여의 수급기간은 이직일의 다음 날부터 계산하기 시작하여 12개월 내에 피보험 기간과 연령에 따라 최장 240일까지 지급받을 수 있도록 되어 있다.

구분		피보험기간				
		1년 미만	1년 이상 3년 미만	3년 이상 5년 미만	5년 이상 10년 미만	10년 이상
이직일 현재 연령	50세 미만	120일	150일	180일	210일	240일
	50세 이상 및 장애인	120일	180일	210일	240일	270일

구직급여의 소정 급여 일수(찾기 쉬운 생활정보, www.easylaw.go.kr)

구직급여로 받을 수 있는 금액을 계산할 때 중요한 개념이 기초일액과 구직급여일액이다. 기초일액은 구직급여의 산정 기초가 되는 임금일액으로, 수급 자격자의 기초일액은 평균임금, 통상임금, 기준보수, 최저기초일액 중 가장 높은 금액을 기준에 따라 산정되며 2025년 기준 11만 원을 초과할 수 없다. 기초일액이 평균임금, 통상임금, 기준보수 및 최저기초일액하한 보다 낮을 경우 그 하한 가액을 적용하게 된다.

구직급여일액이 평균임금, 통상임금 또는 기존부소에 따라 산정된 경우 기초일액에 100분의 60을 곱한 금액을 구직급여일액으로 한다. 최저기초일액에 따라 기초일액을 산정한 경우에는 기초일액에 100분의 80을 곱한 금액이다. 실업급여를 사전에 계

실업급여 모의 계산(고용노동부 고용보험심사위원회, www.eiac.ei.go.kr)

산해 보고 싶다면 고용보험 사이트를 방문해 실업급여 모의 계산을 해 보면 도움이 될 것이다.

 실업 상태가 되면 모든 것을 서두르고 당황하기 마련이다. 타의에 의해 어쩔 수 없이 직장을 그만두다 보니 그럴 수밖에 없다. 그렇다고 절망할 필요는 없다. 구직급여를 신청한 후 가까운 고용센터를 방문하는 등 적극적으로 구직 활동을 하다 보면 또 다른 구직 기회를 얻을 수 있다는 점을 꼭 기억해 두자.

06 평생직장은 없다

더 이상 평생직장은 없다. 이제는 한 직장에서 정년퇴직하고 연금으로 노후를 보내겠다고 생각하는 직장인 혹은 취업 준비생은 없을 것이다. 다음의 기사는 일본의 직장 이직과 관련한 조사 결과를 나타내고 있다.

> **일본도 '평생 직장'은 옛말**
>
> 일본에서 작년 정규직 이직자 수가 99만 명에 달했다. 이로써 비교할 수 있는 통계가 있는 2012년 이후 역대 최다를 기록했다고 니혼게이자이신문(닛케이)이 총무성의 '노동력 조사'를 인용해 올해 3월 23일(이하 현지시간) 보도했다.

25~34세 이직이 제일 많아

닛케이 보도에 따르면 지난해 정규직에서 다른 회사의 정규직으로 이직한 사람 수는 전년 대비 5% 증가했고, 10년 전과 비교하면 62% 늘었다. 단, 지난해 비정규직에서 다른 회사의 정규직으로 이직한 사람은 32만 명으로 10년 전과 비교해 큰 차이가 없다.

작년 정규직 이직자를 연령대별로 보면 25~34세가 37만 명으로 가장 많고, 35~44세가 24만 명으로 그 뒤를 잇는다.

닛케이는 이들 연령대 일부가 2008년 리먼 브러더스 사태로 신규 채용이 줄었던 시기에 취업 활동을 한 세대와 겹친다면서 "젊은 세대일수록 이직으로 임금이 오르는 경향이 있는 것도 직장을 바꾸는 요인으로 보인다"고 설명했다.

"이직 늘어나면 경제에 활력"

일본의 일부 기업들은 이직자 증가에 대응해 경력직 채용을 늘리는 분위기다. 또 노동력 감소를 막기 위해 임금 인상과 유연근무 체계 도입 등도 추진하고 있다. 이와 관련해 이직을 돕는 업체의 관련 서비스 수수료 수입은 2022년도(2022년 4월~2023년 3월)에 7천 702억 엔(약 7조 5천억 원)으로 10년 전과 비교해 3배 이상으로 늘었다.

일본에서는 일단 한 번 입사하면 정년을 맞아 퇴직할 때까지 회사를 그만두지 않고 계속 근무하는 평생직장 문화가 오랫동안 자리 잡았다. 그런 일본에서 이처럼 이직자가 증가하면 경제 성장에 좋은 영향을 미칠 수 있다고 닛케이는 전망했다.

이 신문은 "일본의 고용 유연성은 선진국 중 가장 낮은 수준으로, 산업의 신진대사가 진행되기 어려워 경제 성장의 족쇄가 됐다"며 "생산성이 낮은 기업의 노동자가 이직하면 경제 전체의 효율이 높아진다"고 분석했다.

주요 기업 신입사원 초임 4.9%↑

이 와중에 일본 주요 기업들이 올해 봄 채용한 신입사원 초임을 작년보

> 다 평균 4.9%가량 늘렸다는 조사 결과도 나왔다. 닛케이는 최근 상장사와 유력 비상장사 5천257개를 설문해 작년과 비교할 수 있는 1천264개 기업의 초임을 분석했다고 올해 4월 14일 보도했다. 분석 결과에 따르면 올해 봄 이들 기업에 채용된 신입사원 평균 초임은 작년에 비해 4.9% 증가한 25만4천228엔(약 254만 6천 원)이다. 초임이 30만 엔을 넘은 기업은 131개로, 지난해(58개)의 2배 수준이다.
> 기업들은 초임을 인상한 이유(복수 응답)로 인재 확보(83.4%), 고물가 대응(57.2%) 등을 꼽았다. 나아가 조사에 응한 기업들의 경우 내년 봄 대졸 채용 인원도 올해 봄보다 평균 11.5% 늘릴 계획을 가진 것으로 조사됐다.
>
> 경수현 연합뉴스 도쿄 특파원 evan@yna.co.kr
> 박상현 연합뉴스 도쿄 특파원 psh59@yna.co.kr
> 자료 : <월간마이더스>, 2025년 5월 6일

위 기사의 핵심은 일본 역시 평생직장이란 없다는 점이다. 직장생활을 오래하고 연봉을 올리기 위한 효과적인 방법이 이직이다. 그럼 이직을 효과적으로 하기 위한 방법으로는 무엇이 있을까? 효과적인 이직이란 현재 몸담고 있는 회사가 '배신'이라고 느끼지 않게 이직하는 것을 말한다.

이직을 하기 전에, 다시 말해 이직을 완전히 결심하기 전에 소문이 나면 어떻게 될까? 십중팔구는 배신자로 낙인찍히기 십상이다. 이직을 할 때는 완전히 결정되기 전까지 이직한다는 사실을 알리지 않는 것이 중요하다. 물론 아무리 그렇게 처신해도 언젠가는 공개해야 하는 순간이 온다. 공개를 할 때도 동료에게 말하면 괜히 이상한 소문이 돌 수도 있다. 이직이 정해진 다음 모두가 모인 자리에서 상사에게 말하는 것이 좋다. 이직이 정해지면 최대한 신속하게 말을 해야 한다. 그래야 인수인계할 시간을 벌게 되어 회사에도 피해를 주지 않기 때문이다.

평생직장을 가지면 무엇보다 안정적이고 이상적이겠지만, 현실은 그렇지 못해서 이직이 필수이다. '피할 수 없으면 즐겨라!'라는 말이 있다. 이직은 누구나 한 번쯤은 해야 하는 일이라 피할 수 없다. '어떻게 하지?'라는 부담감보다는 자신의 발전을 위해서 겪어야 하는 과정이라고 생각하도록 하자.

07 이직, 배신이 아니다

　새롭게 사회에 진출하는 사회 초년생들은 물론 경력직 이직자들도 구직과 동시에 또 다른 고민을 시작해야 한다. 어찌 보면 대부분의 구직자들이 새로운 일자리를 확정짓기 전까지 어떻게 하면 좋은 직장에 취업 혹은 이직할 지를 고민하는 것과 비슷한 종류의 고민이라고 할 수 있다. 혹자는 이미 구직을 완료한 사람이 무슨 고민이냐고 타박을 할지도 모른다. 그러나 말처럼 그리 간단한 문제가 아니다.

　현대 사회에서 과연 구직 후 퇴직까지 한곳에서 오랫동안 안정적으로 근무할 수 있는 환경을 제공하는 기업이 얼마나 될까? 비약해서 말하면 공무원이나 철밥통이라는 별명이 붙어 있는 공기업이 아닌 이상 불가능한 것이 사실이다. 그래서 사회에 처음 진출하는 순간부터 어찌 보면 직장인들은 또 다른 고민을 하게 되는 것이다. 무슨 고민이냐고? 바로 이직에 관한 고민이다.

왜 사회 직장인들은 취업 혹은 이직과 동시에 이직 혹은 또 다른 이직을 고민하는 것일까?

첫째는 이직이 피할 수 없는 하나의 사회적 트렌드로 자리 잡고 있다는 점이다. 잡코리아가 2024년 1월 직장인 1,185명을 대상으로 실시한 설문조사 결과에 따르면, 직장인 10명 중 9명 **90.1%**이 '이직 경험이 있는 것으로 나타났다. 특히 평균 이직 횟수는 3회 이상으로 나타나, 과거보다 이직 횟수가 증가했음을 알 수 있습니다. 실제로 'NH투자증권 100세시대연구소'가 지난 2016년 직장인 1,152명을 대상으로 조사한 〈2016년 대한민국 직장인 보고서〉에서는 직장인들이 평균적으로 2.8번 이직하는 것으로 조사되었었다. 이 같은 변화는 이직이 특정 세대나 직군에 국한되지 않고 대부분의 직장인이 경험하는 보편적인 현상이 되었음을 보여주는 것이다.

둘째는 이직을 통해 자신의 몸값을 높일 수 있다는 점이다. 사람인이 2023년 10월 직장인 2,367명을 대상으로 진행한 '이직 고려 요인' 설문조사에서는 평균적으로 1,000만 원 이상의 연봉 인상이 있을 경우 이직을 긍정적으로 고려하겠다고 답한 것으로 조사되었다. 〈2016년 대한민국 직장인 보고서〉에서는 남성은 연봉 1348만 원, 여성은 800만 원을 더 받는다면 이직을 고려해 볼 수 있다고 응답했었는데 확실히 2016년 대비 이직 기준 연봉이 높아졌다는 것을 알 수 있다. 자신이 얼마나 높은 경제적 보상을 받을지가 이직 결정에 매우 중요한 고려 요소가 되고 있는 것이다.

셋째는 이직을 대하는 직장 내외의 태도의 변화와 개인의 가치추구이다. 과거 이직을 '배신'으로 보던 시선은 사라지고, 이제는 자신의 적합한 가치를 찾고 더 나은 환경에서 일하기 위한 당연한 선택으로 받아들여지고 있다. 오히려 정체된 환경에 안주하는 것을 부정적으로 평가하는 분위기가 형성되고 있다. 단순히 금전적 보상을 넘어 '워라밸Work-Life Balance'과 '개인의 성장 가능성' 또한 이직을 결정하는 중요한 요소가 되고 있다.

잡코리아가 2024년 4월 실시한 직장인 '이직 사유' 조사를 보면 '낮은 연봉' 다음으로 '워라밸 불균형'과 '성장 기회 부족'이 주요 이직 사유로 손꼽혔다. 이는 현대 직장인들이 단순히 돈을 많이 버는 것을 넘어, 삶의 질과 커리어 발전을 동시에 추구하는 경향이 강해졌음을 보여주는 것이다.

물론 단순히 금전적 보상에만 과도하게 집착하여 너무 잦은 이직을 하는 것은 장기적인 커리어에 해가 될 수 있다. 특히 사회에 갓 진출한 신입사원이나 주니어 직장인의 경우, 짧은 기간 내 잦은 이직은 기업에 부정적인 인식을 심어줄 수 있다. 자신이 속한 직장과 자신의 가치를 추구하는 노력 사이에서 현명한 접점을 찾는 것이 중요하다. 이직은 신중하게 접근하되, 자신의 성장과 만족도를 높일 수 있는 기회가 왔을 때는 적극적으로 탐색

하고 결정하는 유연한 태도가 필요하다.

08 스펙 전성시대, 무엇을 어떻게 준비할 것인가?

요즘은 모두들 스펙을 쌓느라고 난리이다. 취업을 하기 위해서도 필요하고, 학교에 진학하기 위해서도 필요하며, 이직을 준비할 때도 필요하다. 사회생활 곳곳에서 스펙이 필요한 세상이다. 심지어 남녀 간에 선을 보거나 미팅을 할 때도 스펙이 중요하다고 한다. 바야흐로 스펙 전성시대인 것이 분명하다. 스펙이 중요하게 대두되고 있는 사회에서 어떻게 하면 스펙을 효과적으로 쌓을 수 있을까? 스펙을 쌓기 위해 중요한 것들을 취직을 준비하는 경우와 이직을 준비하는 경우로 나누어 살펴보면 다음과 같다. 먼저 취직을 준비하는 경우이다.

첫째, 자격증 취득이 중요하다. 공인회계사, 세무사, 법무사, 변호사, 변리사, 선물거래사, 직업상담사, 감정평가사 등 다양한 자격증이 취업에 유리하게 작용한다. 학창시절 혹은 이직을 준비하는 시점이라면 스펙 쌓기 측면에서 큰 무기가 될 자격증 취득을 적극 고려해 볼 필요가 있다.

둘째, 취업에 도움이 되는 아르바이트도 좋은 선택이다. 경영이나 재무 관련 방면으로의 취업이나 이직을 준비하는 경우라면 사무보조, 경리, 회계 아르바이트가 도움이 된다. 신문사나 방송사로의 이직이나 취업을 준비하고 있다면 엑스트라, 매니저, 방송 장비 스태프, 신문사 보조 아르바이트가 도움이 될 것이다. IT, 정보 통신, 인터넷 분야로의 취업이나 이직을 준비하고 있다면 인터넷 회사, 웹 사이트 구축 아르바이트가 도움이 된다. 서비스 및 식음료 분야로의 취업이나 이직을 원한다면 음식점, 주방 보조 아르바이트가 도움이 된다. 마케팅이나 광고, PR 분야로의 이직이나 취업을 원하면 광고 회사, 이벤트 회사 아르바이트가 도움이 될 것이다. 실무 적응력 향상은 물론 업무 이해도 역시 높아지기 때문이다.

다음으로 이직을 준비하는 이들을 위한 스펙 쌓기 전략이다.

첫째, 커리어 확장에 도움이 되는 자격증에 도전하자.

이직을 단지 회사를 옮기는 것으로 보면 안 된다. 새로운 직무와 조직 문화에 대한 도전으로 받아들여야 한다. 그런 점에서 특히 회계, 세무, 노무, 마케팅, IT 관련 자격증은 특정 분야로 커리어를 확장하려는 이직 준비자에게 큰 도움이 된다. 이직을 위한 공부는 시간이 촉박하므로, 직무 연관성이 높고 실무 활용도가 높은 자격증부터 접근하는 것이 좋다.

둘째, 경력과 연계된 실무 프로젝트 혹은 프리랜서 경험도 중요한 스펙이 된다.

이직을 앞두고 퇴사 후의 공백기를 불안해하지만 말고, 유사 분야의 단기 프로젝트, 자문, 강의, 프리랜서 업무에 참여하는 것이 바람직하다. 자신의 경력을 자연스럽게 이어갈 수 있을 뿐 아니라 단순한 스펙 이상의 스토리와 포트폴리오로 작용하여 면접 시 큰 경쟁력이 될 수 있다.

셋째, 네트워킹을 통한 레퍼런스 확보도 중요하다.

이직 시에는 현재 다니는 회사와의 관계도 중요하지만, 새로운 회사에서의 평판도 중요하다. 관련 업계 사람들과의 교류, 기존 직장 내 평가, 사회적 신뢰도 역시 이직 준비의 중요한 스펙이 된다.

종합하면 자격증, 실무 경험, 현장감각은 스펙 쌓기의 3대 핵심 요소라고 볼 수 있다. 단순히 스펙의 숫자를 늘리는 것이 아니라 목표로 삼고 있는 직무와 산업 분야에 적합한 스펙을 쌓는 것이 중요하다. 취직과 이직 모두에서 통하는 전략? 그것은 결국 자신의 목표에 부합되는 방향성과 실행력에 있다고 볼 수 있다.

2장

창업상식

창업 어떻게 준비할까?

　창업을 준비하는 사람들은 대부분 막연한 두려움을 갖기 마련이다. 막상 창업을 하려고 생각하면 무엇을 언제 어디서부터 해야 할지 모르는 경우가 대부분이다. 그래서 창업이 어렵게 여겨지는 것이다. 그러나 철저하게 준비만 한다면 생각만큼 창업이 어렵지만은 않다.

　창업을 할 때 가장 피해야 하는 것은 '일단 하고 보자!'는 식의 사고방식이다. 실제로 이런 사고를 가지고 창업을 했다가 쫄딱 망하는 경우가 부지기수이다. 사업 자금이 충분하다고 해서 다 잘되는 것도 아니고, 창업 아이템이 좋다고 해서 잘되는 것도 아니다. 창업자는 여러 가지를 고려해야 한다. 창업 이후 성공 가도를 달리고 있는 창업자들이 공통적으로 말하는 성공 창업의 요건을 살펴보면 다음과 같다.

첫째, 창업자의 자질이다. 창업하고자 하는 분야에서 필요로 하는 창업 이론과 실무 지식을 갖추었는지, 창업하고자 하는 분야에서 이미 성공한 창업자들을 벤치마킹했는지 등이 그것이다.

둘째, 자금과 관련한 부분이다. 창업 자금은 충분히 준비했는지, 창업 자금을 지원받을 수 있는 기관에 대해 잘 파악해 두었는지 등이다.

창업 자금과 관련해서 특히 주의해야 할 것이 있다. 자금이 소액이라고 해서 창업을 쉽게 보고 접근해서는 곤란하다는 점이다. 지금도 '몇 백만 원만 투자하면 월수 얼마 보장' 같은 허무맹랑한 광고에 의외로 많은 사람들이 속고 있다. 실패해도 크게 부담되지 않는 금액이라 우선 시작해 보자는 심리가 작용하기 때문이다. 창업에 있어서 실패해도 부담 없는 자금이란 원천적으로 존재하지 않는다. 어떤 실패든 실패는 쓰고 아픈 법이다. 투자 금액이 작다고 창업을 가볍게 여겨서는 안 되는 것이다.

셋째, 시장과 관련한 부분이다. 목표 시장은 명확하게 설정하였는지, 목표 시장이 설정되었다면 충분히 시장 조사를 하였는지 등이다.

넷째, 기술 및 아이디어이다. 기술로 차별화를 할지, 아이디어로 차별화를 할지, 기술과 아이디어를 모두 갖고 있는지 등이다.

다섯째, 홍보 및 광고 부분이다. 홍보는 어떻게 할지, 광고는 어떻게 할지, 홍보 및 광고를 위한 자금은 충분히 마련해 두었는지 등이다.

이상에서 언급한 내용들을 검토하여 자신 있게 "예!"라고 답할 수 있다면 성공 창업을 위한 기본 준비는 끝났다고 볼 수 있다. 다음 단계로 본격적인 창업 준비 과정을 살펴보도록 하자.

창업을 위한 준비 과정은 크게 아이템 선정 → 사업 계획서 작성 → 사업자 등록 → 사업 개시의 4단계로 분류할 수 있다. 각 단계별 주요 내용을 살펴보면 다음과 같다.

제1단계는 사업을 하기 위한 아이템을 선정하는 단계이다. 무슨 사업을 할 것인가를 고민하고 사업의 타당성, 문제점 등을 고려해 아이템을 선정해야 한다. 제조업이든, 서비스업이든, 유통업이든 자신이 잘 알고 있고 장기적으로 비전 있는 아이템을 선정하기 위해서는 끊임없이 생각하고 고민해야 한다. 그러기 위해서는 빈틈없는 시장 조사가 필요하다. 발품은 물론이고, 인터넷을 활용해 정보를 스크랩해 두는 것도 좋은 방법이다.

제2단계는 사업 계획서 작성 단계이다. 업종과 아이템이 정해졌다면 어떻게 사업을 할지, 무엇을 체크해야 할지, 자금 조달은 어떻게 할지, 시장 상황은 어떤지, 판매 전략은 어떻게 할지, 생산이나 공급은 어떻게 할지, 종업원 고용은 어떻게 할지, 세금 관계는 어떻게 되는지 등 사업을 위한 모든 것을 사전에 점검하고 계획해야 한다. 이 단계가 가장 중요하다.

사업 계획서를 작성하다 보면 사업의 가능성과 문제점 등을 파악할 수 있어 시작 여부를 결정하는 데 도움이 된다. 조그만 개인 사업을 하더라도 사업 계획서는 반드시 작성하고 시작해야 한다. 문제는 사업 계획서 작성이 쉽지 않다는 것이다. 돈을 주고 사업 계획서 작성을 의뢰하는 경우도 있다. 사실 굳이 적지 않은 돈을 들여 컨설팅을 의뢰하지 않아도 된다. 가까운 서점에 가면 사업 계획서 작성법과 관련된 서적이 무수히 많이 출간되어 있다. 그 책들 가운데 내용이 알찬 책을 한두 권 사서 참고하면 어렵지 않게 사업 계획서를 작성할 수 있다. 잘 모르겠다면 6하 원칙에 따라 작성하면 도움이 된다.

사업 계획서에 반드시 포함되어야 할 사항

o 회사 및 사업 개요　　　　　o 사업장 관련 사항
o 보유 기술 및 개발 상황　　　o 시장 분석 및 향후 시장 전망
o 자금 조달 계획 - 재무적 계획　o 영업 전략 및 판매 전략
o 주주 및 주식 관련 계획(법인 사업의 경우)

제3단계는 사업자 등록 단계이다. 소규모로 사업하는 경우 개인사업자로 등록하면 된다. 규모가 있고 연간 매출액이 개인 사업자에게는 다소 규모가 큰 수준으로 예측되거나, 사업 특성상 주식회사로 사업을 개시하는 것이 필요하면 법인사업자로

등록하면 된다.

　통상적으로 개인사업자는 회사명과 업종 형태만 정하고 임대차 계약서_{통신 판매는 없어도 무관}만 있으면 세무서에서 바로 사업자 등록을 마칠 수 있다. 반면 법인사업자를 계획하고 있다면 절차가 달라진다. 스스로 법인사업자를 설립해도 되지만, 보통 법무사와 세무사를 통하면 편리하다. 대신 일정액의 수수료를 지불해야 한다. 법인은 자본금이 필요하다는 점 때문에 대부분 개인사업자를 선호하는 편이다. 개인사업자로 출발해 나중에 사업 규모가 커지면 그때 법인으로 전환해도 된다.

　제4단계는 사업 개시 단계이다. 사업 개시 단계에서는 사무실 임대, 사업 준비금 마련, 각종 집기 구입 등 초기에 발생되는 자금이 충분히 준비되어 있어야 한다. 무엇보다 6개월 이상의 운영비 정도는 준비된 상태에서 사업을 시작하는 편이 바람직하다. 사업 후 수익 발생 기간까지 공백 기간이 길어지면 실패로 이어질 가능성이 크다.

　실제 창업을 위해서는 위에서 살펴본 이상으로 많은 과정이 존재한다. 미리 시간적 여유를 갖고 준비하는 것이 좋다. 또한 혼자 준비하기보다는 전문가의 도움을 받아 준비하면 실패 위험을 최소화할 수 있다는 점에서 적극 고려해 볼 만하다.

02 창업 자금은 어떻게 조달할까?

　창업 자금은 신규 사업을 시작하기 위하여 투자하는 시설 자금, 운전 자금을 말한다. 창업 자금의 조달은 창업자에게 있어 가장 중요한 사항 중 하나이다. 창업 자금의 조달이 용이하지 않으면 사업 자체를 포기하거나 연기해야 한다. 이럴 경우 창업자는 진퇴양난의 곤경에 처하게 된다.

　창업자가 사전에 주변의 모든 여건을 분석하고 계획 하에 진행한다면 창업에 따른 필요 자금을 확보할 방법은 의외로 많다. 창업 자금은 아이템, 창업 방식, 창업 규모 등에 따라 각각 조달 방법과 자금 규모가 달라진다. 창업 자금 조달을 위해 우선 창업자는 자기가 직접 동원할 수 있는 자금의 규모를 파악한 다음, 앞에서 언급한 제반 조건들을 감안하여 조달 방법을 결정해야 한다. 창업 자금을 조달하는 방법을 살펴보면 다음과 같다.

▶ **개인 기업의 창업 자금 조달**

개인 기업은 창업 시 소요되는 대부분의 자금을 창업자 개인이 독자적으로 조달하는 경우가 많다. 그러나 창업자 개인이 순수하게 100% 자기 자본으로 창업하는 경우는 매우 드물다. 창업자는 모두들 자금 부족 문제를 겪기 마련이다. 부득이 창업자는 외부로부터의 자금 조달에 눈을 돌리게 된다.

창업 분야가 제조업이거나 기술 집약적인 아이템을 갖고 있다면 정부 지원 대상인지를 적극적으로 검토해 보는 방법이 있다. 정부는 정책적으로 청년 창업을 적극 지원하고 있다. 취업난을 겪고 있는 젊은 세대의 일자리를 창업을 통해 풀어 보겠다는 시도라고 하겠다. 청년 창업을 대상으로 지원하는 자금들을 적극 찾아보도록 한다. 청년 창업 자금은 저금리 대출 형태를 취하고 있기 때문이다.

▶ **유통 서비스업 창업**

유통업이나 서비스업 등 비제조업을 창업하는 경우에도 창업 자금을 지원받을 수 있다. 물론 창업자의 순수 자본금으로 창업 자금을 충당한다면 무엇보다 바람직한 창업이 되겠지만, 창업 자금이 부족하다면 창업 초기부터 세밀한 검토를 하여 자금 조달 방법이 확실해졌을 때 창업을 시도하는 것이 바람직하다.

▶ **금융 기관의 창업 자금을 활용**

국내 금융 기관들은 과거에 비해 창업 자금 지원의 문호를 보다 넓혔다. 적극적으로 금융 기관을 활용해 보는 것도 좋은 방법이다.

▶ **소상공인시장진흥공단**

정부에서는 창업을 촉진시키기 위하여 매년 초에 창업 지원 자금을 책정하여 발표하고, 소상공인시장진흥공단 www.semas.or.kr의 상담과 추천을 통해 창업 자금을 지원해 주고 있다. 따라서 소상공인시장진흥공단을 적극 활용하면 큰 도움을 받을 수 있다. 기타 자세한 사항은 홈페이지 소상공인24 www.sbiz24.kr을 활용하여 알아보자.

구분	세부	신청요건 ※ 세부 신청요건은 반드시 공지사항을 참고하시기 바랍니다.
성장기반자금	소공인특화자금	(대리대출) 제조업을 영위하는 상시근로자수 10인 미만의 소상공인
	혁신성장촉진자금	(직접대출) ① (혁신형) 수출, 2년 연속 매출 10% 이상 신장, 스마트 공장 도입, 강한소상공인·로컬크리에이터, 소상공인 졸업후보기업 ② (일반형) 스마트기술, 백년소공인·백년가게, 사회적경제기업, 신사업창업사관학교 수료생
	민간투자연계형매칭융자	(직접대출) 민간투자 연계형 매칭융자 주관기관으로부터 투자금을 지원받고 '소상공인 선투자 추천서'를 발급받은 소상공인
일반경영안정자금	일반자금	(대리대출) 업력무관 소상공인
	긴급경영안정자금(재해피해)	(대리대출) 재해 피해를 입고, 지자체에서 '재해 중소기업(소상공인) 확인증'을 발급받은 소상공인
	긴급경영안정자금(일시적 경영애로)	(대리대출) 지역경제 위기가 우려되는 지역 또는 감염병 등으로 영업에 피해를 입은 소상공인 (직접대출) 연매출 1억 4백만원 미만이고 업력 7년 미만이면서 일시적경영애로 사유가 있는 소상공인
	장애인기업지원자금	(대리대출) 장애인복지카드(국가유공자 카드(또는 증서)) 또는 장애인기업확인서를 소지한 장애 소상공인
	신용취약소상공인자금	(직접대출) 소상공인 지식배움터(http://edu.sbiz.or.kr) 내 신용관리 교육을 사전에 이수한 중·저신용(NCB 839점 이하) 소상공인
특별경영안정자금	재도전특별자금	(직접대출) ① (재창업 준비단계) 최근 1년 이내 소상공인희망리턴패키지사업의 재창업교육을 수료한 소상공인 ② (재창업 초기단계) 재창업 업력 7년 미만으로 공단에서 요구하는 조건을 모두 충족하는 소상공인 ③ (재창업 초기단계) 3개월 이상 휴업 후 영업 재개, 업종전환 또는 매출감소로 인해 사업장을 이전한 소상공인 ④ (재무조정) '재무해소·재기지원종합패키지 참여기관에서 인정한 성실상환 소상공인' 등 ⑤ (희망형) 최근 1년 이내 소상공인희망리턴패키지사업의 사업화 자금을 지원받거나 '24년 이커머스 미정산 피해관련 특별자금을 지원 받은 소상공인
	청년고용연계자금	(대리대출) ① 업력 3년 미만의 청년 소상공인(만39세 이하) ② 상시근로자 중 과반수 이상 청년 근로자(만39세 이하)를 고용 중이거나 최근 1년 이내 청년 근로자 1인 이상 고용한 소상공인
	대환대출	(대리대출) 중·저신용 소상공인이 보유한 은행권 비은행권 사업자 대출 중, 고금리 대출 또는 만기연장에 애로가 있는 대출

· 각 자금별 접수 순서대로 처리, 한도 소진 시 마감

소상공인마당의 지원시책 중 정책자금
(https://ols.semas.or.kr/ols/man/SMAN018M/page.do)

03 프랜차이즈에 대한 이해

　최근 들어 안정적인 사업 기회를 확보할 수 있는 프랜차이즈 창업에 대한 관심이 증가하고 있는 추세이다. 창업을 통해 몇 번의 성공 경험을 갖고 있는 사람이 아니라면 실패 위험을 줄일 프랜차이즈 창업도 적극 고려해 볼 만하다.

　프랜차이즈란 가맹 본사가 가맹점에 상품 공급, 조직, 교육, 영업, 관리, 점포 개설 등의 노하우를 브랜드와 함께 제공하여 사업을 영위해 나가는 것을 말한다. 다시 말해 상품을 제조하거나 판매하는 업체가 가맹 본사가 되고 독립 소매점이 가맹점이 되어 소매 영업을 프랜차이즈화하는 사업 형태인 것이다.

　가맹 본사는 가맹점에 해당 지역 내에서의 독점적 영업권을 주는 대신 가맹 본사가 취급하는 상품의 종류, 점포 인테리어,

광고, 서비스 등을 직접 조직하고 관리하는 것은 물론 가맹점에 대한 교육 지원, 경영 지원, 판촉 지원 등 각종 경영 노하우를 제공하게 된다. 가맹점은 가맹 본사에 가맹비, 로열티 등의 일정한 대가를 지불하고 가맹점 사업에 필요한 자금을 직접 투자해서 가맹 본사의 지도와 협조 아래 독립된 사업을 영위한다. 가맹 본사와 가맹점 간의 지속적인 관계를 프랜차이즈라고 할 수 있다. 다시 말해 프랜차이즈란 가맹 본사와 가맹점 간의 협력 사업 시스템이라 하겠다.

프랜차이즈 시스템에서 가장 잘 나타나는 특성은 가맹 본사와 가맹점 운영주가 상호 신뢰를 바탕으로 분업 및 협력 계약을 맺는다는 것이다. 가맹 본사와 가맹점 간에 명확한 기능 분화, 상호 협력을 통해 동일 자본의 경영 효과를 발휘하는 것이다.

가맹 본사와 가맹점 간의 계약 관계는 전형적인 부합 계약이다. 양자가 서로 협의하여 계약을 체결하는 것이 아니다. 가맹 본사가 사업에 대한 계약 내용을 미리 정한 상태에서 일률적으로 다수의 가맹 희망자에게 동의를 받아 계약을 맺는 형태이다. 이런 특징으로 인해 종종 갑을관계 논란이 발생하기도 한다.

가맹 계약의 기본적인 내용에는 취급 상품, 판매와 사업 진행에 관한 권리 부여, 대가의 지급에 관한 조항들을 의무 규정으로 명시하고 있다. 가맹점은 가맹 본사로부터 상표와 상호 등의 사용에 관한 권리를 획득하고, 동시에 경영과 판매에 관한 기술적 방법을 가맹 본사로부터 제공받는다. 가맹점은 사업 수행에 필요한 자기 자본을 직접 투자하고 가맹 본사의 기술적 지도 아래 사업을 수행하는 것이다.

프랜차이즈 시스템이 엄청난 속도로 보급되어 화제가 되는 나름의 이유가 있다. 프랜차이즈 시스템의 장점은 자본을 달리하는 독립 사업자가 상호 협력함으로써 동일 자본 아래 있는 체인 형태의 경우와 유사한 효과를 발휘하는 데 있다. 그렇다면 어떤 이유로 그와 같은 효과가 창출되는 것일까? 그 이유는 가맹 본사와 가맹점 사이의 기능 분화가 명확히 행해지고 있고, 통상 프랜차이즈 계약 자체가 경영의 전체 영역을 아우르는 포괄적 성격이라는 점에서 찾을 수 있다.

가맹 본사는 상품, 판매 노하우 등의 개발과 원활한 유통, 홍보에 전력을 다한다. 가맹점은 그것을 기초로 대고객 판매에 전력을 다한다. 모든 가맹점은 원칙적으로 같은 상품 구성, 같은 판매 방법, 같은 서비스를 제공한다. 가맹 본사와 가맹점은 입장을 달리하는 사업자이면서 계약에 의해 마치 하나의 자본이 운영하는 것 같은 이미지를 소비자에게 준다. 경영 효율도 동일 자본 기업체와 비슷한 레벨로 가맹 본사 및 가맹점에 주어진다. 이것이 프랜차이즈 시스템의 기본적인 특징이자 장점이다. 이런 장점을 바탕으로 프랜차이즈 시스템이 엄청난 속도로 보급된 것이다.

가맹 본사는 가맹점과 프랜차이즈 계약을 체결함으로써 비교적 소액 투자와 최소 인력으로 단시일 내에 새로운 시장을 개척해 나갈 수 있다. 가맹비, 로열티라는 형식으로 확실한 수익을 기대할 수도 있다. 한편 가맹점은 가맹 본사에서 개발한 상품과 사업을 가맹 본사의 지도 아래 상대적으로 낮은 리스크를 안고 수행할 수 있다.

양자가 공유하는 장점을 보다 극대화하기 위해서는 프랜차이즈 시스템에 의해 체인 전개를 하는 것이 필요하다. 하나의 가맹 본사와 다수의 가맹점이 계약을 통해 프랜차이즈 체인 형태가 됨으로써 규모의 이익은 물론, 소비자에게 어필할 강력한 이미지도 구축하게 되는 것이다.

프랜차이즈 창업의 장단점은?

프랜차이즈 창업의 가장 큰 장점은 실패 가능성을 최소화한다는 점이다. 자세하게 프랜차이즈 창업의 장점을 살펴보면 다음과 같다.

첫째, 본사와 가맹 계약을 하게 되면 점포 선정부터 개업 전후의 경영 부문까지 노하우를 전수해 준다. 개인 독립점에 비해 실패할 확률이 적고, 비교적 단기간에 손익분기점을 맞출 수 있다. 손익분기점이란 수익과 비용이 일치하는 점을 말한다. 정확히 수익에서 비용을 차감했을 때 0이 되는 매출을 가리켜 손익분기점 매출이라고 한다. 자본금만 준비하여 적합한 프랜차이즈 본사를 선택하면 특별한 노하우나 경험을 가지고 있지 않더라도 안정적인 수익을 올리도록 본사에서 지원하여 준다.

둘째, 창업자의 준비가 미숙하더라도 사업장을 열기까지의 기간을 최대한 단축할 수 있어 경비 절감 효과가 있다. 가맹 본사가 직영점을 창업하며 경험했던 타임 스케줄과 운영 노하우에 따르면 되기 때문이다.

셋째, 본사에서 필요한 물품을 대량으로 구입함에 따라 원가 절감 효과가 기대된다. 가맹점은 사업 운영에 필요한 각종 설비, 도구 등을 유리한 조건으로 납품받아 비용을 줄이고, 지속적으로 저렴하고 안정된 품질의 제품을 공급받는다.

넷째, 본사에서 점포 경영에 관한 교육과 지도를 실시하고 있어 사업 경험이나 경영 능력이 미숙하더라도 점포를 운영할 수 있다.

다섯째, 본사가 시스템을 갖추고 구매력 있는 제품을 개발하여 공급하기 때문에 사업의 유연성이 높다. 본사에서 일괄적인 홍보 판촉을 지원하는 만큼 개별적인 광고보다 브랜드 가치 측면에서 시너지 효과를 낼 수 있다.

여섯째, 시장 변화나 소비자 행동의 변화에 따라 본사에서 기존 제품을 개선하고 새로운 제품을 개발하여 지속적으로 가맹점에 제공해 준다. 시장 변화 등에 능동적으로 대처하는 것이다.

일곱째, 판매 활동 이외의 재고 처리, 상품 관리 등 많은 부분을 본사에서 대행해 준다. 가맹점은 영업 및 고객 관리에만 치중할 수 있어 업무의 효율성이 높다.

여덟째, 첫 가맹점으로 성공하여 여유 자금이 생기면 사업 경험을 바탕으로 신규 가맹점을 열어서 수익성을 높일 수 있다. 프랜차이즈 사업의 한계를 뛰어넘어 개인 사업으로 확대시키는 기회가 된다.

모든 경우에 빛과 그림자가 있듯이 프랜차이즈 창업 역시 나름의 단점 요인이 있다. 단점도 알아보고 정확히 판단해야 한다.

첫째, 본사 판매 정책의 변화에 따라 본사로부터 지도와 지원을 충분히 못 받을 우려가 있다. 본사는 전체 가맹점의 효과를 감안하여 경영 정책을 실시하는 만큼 개별 가맹점에 맞지 않는 방법이라 할지라도 따라야 할 수밖에 없다. 일부 대기업 프랜차이즈에서 발생하는 제품 밀어내기 같은 유형이 그 예이다.

둘째, 본사에서 제품을 개발하고 지도와 원조를 하기 때문에 가맹점 경영자 스스로의 문제 해결이나 경영 개선 노력을 게을리 할 우려가 있다.

셋째, 본사가 상품, 가격, 판매 방법, 점포 구성 등을 표준화하여 운영하기에 가맹점 경영자의 좋은 아이디어를 즉시 본인 점포에 반영하기 어렵다.

넷째, 사업이 안정 궤도에 들어서더라도 이미 시행 중인 일관적이고 표준화된 사업 방법을 따라야 해서 매출 변화를 주기가 힘들다.

다섯째, 초기 개설에 급급하거나 영세한 가맹 본사는 지불한 가맹금과 로열티에 비해 지원 사항과 서비스가 미비한 경우가 많다.

여섯째, 가맹 본사는 프랜차이즈 패키지를 특수 상황에 맞추지 않고 일반적이며 전체적인 입장에서 최대의 효과를 낼 방법을 계획하여 실시한다. 다시 말해 점포 입지, 지역적 특수성, 소비자 구매 수준 등 지역 실정이 본사의 패키지와 맞지 않는 개별 가맹점은 실패 위험에 직면할 수 있다.

일곱째, 본사의 사세가 약화되거나 없어지는 경우를 감안해야 한다. 그렇게 되면 사업을 지속시켜 나갈 운영 시스템의 미비로 인해 가맹점은 아이템 전환에 소요되는 재투자 비용을 부담해야 한다. 개별 사업 방식에 따라 운영할 수도 있겠지만, 프랜차이즈 시스템 상황하에서의 고객군 감소로 매출에 심각한 영향을 받는다.

여덟째, 본사 방침이 변경되어도 가맹점은 의사 결정에 참여하지 못한다. 가맹점과 본사 간에 체결된 계약은 본사의 의사를 따라야 하는 종속 계약이다. 계약 내용을 변경하거나 수정할 수 없는 것이다.

아홉째, 불리한 조건으로 가맹 계약을 체결하여 계약 해지 시 일방적으로 가맹점이 손해를 입는 경우도 많다.

열째, 본사와 가맹점의 이해가 상반되는 경우도 생각해야 한다. 쌍방 모두 독립된 사업자여서 본사가 자기 이익을 위해 가맹점의 의사를 무시하는 상황이 종종 발생한다.

이상의 경우에서 살펴본 바와 같이 프랜차이즈 창업은 장단점이 분명하다는 특징이 있다. 장단점을 효과적으로 활용하는 지혜가 반드시 필요하다.

05 프랜차이즈 창업, 정보공개서를 꼼꼼하게 따져라

독립 창업에 비해 상대적으로 실패 위험을 줄일 수 있다고는 해도, 프랜차이즈 창업 역시 적지 않은 실패 위험을 부담해야 하는 창업의 한 형태인 것은 분명하다. 창업을 하기에 앞서 사전에 창업 절차를 처음부터 하나하나 꼼꼼하게 검토하는 것이 바람직하다.

보통 창업을 원하는 예비 창업자들은 다양한 경로를 통해 자신이 원하는 프랜차이즈 업체를 접하게 된다. 이때 대부분 해당 프랜차이즈가 어떤 회사인지 정확하게 파악하기보다 얼마나 유명한 브랜드인지, 투자 금액을 최소화해 주는 업체인지, 출점 매장 수가 몇 개나 되는지 등과 같은 당장 눈에 보이는 부분에만 집중하기 십상이다.

물론 프랜차이즈 본사의 브랜드 경쟁력이나 다른 업체들과의 차별화 수준, 수익성 등은 중요한 검토 요인이다. 그러나 이런 부분들은 어디까지나 창업 이후 보다 구체적으로 경험할 수 있는 내용들이다. 창업을 준비하는 예비 창업자들이라면 앞서 더 중요하게 검토해야 할 사항이 있다. 바로 해당 프랜차이즈 본사의 정보공개서이다.

프랜차이즈 창업을 꿈꾸는 예비 창업자들은 반드시 사전에 공정거래위원회에 정보공개서가 등록된 브랜드인지 여부와 해당 정보공개서의 내용을 꼼꼼히 점검해야 한다. 그후 프랜차이즈 본사와 접촉하는 것이 혹여 있을지도 모르는 낭패를 예방하는 지름길이다. 다음은 정보공개서의 중요성을 보여 주는 기사 자료 중 일부이다.

프랜차이즈 허위과장정보 제공 여전히 많아

\# 설빙은 부풀린 예상매출 자료를 제시해 계약을 맺은 가맹점주에게 수천 만 원을 배상하는 것으로 법적 분쟁이 진행됐다. 첫단추는 잘못된 예상매출액 제공때문이다. 대법원은 설빙 가맹점주 A씨와 B씨가 설빙 본사를 상대로 제기한 손해배상 청구 항소심에 대해 심리불속행기각 판결을 내렸다. 이에 따라 설빙이 A씨와 B씨에게 각각 7,082만 원, 7,989만 원을 배상하라는 2심 고등법원의 판단이 그대로 확정됐다.

\# 카페 창업 브랜드인 '요거프레소'는 최근 공정위로부터 시정명령과 1억3,100만 원의 과징금을 부과받았다. ㈜요거프레소가 205명의 가맹희망자들과 가맹계약을 체결하면서 객관적 근거없이 예상매출액에 관

> 한 정보를 과장하여 제공한 행위이다. 이로인해서 요거프레소는 그동안 쌓아온 브랜드 명성에 큰 타격을 입었다.
>
> (중략)
>
> 2019년 이후 허위·과장 정보 제공으로 인한 분쟁은 조정원의 가맹분야 전체 조정신청의 약 27%를 차지하며, 주요 사례로는 가맹본부가 영업 중 가맹점주 부담 비용을 축소 또는 은폐한 정보공개서를 제공하거나 실제보다 과장된 매출액 또는 순이익 등의 정보를 기재한 예상매출액산정서 등을 제공한 뒤 가맹계약을 체결하는 경우이다.
>
> 이에 조정원은 소상공인인 가맹사업자의 피해 예방을 위해 가맹계약 체결 관련 유의사항을 안내하였다. 가맹희망자는 계약체결 전 가맹본부가 제공한 정보공개서 또는 예상매출액산정서 등의 내용이 사실인지 여부를 꼼꼼히 확인하고 계약 후 가맹점을 운영하면서도 수시로 확인하여야 한다.
>
> (생략)
>
> 자료 : <머니S>, 2021년 8월 4일

그렇다면 정보공개서는 어떤 내용을 담고 있을까? '가맹사업거래의 공정화에 관한 법률_{약칭 가맹사업법}'에 따르면 정보공개서에는 다음과 같은 사항을 포함해야 한다. 아래 사항을 꼼꼼하게 살펴본 후 해당 프랜차이즈의 창업 여부를 검토한다면 적어도 프랜차이즈 본사 문제로 인한 실패 위험은 상당 부분 제거할 수 있을 것이다.

10. "정보공개서"란 다음 각 목에 관하여 대통령령으로 정하는 사항을 수록한 문서를 말한다.

가. 가맹본부의 일반 현황

나. 가맹본부의 가맹사업 현황(가맹점사업자의 매출에 관한 사항을 포함한다)

다. 가맹본부와 그 임원(「독점규제 및 공정거래에 관한 법률」 제2조제6호에 따른 임원을 말한다. 이하 같다)이 다음의 어느 하나에 해당하는 경우에는 해당 사실

1) 이 법, 「독점규제 및 공정거래에 관한 법률」 또는 「약관의 규제에 관한 법률」을 위반한 경우

2) 사기·횡령·배임 등 타인의 재산을 영득하거나 편취하는 죄에 관련된 민사소송에서 패소의 확정판결을 받았거나 민사상 화해를 한 경우

3) 사기·횡령·배임 등 타인의 재산을 영득하거나 편취하는 죄를 범하여 형을 선고받은 경우

라. 가맹점사업자의 부담

마. 영업활동에 관한 조건과 제한

바. 가맹사업의 영업 개시에 관한 상세한 절차와 소요기간

사. 가맹본부의 경영 및 영업활동 등에 대한 지원과 교육·훈련에 대한 설명

아. 가맹본부의 직영점(가맹본부의 책임과 계산 하에 직접 운영하는 점포를 말한다. 이하 같다) 현황(직영점의 운영기간 및 매출에 관한 사항을 포함한다)

프랜차이즈를 창업하는 절차는 어떻게 될까?

 프랜차이즈 창업을 계획하고 있는 예비 창업자들이 간혹 범하는 큰 착각이 하나 있다. 프랜차이즈 창업을 하면 모든 것을 프랜차이즈 본사에서 해 준다고 믿는 경향이다. 과연 프랜차이즈 본사는 예비 창업자이자 예비 가맹 점주를 위해 모든 것을 해 줄까? 결코 그렇지 않다. 아니, 그렇게 하고 싶어도 할 수가 없다.
 예비 창업자가 자신의 상황을 100% 프랜차이즈 본사에게 알리고, 프랜차이즈 본사도 예비 창업자에게 본사 상황을 100% 알린다면 가능할지도 모른다. 그러나 현실적으로 이런 일은 불가능하다.
 프랜차이즈 본사가 자신들이 보유한 역량의 100%를 예비 창

프랜차이즈 창업 절차(한국프랜차이즈산업협회, www.ikfa.or.kr)

업자에게 알려 줄 이유는 없다. 예비 창업자 입장에서는 창업 과정에 대한 일정 수준 이상의 불완전성을 의미한다. 특히 예비 창업자들이 창업 과정을 정확하게 이해하고 있는 경우가 드물다는 점에서 과정 전반에 대한 이해는 매우 중요하다. 다음은 프랜차이즈 창업의 절차를 이해하기 쉽게 그림으로 나타낸 것이어서 보다 쉽게 이해할 수 있을 것이다.

 위 과정에서 중요한 몇 가지 단계를 좀 더 자세히 살펴보자. 먼저 창업 상담 절차와 관련해 중요한 점검 포인트는 정보공개서 요청이다. 또한 정보공개서를 수령열람하면 14일 이후 본계약을 체결할 수 있음을 숙지해 둘 필요가 있다. 다음으로 해당 프랜차이즈의 가맹 계약서 내용을 꼼꼼하게 살펴 봐야 한다. 동시에 소속 가맹점주들이 운영하고 있는 매장을 방문해 본다.

상권 분석 및 점포 개발 단계에서 신경 써야 할 부분은 상권과 해당 프랜차이즈의 적합성 여부이다. 프랜차이즈 본사에서 추천해 준 점포에 대한 상권 판정표, 전수 조사 자료의 요청도 검토해 볼 필요가 있다. 적어도 3개 이상의 점포를 선정해 예상 수익성 분석을 해 봐야 한다.

점포 본계약 단계에서는 법적으로 안정적인 점포를 계약하는 것이 중요하다. 등기사항전부증명서를 통해 권리 관계를 정확히 따져 본 후 계약해야 한다. 공법상 해당 프랜차이즈 영업을 할 수 있는 요건 전기 용량, 상하수도, 정화조 등을 충족하는 점포인지 검토하는 과정도 반드시 필요하다.

가맹 본계약 단계에서는 가맹 계약서 내용을 철저하게 확인하는 것이 단연 중요하다. 인테리어와 관련된 내용, 대금 납부 일정, 시설이나 원재료의 공급과 관련된 사항, 계약 기간, 점포 양수와 양도 내용 등 중요한 사항들을 꼼꼼하게 살펴 봐야 한다.

인테리어 및 시설 공사 단계에서는 가맹 점주가 할 것이 많지 않다. 프랜차이즈 본사와 협의하여 시공 업체에서 인테리어 시공을 하기 때문이다. 다만 인테리어 시공이 목공사 → 전기 공사 → 배관 공사 → 바닥 공사 → 도장 공사 → 인테리어 공사 → 감리 → 준공의 과정을 거쳐 이루어진다는 것만 기억해 두면 된다.

마지막으로 가오픈은 정식 오픈 전 최종 점검이다. 정식 오픈 이후 발생할지도 모르는 문제점들을 미연에 개선할 수 있도록 매뉴엘에 따라 가오픈하는 절차가 필요하다. 가오픈 이후 발생한 문제점들을 개선하여 영업 개시를 하면 된다. 개시 전에는 오픈 이벤트, 사은품, 홍보, 판촉 행사를 검토해야 한다.

07 일반 독립 창업 절차는 어떻게 되나?

프랜차이즈 창업이 아닌 일반적인 창업, 다시 말해 독립 창업 절차는 어떻게 될까? 사실 가맹 본사와 관련된 부분을 제외하면 프랜차이즈 창업 과정과 일반 창업 과정은 거의 같다. 그러나 예비 창업자 입장에서는 프랜차이즈 창업에 비해 독립 창업이 몇 배는 더 어렵게 느껴질 수밖에 없다. 가뜩이나 낯설고 어려운 창업인 데다 노하우를 갖고 있는 프랜차이즈 본사의 도움 없이 혼자 힘으로만 모든 과정을 해내야 하기 때문이다.

비록 프랜차이즈 창업보다 초기 어려움이 가중된다는 단점이 있지만, 독립 창업은 장점 요인도 많이 있는 만큼 지레 겁부터 먹을 필요는 없다. 다음 그림은 일반적인 독립 창업 절차이다. 이를 토대로 창업 절차를 차례차례 검토해 나가다 보면 어

일반(독립) 창업 절차(한국프랜차이즈산업협회, www.ikfa.or.kr)

느새 꼼꼼하게 창업을 해낸 자신을 발견할 것이다.

　창업 준비 단계에서는 자신이 창업을 해야 하는 명확한 이유와 목표를 설정해야 하고, 누구를 고객으로 비즈니스를 할지에 대한 분석 등을 철저하게 검토해야 한다. 객관적 데이터를 기반으로 하는 프랜차이즈 본사의 지원을 받을 수 없는 독립 창업자들은 특히 주의를 기울여야 할 단계이다.

　아이템 탐색 단계는 성공 창업을 위한 정보를 탐색하는 단계이다. 어떤 아이템으로 창업을 할지 분석하는 단계인 만큼 소비자들이 무엇을 필요로 하는지에 대한 관련 정보를 습득하는 것이 매우 중요하다.

　시장 조사 단계에서는 검토하고 있는 창업 아이템과 관련된 경쟁 업종, 틈새 상품, 연령이나 성별 같은 인구 통계학적 측면에서의 선호도, 소비자들의 소비 성향 등을 분석해야 한다.

아이템 결정 단계에서는 창업자 자신이 생각하는 비즈니스에 가장 잘 부합되는 아이템이 무엇인지를 결정해야 한다. 타깃 고객의 구매 지수 분석이나 아이템의 생명 주기, 예상되는 수익성에 대한 정밀한 분석이 필요하다. 또한 자신에게 가장 잘 어울리는 창업 아이템인지 고민도 해야 한다. 좋은 아이템임에도 불구하고 의외로 많은 창업자들이 자신의 적성이나 가치관과 어울리지 않는다는 이유로 중도 포기하기 때문이다.

상권 조사는 해당 아이템과 궁합이 맞는 상권을 찾아 나가는 과정이다. 특히 조사 대상 상권의 규모, 동종 유사 업종의 유무와 경쟁력의 정도, 창업 소요 자금으로 진입할 가능성, 해당 상권으로의 접근 가능성, 동선 등을 꼼꼼하게 검토해야 한다.

입지 결정 단계에서는 자신이 선택한 창업 아이템을 어떤 점포에서 판매할지를 결정해야 한다. 검토 대상 입지들의 장단점을 면밀하게 비교해 본다. 계절에 따른 변동 여부, 업종에 따른 호황이나 불황 주기, 입지별 수익성의 차별화 등 성공 창업을 위해서는 특히 입지 결정이 중요하다.

공부 서류를 검토하는 단계는 점포 계약에 앞서 창업하고자 하는 점포가 과연 공법상 적법하게 창업이 가능한 곳인지를 검토하는 과정이다. 도시계획확인원이나 건축물대장 등을 확인해 정화조, 전기 용량, 상하수도와 관련된 사항 들을 점검해야 한다.

점포 계약을 체결하는 단계에서는 등기사항전부증명서 발급을 통해 안전하게 점포를 매입 혹은 임차할 수 있는지를 검토한다. 아울러 인테리어와 각종 시설 공사를 위한 계약을 체결한다. 점포 특성에 부합되는 인테리어와 시설 공사에 주의를 기울여야 하며, 욕심을 내 무리한 지출을 하는 것은 피해야 한다.

시설 공사 단계는 프랜차이즈 창업의 경우와 대동소이하다. 인허가 점검 단계는 인허가가 필요한 창업인 경우 필요한 서류, 양식, 요건들을 충족했는지를 검토하는 과정이다. 의외로 인허가 요건을 꼼꼼하게 챙기지 못해 창업이 지연되는 낭패를 경험하는 경우가 많은 만큼 꼼꼼하게 인허가 관련 사항들을 점검하는 편이 좋다.

가오픈 단계와 정식 오픈 단계도 프랜차이즈의 경우와 대동소이하다. 다만 독립 창업인 경우 대부분 가오픈을 생략하는 경우가 많다. 그러나 급할수록 돌아가라는 말이 있듯이 가급적 가오픈을 통해 이후 발생할 문제점들을 개선하고 징식 오픈을 하는 것이 바람직하다.

규제 완화는 성공 창업으로 가는 새로운 틈새시장

 문재인 정부 출범 이후 불필요한 규제 완화에 속도를 낸 적이 있었다. 2017년 9월 26일 청와대 국무회의에서 문재인 대통령은 "소득 주도 성장이 수요 측면에서 성장을 이끄는 전략이라면 공급 측면에서 성장을 이끄는 전략이 혁신 성장이라고 판단한다"라고 강조하면서 '혁신 성장'을 추진하겠다는 의지를 표명했었다.

 문재인 대통령의 혁신 성장론의 배경에는 규제 완화야말로 우리 경제의 재도약에 필수 불가결한 요소라는 인식이 자리 잡고 있었다. 문제의 진단은 정확한 것이었다. 특히 고용 없는 성장이 지속되고 있는 데다 일자리 대란이 만성화되고 있는 상황이었기 때문이다. 이재명 정부 출범 후에도 실용적 정책들이 추진되고 있다. 청년들의 일자리가 줄어들고 있는 현실을 감안할 때 규제 완화야말로 청년들에게 새로운 기회를 창출해 줄 가장 확실한 카드가 될 것이기 때문이다. 중소벤처기업부는 '2025년 중소기업·스타트업 혁신 투자계획'을 발표하고, 1조 원 규모의 벤처펀드를 조성하는 한편, 벤처투자 의무 대상 범위를 스타트업에서 전체 중소기업으로 확대했다. 이는 글로벌 기준과 유사한 투자 규제 완화 조치이다.

규제 완화의 혜택은 거창하고 원대한 것에 그치지 않는다. 세계적으로 엄청난 반향을 불러일으키고 있는 우버, 에어비앤비 같은 회사들은 우리나라였다면 시작도 못 했을 것이다. 위와 같은 회사들은 모두 우리와 매우 밀접한 분야에 아주 가깝게 연결되어 있는 것을 비즈니스 대상으로 하는 회사들이라는 공통점이 있다. 따라서 우리나라에서 글로벌 신생 기업들이 탄생하기 위해서는 먼저 사소한 규제를 완화하고 불필요한 규제는 철폐해야 한다. 규제 완화의 효과는 매우 광범위하고 진방위직이기 때문이다.

다행스럽게도 이재명 대통령은 혁신 성장을 위한 규제 완화를 지속적으로 강조해왔고, 새정부 출범이후 관계 부처 역시 신속하게 혁신성장을 준비하고 있다. 한시가 바쁜 대한민국 경제 상황에 비추어 볼 때 바람직한 현상이라고 할 수 있다. 다음은 기획재정부의 보도자료 가운데 일부이다.

과기정통부, 피지컬 AI 산업 확산 위한 간담회 개최

과학기술정보통신부(이하 과기정통부)는 30일, 서울 상공회의소에서 국내 피지컬 AI 핵심기술 경쟁력 확보 및 산업 확산 방안을 논의하는 산학연 간담회를 개최했다.

이번 간담회는 류제명 제2차관 주재로 열렸으며, 국내 피지컬 AI 관련 산업계, 학계, 연구기관 전문가들이 참석해 현장의 애로사항을 공유하고 정책적 지원책을 함께 논의하는 자리였다.

피지컬 AI는 관성, 마찰, 중력 등 물리법칙에 대한 이해를 기반으로 실제 환경에서 사람처럼 능동적으로 행동할 수 있는 인공지능 기술로, 제조·물류를 비롯해 농업, 의료, 국방 등 다양한 분야에서 활용 가능성이 주목받고 있다.

이번 간담회에서는 먼저 정보통신기획평가원(IITP) 김욱 PM이 피지컬 AI의 개요와 글로벌 시장 현황을 소개했으며, 마음AI는 기술개발·실증, 인력 양성 등 지원 방안을 발표했다. 이어 KAIST 장영재 교수는 국내외 연구 동향에 대해 설명했다.

토론에는 마음AI 유태준 대표, 써로마인드 장하영 대표, 엑시스소프트 오창훈 대표, 씨메스 이성호 대표, 아리카 박인준 대표 등 기업 관계자들과 KAIST, 포항공대, GIST, 경남대 교수진, 한국전자통신연구원 및 IITP 전문가들이 참여해 기술 육성과 산업 확산 방안에 대해 심도 있는 논의를 이어갔다.

류제명 과기정통부 제2차관은 "피지컬 AI는 우리 산업과 일상을 혁신할 차세대 범용 AI 기술"이라며 "AI G3 도약을 위해 피지컬 AI를 기반으로 제조 등 주력 산업과의 융합이 중요하다"고 밝혔다.

이어 "산업통상자원부 등 관계 부처와 협력해 AI와 산업 간 시너지를 창출할 수 있도록 적극 지원하겠다"고 강조했다.

자료 : 뉴스핌, 2025년 7월 30일

산업만이 아니라 대한민국이 보유하고 있는 다양한 경쟁 자원, 이를 테면 문화 자원, 관광 자원 등을 적극 활용해 국가 경쟁력을 높이는 한편 경제 활성화에 적극 나설 필요가 있다. 문화체육관광부는 2025년 주요 정책 방향으로 문화·관광 자원을 상품화하고 지역 균형 발전을 도모하는 전략을 발표했다. 이를 통해 지역 창업과 콘텐츠 산업 활성화를 위한 규제 완화 및 정책 지원을 본격화하고 있다. 동시에 K-콘텐츠 산업에서도 정부가 비개입 원칙 아래 창의성을 촉진하도록 지원 체계를 정비하면서, BTS, 블랙핑크, '오징어 게임' 등 글로벌한 문화 콘텐츠의 지속적 성장을 제도적으로 뒷받침하고 있다. 이재명 정부가 향후 집중적으로 문화 자원, 관광 자원의 상품화를 도모하기 위한 다양한 조치들을 내놓을 것으로 기대가 되는 이유이다.

문화, 관광뿐만이 아니다. 내수 산업의 활성화를 위해 그동안 경제를 옥죄고 있었던 이중 삼중의 규제들을 과감히 검토해야 한다. 규제를 위한 규제들은 폐지하는 한편, 유지되어야 할 이유가 있고 꼭 필요한 규제들만 최소한으로 유지하는 정책적 노력도 기울여야 한다.

그러한 과정에서 새로운 틈새 창업의 기회가 무수히 열릴 것으로 예상된다. 취업, 재취업과 창업의 갈림길에서 고민하고 있고 창업을 꿈꾸고 계획하고 있는 사람들이라면 지금 당장 규제 완화를 주목해 보도록 하자. 어쩌면 규제 완화 속에 숨어 있던 보석 같은 창업 기회를 발견할지도 모른다.

09 창업 전문가의 도움을 받아라

　창업 과정에서 많은 창업자들이 간과하는 것 중 하나가 창업 전문가의 자문이 얼마나 중요한가 하는 부분이다. 그저 창업에 소요되는 비용을 조금이라도 아껴 보려는 마음에 어지간하면 자기 힘으로 혼자 창업을 준비하고 난관을 극복하려 한다. 물론 한 푼이 아쉬운 창업자 입장에서는 창업 컨설팅에 소요되는 비용이 아까울 수도 있다. 그러나 아무리 창업 컨설팅에 소요되는 비용이 크다고 해도 창업 실패로 인해 손해를 보는 비용보다는 적다. 창업 과정에서 전문가의 컨설팅을 받는다면 실패 위험을 줄인다는 장점도 있다. 다양한 창업 전문가의 자문과 조언을 받는 것은 성공 창업을 위해 꼭 필요한 과정이다.

　창업을 위해 도움을 받을 만한 곳은 의외로 많다. 아직 제대로 알지 못하고 있을 뿐이다. 창업에 살이 되고 피가 되는 주요 정보들을 무료로 얻을 수 있는 곳들을 살펴 보면 다음과 같다.

첫째, 각 지방 자치단체에서 운영하고 있는 청년창업지원센터가 있다. 전국의 지방 자치단체에서 운영하고 있는 청년창업지원센터에서는 각종 우수한 창업 아이디어나 기술, 전문 지식을 보유하고 있는 청년들의 창업을 지원하고 있어 큰 도움이 된다. 다음은 서울특별시 창업허브 공덕 www.hubgongdeok.startup-plus.kr 홈페이지이다.

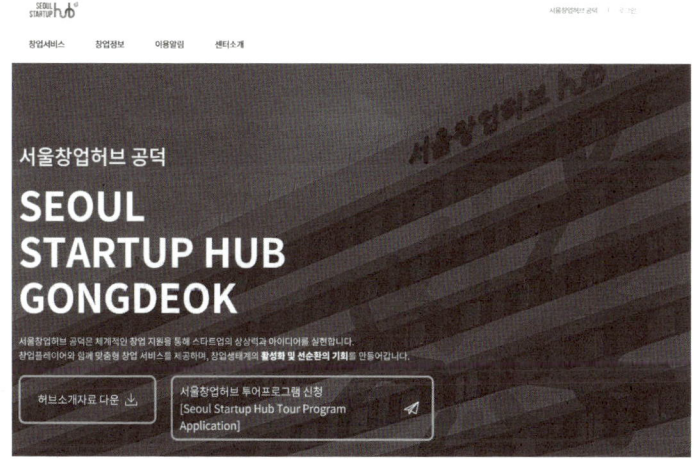

서울창업허브 공덕(www.seoulstartuphub.com)

둘째, 창업진흥원 www.kised.or.kr 이 있다. 이곳에서는 창업과 관련된 교육과 자금 지원은 물론 창업 사례 등 다양하고 폭넓은 창업 정보를 제공하고 있어 창업을 꿈꾸는 사람들에게 매우 유용

창업진흥원(www.kised.or.kr)

한 사이트로 평가받고 있다.

셋째, 한국소상공인창업센터 http://www.v-startup.com/ 가 있다. 이곳에서는 예비 창업자들이 관심을 가져 볼 만한 창업 자금이나 지원사업, 사업 계획서 등 다양한 정보를 제공한다. 지식 재산권에 대한 정보도 얻을 수 있어 한 번쯤 찾아 볼 만하다.

넷째, 연합창업컨설팅 www.jejal.net 이 있다. 소자본 예비 창업자들을 위한 컨설팅, 프랜차이즈 인큐베이팅 등의 서비스를 제공한다. '프랜차이즈 리포트', '창업뉴스', 창업컨설팅', '창업준비정보', '교육' 등도 제공하고 있다.

위에서 살펴 본 무료 사이트 외에도 유료로 전문가의 컨설팅을 받을 수 있는 사이트들도 많다. 어느 쪽이 되었든 다양한 정보를 확인하고 충분히 검토한 후 전략을 수립해 효과적인 창업을 실행하는 것이 좋다.

창업을 위한 상권 분석 요령

　상권이란 어떤 사업을 영위함에 있어 고객이 존재하는 시.공간적 범위를 일컫는다. 상권은 다양한 요인들, 예를 들면 자연지형, 대형 시설물, 도로 상태 등에 의해서도 달라진다. 사실 상권은 매우 중요하다. 창업의 성패가 상권의 크기나 파워에 달려 있다고 해도 과언이 아니다. 당연히 상권 분석을 정확하게 수행해야 한다.
　상권 분석이란 무엇을 말하는가? 상권 분석이란 현재와 미래 시점의 상권 전체의 성쇠 여부를 파악하는 것이라고 정의할 수 있다. 먼저 입지 조건을 분석하기 전에 그 상권 전체가 죽은 상권인지, 번성하는 상권인지를 파악해야 한다. 당연히 번성하는 상권에 들어가는 것이 중요하다. 이때 개별 점포의 입지 조건을 분석하여 유리한 점포를 얻어야 한다. 실제로 상권 자체는 쇠락의 길을 걷고 있어도 개별 점포의 입지가 워낙 좋아서 장사가 잘되는 경우도 있다. 그럼에도 상권 자체가 쇠퇴하면 개별 점포도 얼마 지나지 않아 쇠퇴하게 될 것은 불 보듯 뻔하다. 따라서 상권과 개별 점포의 입지 조건을 구분해서 분석하는 것이 좋다.

대개 상권의 형태는 지형 지세에 의해 이루어진다. 지형 지세 같은 지리적인 조건 중에는 하천, 도로, 둑 등이 있다. 상권을 분할하는 구실을 하기에 면밀히 분석해야 한다. 4차선 이상의 도로는 상권을 분할하지만, 만약 바로 앞에 횡단보도가 있다면 상권을 연계하기도 한다. 언덕배기처럼 경사진 곳은 상권 형성이 어려운 지형이며, 도시 계획 등으로 높고 낮은 곳 없이 편평하게 밀어 버린 외곽 지역이나 신도시는 상권의 번성이 어렵다. 이런 곳은 사통팔달로 시원하게 도로가 개통되어 사람들의 통행이 분산된다. 제대로 된 상권 형성이 어려운 곳이다.

그렇다면 어떠한 곳이 번성하는 상권이 되는 지리적인 조건을 갖춘 곳인가?

첫째, 지대가 상대적으로 낮은 곳이다. 비가 오면 물길이 낮은 곳으로 몰리듯이 사람들 역시 낮은 곳으로 몰린다. 교통망 확충이 잘되어 있기 마련이어서 해당 지역의 각종 편의 시설인 시장이나 극장, 예식장, 은행 등이 집중되는 경향이 있다. 보도 양쪽에 상권이 형성되어 있다면 조금이라도 보도보다 낮은 곳이 좋다. 보도보다 조금이라도 높은 곳에 점포가 있으면 접근성에서 불리하다.

둘째, 도심권과 역세권 및 대학가 상권은 유동 인구의 특성이 그대로 반영되어 상권이 형성되는 만큼 유망하다고 하겠다. 상권에 유입되고 있는 유동 인구의 연령층, 남녀 구성비, 소비 행태 등에 의해 각 상권별로 고유한 특징이 나타나기 때문에 이러한 곳의 상권 분석은 그다지 어렵지 않다.

셋째, 편의 시설 및 장애물 유무이다. 어떤 상권이든지 번성하는 곳은 해당 지역의 중심지이다. 지역의 중심지에는 각종 편의 시설이 집중되어 있다. 상호 작용을 통해 함께 성장하는 것이다. 은행, 쇼핑센터, 대형 의류점 등이 있는 곳은 대부분 좋은 상권이다. 반면 학교나 운동장 시설 등은 상권을 분할한다.

이상에서 살펴 본 내용을 기본으로 상권 분석 연습을 평소에도 해두도록 하자. 어떤 이유에서든 훗날 상권 분석을 할 때 큰 도움이 될 것이다.

매출 신장을 위한 요령

 어느 정도 사업이 자리를 잡고 나면 매출에 욕심이 나기 시작한다. 매출을 늘릴 방법을 강구하거나 새로운 시장을 찾아 나섬으로써 사업을 발전시키고 싶어진다. 매출을 늘리려면 새로운 제품 또는 서비스를 출시하거나, 시장을 넓히거나, 마케팅 활동을 늘리거나, 고객 서비스를 개선해야 한다. 제조 업체라면 수요에 맞추어 생산성을 높이는 노력도 필요하다. 어떤 식으로든 매출을 늘리기 위해서는 매출 극대화를 위한 기본 원리를 파악해야만 한다.
 첫째, 새로운 제품 또는 서비스를 출시한다. 고객에게 다양한 제품 또는 서비스를 제공해야 한다. 단 새롭게 구상한 제품 또는 서비스를 출시하기에 앞서 먼저 시장 조사를 통해 수요가 있는지 분석하는 것이 좋다. 기존 고객을 시험 집단으로 활용하는 방법도 고려해 볼 만하다.

둘째, 새로운 내수 시장으로 진출한다. 새로운 시장으로 진출하는 데 적지 않은 비용이 소요될 수 있지만, 고객 기반을 넓히는 기회가 될 수 있다.

셋째, 판로를 넓힌다. 판로를 평가하고 최적화함으로써 보다 많은 고객에게 접근하고, 시장 점유율을 높이는 동시에 수익성을 확보한다. 이때 고려해야 할 사항으로 다음의 사항들을 명심해 두자.

▶ 가격 수정

가격, 거래 조건, 결제 조건 등을 수정함으로써 제품 또는 서비스에 대한 시장 수요를 자극할 수 있다. 경쟁자들이 제시하는 가격과 결제 조건을 주시하고 이윤 폭을 검토하여 비용을 줄일 여지가 있는지 판단하자. 가격을 내리기가 불가능하면 흔히 거래 조건을 개선하여 고객에게 영향을 줄 수도 있다.

▶ 경쟁자

경쟁자들의 움직임을 항상 주시해야 한다. 경쟁자들의 행동, 능력, 한계 등을 파악하는 데 유용하다. 이런 정보를 알면 시장 입지를 방어하고, 변화에 대응하고, 새로운 시장을 개척하는 능력이 높아진다.

▶ 지역 사회와의 관계

지역 사회 내에서의 참여를 늘린다. 지역 사회의 행사 후원, 행사 참여, 지역 내 스포츠 팀 지원 등을 통해 사업체에 대한 인식을 높이고 매출을 촉진시킨다.

▶ 고객 서비스

고객 서비스의 질과 대응성에 대한 고객의 인식에 주의를 기울인다. 만족한 고객이 퍼뜨리는 긍정적인 소문이 사업에 미치는 영향력의 정도는 굳이 설명할 필요가 없을 정도로 엄청나다.

▶ 물러날 때

이윤이 작거나, 수익성이 낮거나, 판매비가 과다한 제품 또는 서비스가 있다면 적정 시점에서 해당 사업을 제거하는 것이 중요하다. 수익성이 떨어지는 제품 또는 서비스 라인을 제거함으로써 기업 자원의 낭비를 줄이고 보다 바람직한 투자 기회를 확보한다.

매출 신장을 위한 노력은 다각적이고 종합적으로 진행되어야 한다. 모든 기업의 궁극적 목표는 결국 이익 극대화이다. 그렇다고 막무가내로 매출 극대화를 위해 노력하기보다는 위에서 언급한 형태로 효율적인 매출 극대화 전략을 수립하고 실행해야 한다.

목 좋다고 무조건 창업하면 쪽박 찬다

보통 목이 좋으면 창업을 해도 쪽박 차지 않는다는 말이 있다. 그만큼 창업에 있어 목, 다시 말해 상권이 차지하는 비중이 얼마나 큰지를 강조하는 표현이다. 그러나 목만 좋다고 무조건 성공을 보장받지는 않는다. 창업 후 쪽박 차지 않기 위해서 반드시 주의를 기울여야 할 것들이 있다. 다음은 쪽바 차지 않는 10가지 방법이다. 실패하지 않는 창업을 위해 꼭 읽어 둘 필요가 있다. 여러 번 읽어서 마음에 새겨 두도록 하자.

'도전, 창업' 쪽박 차지 않는 10가지 방법

처음 사업을 시작하려는 사람에게 창업은 도박과 같다. 카우프만 기업가 활동지수(KIEA, Kauffman Index of Entrepreneurial Activity)에 따르면 미국에서는 매달 평균 46만 4,000명이 새로 사업을 시작한다. 또한 미국 중소기업청은 창업자의 3분의 2만이 최소 2년을 버티고, 44%가 최소 4년간 살아남는다는 자료를 발표했다.

무일푼이 되지 않으려면 사업 자금을 올인하기 전에 미국 항공사 아메리칸에어라인 임원 출신의 창업 컨설턴트 닐 앤더슨(Neil Anderson)의 조언을 경청할 필요가 있다. 미국의 기업활동 지원 서비스 회사 커리지그룹의 회장이자 《기업가 정신, 마음의 롤러코스터》의 저자인 닐 앤더슨은 경영자와 예비 창업자를 위해 '사업 실패를 막는 10가지 방법'을 소개했다.

1. 매일매일 거래해서 팔아라. 그러면 사업의 기복을 최소화시킬 수 있다. 잠재 고객을 확보할수록 회전 자금량이 많아지고 자금력이 풍부해진다.
2. 절박함에 대한 감각을 가져라. 사업을 런칭시키려면 예상보다 두 배의 시간이 더 걸린다. 초기 자본에만 의지하지 않도록 주의하면서 관련 분야에서 전문가가 될 때까지 시간과 자금을 철저히 관리하라.
3. 마음가짐을 단단히 하라. 어려울 때는 오로지 한 가지 선택밖에 없다. 정신 공황을 철저히 경계해야 한다. 그것은 나태함으로 이어지고, 결국 사업은 실패하게 된다. 앤더슨 회장의 비결은 베토벤 음악이다. 음악을 들으면 마음이 편해지고 문제 해결책까지 떠오른다.
4. 어떤 것도 당연하다고 생각하지 말라. 잠재 고객으로부터 "거래합시다"라는 말을 듣고 적어도 곧바로 흥분하지 말라. 돈을 흥청망청 쓰지 말고 비용부터 처리하라. 현금이 들어오면 그때 비로소 즐거워해도 좋다.

5. 운동을 해서 몸 관리에 신경을 써라. 앤더슨 회장은 베토벤 음악을 들으며 조깅을 즐긴다. 최선의 해결책은 동네를 뛰다가 떠오른 경우가 많았다. 초기 창업자들은 건강에 관심을 갖고 투자를 하기 어렵기 때문에 반드시 건강 관리에 힘써야 한다.
6. 부정적인 시각으로 사기를 꺾는 사람을 피하라. 긍정의 힘을 믿고 낙관적이 되어라. 말만 하지 않고 직접 자신의 꿈을 좇는 용기를 가진 사업가에 대해 사람들의 마음은 질투심을 갖기 때문에 부정적으로 되기 쉬운 것이다. 사람들은 인생의 도약에 대해 두려움을 느껴서 남들이 도약하지 못하게 부정적인 말을 하게 되며, 그렇게 함으로써 자신의 두려움에 대해 기분상 다소 위안을 받는다.
7. 하루하루 비즈니스 플랜을 세워라. 사업 계획은 항상 가동되고 있어야 한다. 계획을 갖고 실행하는 것이야말로 성공을 향한 로드맵이다. 계획은 그날 무슨 일을 하고 왜 해야 하는지 알게 해주며, 고객과 투자자들과의 만남을 준비하는 데 도움이 된다.
8. 눈에 보일 정도로 생생하게 성공을 구체화시키면 확신에 차게 되며, 그 확신은 성공을 잉태한다. 고객은 성공하는 사람과 거래하는 것을 좋아하기 때문에 실제 도움을 받을 수 있는 성공 사업가들로부터 물건을 구입하고 서비스받기를 원한다.
9. 어려운 시기라면 처음에 왜 이것을 하려고 했는지 자신에게 계속해서 말을 걸어라. 당신과 가족을 위해, 보다 나은 미래를 만들기 위해 당신이 노력하고 있다는 사실을 명심하라. 당신의 인생을 지배하고, 당신을 회사 정치에 놀아나게 하고, 당신을 무능한 사장에게 일러바치는 사람들에 의해 좌우되는 자신을 생생하게 떠올리는 것만으로도 마음을 다잡을 수 있는 충분한 동기 부여가 된다.
10. 이젠 다시 처음으로 돌아가라. 성공이 의심스러울 때 처음처럼 세일즈와 마케팅의 기본으로 되돌아가라. 이것은 필수 불가결할 뿐 아니라 성공과 실패를 결정짓는 가장 중요한 요소이다.

자료: <비즈데일리>, 2009년 2월 19일

3장
세금상식

01 근로소득세와 연말정산이란 무엇인가?

근로소득자란 근로_{노동}를 제공하고 대가로 급여_{주급, 시급, 월급 등}를 받는 사람을 말한다. 근로소득자는 근로의 대가로 지급되는 소득에 대해 세금을 납부해야 하는데, 이를 가리켜 근로소득세라고 한다. 다시 말해 근로소득세란 근로자가 근로의 대가로 받는 소득에 부과하는 조세를 말한다. 국세청이 발표한 통계 자료에 의하면 근로소득자들이 상대적으로 많은 소득세를 부담하고 있는 것으로 나타났다. 근로자 입장에서 효과적인 절세 전략을 찾는 것이 매우 중요한 과제라고 하겠다.

문제는 일반 근로소득자가 막상 절세 전략을 세우려 해도 세법 규정이 워낙 복잡할 뿐만 아니라, 해마다 개정을 거듭하여 지레 포기하고 만다는 점이다. 그렇다고 포기할 수는 없는 법! 아쉬운 대로 연말정산 때 소득공제 항목을 최대한 늘리는 것이 현실적인 대책이다. 소득공제를 위해서는 매년 발표되는 세제 개편 내용 중 연말정산 관련 사항을 관심 있게 체크하여 미리 대비하는 노력이 필요하다.

근로자의 급여를 가리켜 '유리지갑 급여'라고 한다. 국세청에서 가장 용이하게 세금을 부과해 세수를 확보한다는 점에서 붙여진 이름이다. 자영업자와 근로자를 비교해 보면 근로자들이 상대적으로 세금 부담을 많이 하고 있다는 사실을 알게 된다. 실제로는 근로자들보다 훨씬 높은 소득을 창출하고 있음에도 세금 신고는 소득에 비해 낮게 축소하는 자영업자가 무척 많다. 물론 정부에서 조세 부담의 불균형 문제를 해소하기 위해 지속적으로 자영업자의 소득 축소 신고를 단속하고 있다. 하지만 단시일 내에 해결하기는 어려운 만큼 급여 생활자는 보다 지혜로운 연말정산을 통해 절세 전략을 꼼꼼하게 세울 필요가 있다.

연말정산이란 매월 근로소득 지급 시 간이세액표에 의해 징수된 세액에 대해 법령에서 정한 특별공제 및 그 밖의 소득공제를 반영하여 최종적으로 정확한 세액을 계산하여 이미 납부한 세액과 정산하는 것을 말한다. 근로소득은 특성상 매월 발생하므로 매월 소득세를 근로소득 간이세액표에 의해 원천징수하고 다음 해 2월에 실제 부담할 세액을 정산하는 것이다. 계산한 세금이 이미 원천징수한 세액보다 적으면 돌려주고, 많으면 근로자에게 추가로 징수한다.

종합소득이 있는 사람은 매년 1월 1일~12월 31일 동안 발생한 소득을 다음 연도 5월 31일까지 개인별로 종합소득세 확정신고를 하게 된다. 근로소득만 있는 사람은 근로소득을 지급하는 자원천징수 의무자가 근로소득세 연말정산을 하는 경우에 한하여 각 개인별로 종합소득세 확정신고를 하는 번거로움을 생략할 수 있다. 쉽게 말해 번거로움을 없애기 위해 연말정산이 필요하다고 보면 된다.

2017년 12월 국회에서 세법 개정안이 통과되면서 고소득자의 세금 부담이 증가했다. 2018년 귀속 종합소득세 신고 기준으로는 과표 3억 초과~5억 이하 구간에 40% 세율이, 5억원 초과 구간에 최고 42% 세율이 적용되었기 때문이다. 그런데 2025년부터는 과세표준 10억원 초과 구간이 새로 도입되었고, 최고 세율 45%가 적용된다. 2025년 기준의 종합소득세율 구간이다.

2025년 기준 종합소득세율 구간 과세표준	세율	누진공제액
1,400만 원 이하	6%	0원
1,400만 원 초과 ~ 5,000만 원	15%	126만 원
5,000만 원 초과 ~ 8,800만 원	24%	576만 원
8,800만 원 초과 ~ 1억 5천만 원	35%	1,544만 원
1억 5천만 원 초과 ~ 3억 원	38%	1,994만 원

3억 원 초과 ~ 5억 원	40%	2,594만 원
5억 원 초과~10억 원 이하	42%	3,594만 원
10억 원 초과	45%	6,594만 원

과세 표준에 따른 소득세율(국세청, www.nts.go.kr)

한편 소득세는 과세표준 구간에 따라 누진 세율이 적용된다. 가령 A라는 사람의 과세표준이 7,000만 원이라고 하자. 1,400만 원에 대해서는 6%의 세율이, 1,400만 원을 초과하여 5,000만 원까지는 15%의 세율이, 5,000만 원을 초과하여 7,000만 원까지는 24%의 세율이 적용된다는 뜻이다.

어쨌든 2025년 귀속소득에 적용되는 세율은 2024년에 적용되던 세율에 비해 높아졌다. 고소득자일수록 연말정산에 주목해야 할 이유가 충분하다고 하겠다.

연말정산,
이것만은 꼭 챙겨 두자

　연말정산은 어렵다기보다는 귀찮은 일이다. 바쁜 직장생활에 이리저리 쫓기다 보면 제대로 챙기지 못하는 경우가 부지기수이다. 이제라도 새롭게 바뀐 연말정산 관련 정책이나 제도를 조금만 챙겨 둔다면 이른바 '13번째 월급'이라고 하는 연말정산을 제대로 활용할 수 있다. 국세청이 매년 12월 발표하는 '귀속 근로소득 연말정산 종합안내'를 보면 어떻게 해야 연말정산을 잘 챙길지 도움이 된다. 이를 기초해 연말정산을 준비하면 조금은 쉽게 느껴질 것이다. 이해를 돕기 위해 2024년 귀속 연말정산 기준 주요 핵심 포인트를 살펴보자.

　2024년 귀속소득 연말정산 당시 첫 번째 포인트는 신용카드직불·현금 사용 공제였다. 신용카드·직불카드·현금영수

중 사용액에 대해 총급여의 25%를 초과하는 금액의 15~40%가 공제 가능했다. 2024년 사용금액이 전년 대비 5% 이상 증가한 경우, 초과분에 대해 10%를 100만 원 한도로 소득공제가 가능했다.

주택 관련 소득공제 역시 포인트였다. 무주택자 또는 1주택자인 경우 주택임차 차입금 원리금 상환액 공제가 가능했는데 원리금 상환액의 40%를 연 300~400만 원을 한도로 공제받을 수 있었다. 장기주택저당차입금 이자상환액 공제도 확대되었다. 종전에는 기준시가가 5억 원 이하인 주택이 대상이었으나 6억 원까지 대상이 완화되었고 공제한도는 연 600만 원~2,000만 원이었다.

학생들의 방과 후 학습비, 교재 구입비, 급식비에 대한 공제도 받을 수 있었다. 취학 전 아동을 위한 유치원과 어린이집의 방과 후 과정**특별 활동비 포함**은 물론 초·중·고등학교 방과 후 학교의 교재 구입비, 급식비도 등도 공제받을 수 있었다. 다만 교재비는 학교에서 일괄 구입하는 것으로 제한하되, 학교 외에서 구입한 도서는 학교장의 확인을 받아야 공제를 받을 수 있었다. 꼼꼼하게 준비해야 챙길 수 있는 부분이었다고 할 수 있다.

인적공제도 꼼꼼하게 챙기는 것이 바람직하다는 점도 확인되었다. 특히 기본공제 대상자 중 추가공제 대상에 해당되면 기본공제 외에 추가적인 공제를 받을 수 있었다. 장애인**200만 원**, 70세 이상 노인**100만 원**, 한부모 가족**연 100만 원**등에 대한 공제가 대표적이었다. 자녀·손자녀 세액공제도 있었다. 자녀수 및 대상에 따라 세액공제가 많아지는데 자녀 1인 15만 원, 2인 35만 원, 3인 이상 초과 자녀당 30만 원이 추가되었고, 손자녀까지 공제 대상이 확대되었다.

위에서 살펴본 내용은 2024년을 기준으로 정리해 본 것이다. 2025년 귀속 근로소득에 대한 연말정산 역시 매년 국세청에서 발표하는 '귀속 근로소득 연말정산 종합안내'만 잘 활용하면 된다. 위에서 살펴본 내용과 동일하게 특히 이슈가 될 만한 내용을 중심으로 자신에게 해당하는 내용을 꼼꼼하게 준비할 수 있으며, 이를 통해 13번째 월급을 알차게 확보할 수 있을 것이다.

연말정산을 효과적으로 활용하기 위해서는 꼼꼼하게 자료를 모아 신청하는 것이 중요하다. 그렇다고 과도한 공제를 받으면 곤란하다. 국세청이 연말정산 과다 공제자에 대한 점검을 매년 실시하고 있다. 과다 공제자로 밝혀지면 납부 세액에 가산세까지 추가로 부담해야 한다. 과다 공제를 받지 않도록 주의하자.

03 자영업자라면 꼭 챙겨야 할 세금 하나, 사업소득세

　사업소득세란 사업자가 1년 동안 판매한 총매출액에서 매출에 소요된 필요경비 매입, 인건비, 임대료, 일반경비 등를 공제하고 난 이후 계산된 이익에 일정한 세율을 적용해 산출된 세금이다. 사업소득세와 관련해서 중요한 점검 포인트를 살펴 보면 다음과 같다.

　첫째, 매입세액을 공제받지 못한 부가가치세는 비용으로 인정받을 수 있다는 점을 명심해 두자. 부가가치 매입세액은 매출세액에서 차감하는 것이라 비용으로 인정되지 않는 것이 원칙이다. 하지만 면세사업자가 부담하는 매입세액이나 접대비와 관련하여 공제받지 못했던 매입세액 등은 비용으로 인정된다. 잊지 말고 비용 처리를 하자. 비용이 늘어나면 그만큼 세금이 줄어든다.

둘째, 올해 공제받지 못한 세액공제액이 있다면 내년에도 공제가 가능하다는 점을 기억하자. 예를 들어 사업 설비 등에 투자하면 투자 금액의 일정 비율에 상당하는 금액을 투자한 연도의 세금에서 공제해 준다. 만약 투자한 연도에 납부해야 할 세금이 없거나 최저한세Minimum Tax의 적용으로 공제받지 못한 부분이 있다면 어떻게 될까? 이럴 경우라면 해당 금액을 다음 해부터 5년 이내에 종료하는 기간까지의 각 과세연도에 이월하여, 그 이월된 과세연도의 사업소득세에서 공제받을 수 있다. 이를 이월공제라고 하는데, 역시 세금을 줄이는 방법이니 숙지해 두자.

셋째, 사업 실적이 부진하면 중간예납 추계액 신고를 이용하자. 사업자의 연간 소득금액에 대한 세금을 한 번에 납부하면 부담이 큰 만큼 중간예납 제도를 두고 있다. 전년에 납부한 세액의 절반을 중간예납 기준액으로 고지하여 11월에 납부한다. 만약 사업이 부진하면 중간예납 기간매년 1월 1일~6월 30일의 실제 사업 실적에 따라 신고.납부할 수 있다. 이를 추계액에 의한 신고.납부라고 한다.

중간예납 추계액이 중간예납 기준액의 30%에 미달하면 중간예납 추계액을 중간예납 세액으로 하여 관할 세무서에 신고할 수 있다. 중간예납 추계액 신고를 하면 당초 고지된 중간예납 세액은 없었던 것으로 본다. 사업 실적이 부진하다면 중간예납 추계액 신고를 하여 세금을 내는 것이 좋다. 물론 신고 내용에 잘못이 있으면 조사를 하여 조사 내용대로 결정한다.

넷째, 납부할 세금이 일정 금액을 초과하면 분납이 가능하다는 점을 활용하자. 소득세를 신고할 때 납부할 세액이 2,000만 원 이하인 경우 1,000만 원을 초과하는 금액을, 2,000만 원을 초과하는 경우에는 납부할 세액의 50% 이하의 금액을 납부 기한 경과 후 2개월 이내에 분납할 수 있다.

다섯째, 감가상각을 잘 활용하면 세금을 절약할 수 있다. 감가상각은 말 그대로 건물, 구축물 등을 사용함에 따라 감소되는 자산의 가치를 비용 처리하는 것을 말한다. 감가상각은 일정 한도 내에서 세법상 비용으로 인정되며, 감가상각 방법에 따라 기간별 감가상각비용이 달라진다. 감가상각 방법의 차이를 잘 활용하면 소득세를 절세할 수 있다는 점을 기억해 두었다가 꼭 활용하도록 하자.

여섯째, 법인으로의 전환도 고려해 볼 필요가 있다. 소득세와 법인세의 세율 차이에 따라 사업 규모가 커지면 법인으로 전환하는 것이 유리할 수 있다. 소득세는 6%에서 45%까지 누진적으로 적용되며, 법인세는 과세표준 2억 원까지는 9%, 2억 원 초과~200억 원 이하는 1,800만 원에 2억 원을 초과하는 금액의 19%, 200억 원 초과는 37억 8천만 원에 200억 원을 초과하는 금액의 21%가 적용된다. 2025년 세법 개정안에 따르면 법인세율이 25%로 강화될 전망이다.

그러나 여전히 개인사업자에 비해 법인사업자가 세율 측면에서 유리하다는 사실은 변하지 않는다. 결국 수익 규모가 일정

2025년 기준 종합소득세율		
소득세율	과세표준	세율
	1,400만 원 이하	6%
	1,400 ~ 5,000만 원	15%
	5,000 ~ 8,800만 원	24%
	8,800 ~ 1억 5천만 원	35%
	1억 5천만 원 초과 ~3억 원	38%
	3억 원 초과 5억 원	40%
	5억 원 초과~10억 원	42%
	10억 원 초과	45%

2025년 기준 법인세율		
법인세율	과세표준	세율
	2억 원 이하	9%
	2억 원 초과 ~ 200억 원	19%
	200억 원 초과 ~3,000억 원 이하	21%
	3,000억 원 초과	24%

종합소득세와 법인세의 세율 비교(국세청, www.nts.go.kr)

자료 : 국세청(www.nts.go.kr)

수준 이하라면 개인사업자가 더 낮은 세율을 적용받지만, 일정 규모 이상이 되면 오히려 법인이 더 낮은 세율을 적용받아 세금을 적게 납부하는 구조이기 때문이다.

개인사업자가 챙겨야 할 세금은 종류가 지나치게 많은 것도 아니고, 너무 어렵지도 않다. 조금만 신경 쓰면 누구나 절세를 통해 새는 돈을 막고 훌륭하게 사업을 펼쳐 나갈 수 있다. 개인사업창업을 꿈꾼다면 사업을 시작하기에 앞서 세금에 대한 지식을 꼼꼼히 챙겨 두도록 하자.

04 자영업자라면 꼭 챙겨야 할 세금 둘, 부가가치세

　부가가치세란 상품의 거래나 서비스의 제공 과정에서 얻어지는 부가가치에 대해 과세하는 세금이다. 세금으로서 부가가치세는 국세이면서, 일반소비세이고, 간접세이며, 다단계 과세를 하고, 소비자 과세 원칙이 적용되는 세금이라는 특징이 있다.

　사업자가 납부하는 부가가치세는 매출세액에서 매입세액을 차감하여 계산하는 구조이다. 부가가치세는 물건 값에 포함되어 있어서 실제로는 최종 소비자가 부담하게 된다. 최종 소비자가 부담한 부가가치세를 사업자가 세무서에 납부하는 것이다. 부가가치세는 6개월을 기준으로 신고·납부하게 되며, 각 과세 기간을 다시 3개월로 나누어 중간예정 신고를 하도록 하고 있다.

　부가가치세는 우리 실생활과 밀접하게 연관되어 있다. 그럼에도 사람들은 거의 매일 부가가치세를 부담하고 있다는 사실을 모르고 있다. 음식점에서 음식을 사 먹거나 편의점에서 음료수 하나를 사 먹어도 부가가치세를 납부하게 된다. 영수증을 보면 계산 대금 밑에 '부가가치세'라고 해서 금액이 적혀 있다.

일반적으로 법인사업자는 1년에 4번, 개인사업자는 1년에 2번_{예정 신고 제외} 신고한다. 법인사업자는 세무사 사무소를 통하여 부가가치세와 관련된 업무를 처리하는 경우가 일반적이지만, 개인사업자는 직접 하는 경우가 더 많다. 요즘은 국세청에서 전자신고 및 전자납부를 시행하고 있어 과거에 비해 한결 편리해졌다. 부가가치세 역시 제때 신고하고 납부하는 것이 중요하다. 어기면 세무상 불이익을 받게 된다.

자영업자, 직장인 모두가 챙겨야 하는 종합소득세

　종합소득세란 개인이 과세 기간1년 동안의 경제활동으로 얻은 소득에 대하여 납부하는 세금을 말한다. 모든 소득을 합산하여 계산하고, 다음 해 5월 1일부터 5월 31일까지 주소지 관할 세무서에 신고.납부한다. 종합소득세를 제대로 챙기기 위해서는 종합소득세와 관련한 핵심적인 사항 정도는 간략하게나마 챙겨두고 있어야 한다. 지금부터 종합소득세에 대해 살펴 보도록 하자.

　첫째, 종합소득세 과세 대상 소득은 이자소득, 배당소득, 사업소득, 근로소득, 연금소득 및 기타소득 등이 있다.

　둘째, 국세청은 1월 1일부터 6월 30일까지의 기간을 중간예납 기간으로 하여, 직전 과세 기간의 종합소득에 대한 소득세액의 2분의 1에 해당하는 금액을 11월에 고지하고 11월 30일까지 징수한다. 중간예납 세액을 납부하고 다음 해 5월 확정신고 때 기납부 세액으로 공제를 받는 구조이다.

셋째, 과세연도 중에 폐업하였거나 사업에서 손실이 발생하여 납부할 세액이 없어도 종합소득세 신고는 해야 한다. 소득이 없으면 신고 의무도 없다고 착각하기 쉬우니 조심하자.

넷째, 종합소득세 신고를 하지 않으면 세무상 불이익을 당한다는 점을 기억해야 한다. 특별공제와 각종 세액공제 및 감면을 받을 수 없고, 무신고가산세와 납부·환급 불성실가산세를 추가로 부담하게 된다.

종합소득세는 자영업자건 급여 생활자건 관계없이 위에서 열거한 소득이 있다면 납부할 의무가 발생하는 세금이다. 흔히 착각하기 쉬운 것이 종합소득세와 관련한 내용들이다. 특히 급여 생활자는 연말정산으로 모두 끝난다고 착각해 종합소득세 신고를 까맣게 잊고 있다가 막상 국세청으로부터 세금 납부 통지를 받고 허둥지둥하곤 한다. 적어도 종합소득세 신고 대상 소득이 있는지 꼼꼼히 챙겨 두는 것이 바람직하다.

06 원천징수란 무엇인가?

　원천징수란 소득 또는 수입이 되는 금액을 지급하는 사람<원천징수 의무자>이 그 금액을 받는 사람<납세의무자>이 내야 할 세금을 미리 떼어서 대신 납부하는 제도이다. 납세 의무자가 개별적으로 해당 세금을 계산하여 직접 내는 불편함이 없도록 원천징수 의무자가 대신 납부하는 것이다. 원천징수 대상이 되는 소득이나 수입 금액을 지급하는 자<개인 또는 법인>가 원천징수를 하며 원천징수하는 소득은 다음과 같다.

　원천징수와 관련한 영수증을 점검하는 방법으로는 회사에서 받는 방법과 국세청 홈텍스 사이트 www.hometax.go.kr 에서 직접 조회하는 방법 등 2가지가 있다.

> **원천징수 대상 소득**
>
> o 이자소득   o 배당소득   o 사업소득
> o 근로소득   o 연금소득
> o 기타소득   o 퇴직소득

▶ 근무하는 회사

근로소득 지급명세서는 원천징수 의무자 근로자가 근무하는 회사가 연말정산을 한 뒤 다음 해 3월 10일까지 관할 세무서에 제출하도록 되어 있다. 회사가 세무서에 제출하는 서류를 소득자인 근로자에게도 배부하는데, 근로소득 원천징수 영수증이라고 한다. 연말정산을 마치면 회사에서 근로소득 원천징수 영수증을 나눠준다.

▶ 홈택스

만약 회사에서 퇴사하였거나 회사에서 원천징수 영수증을 발급받기 곤란한 상황이면 홈택스에서 직접 조회할 수도 있다. 홈택스에서 원천징수 영수증을 발급받으려면 로그인을 해야 한다. 공인인증서가 필요하니 미리 준비해 두도록 하자. 보다 자세한 내용은 홈택스 홈페이지를 참조하기 바란다.

홈택스 홈페이지(www.hometax.go.kr)

07 세금 납부 기간을 꼭 챙겨라

국가나 지방자치단체에서 부과하는 세금은 국가나 지방자치단체의 재정에 매우 중요하게 사용된다. 성실한 납부는 국민의 한 사람으로서 너무나 당연한 의무이다. 보통 세금은 일정한 납부 기간이 있다. 납부 기간 안에 납부하지 않으면 가산금이나 과태료를 내야 하는 만큼 주의를 기울여야 한다. 납부 기간과 관련해 꼭 기억해 두어야 할 사항들을 점검해 보자.

▶ **납부는 하지 못하더라도 신고 기한은 지키자**

매월 납부하는 근로소득세, 5월의 종합소득세, 각종 세금의 중간예납, 부가가치세 등 세금의 신고.납부는 여러 번에 나누어 납부해야 한다. 미리 대비하여 그때마다 자금을 준비해 놓는 것이 좋다. 특히 부가가치세는 사업자가 상품 거래나 서비스 제공에 대하여 소비자로부터 미리 받아 놓은 세금을 대신 납부하는 세금이다. 금액이 큰 편이며, 결손이 나더라도 반드시 납부해야 하는 세금이다. 만약 신고를 잘못하면 가산세 부담이 매우 크고, 법인세나 소득세에 미치는 영향도 커서 부가가치세 신고는 보다 신중을 기해야 한다.

   사업자는 설사 세금을 낼 돈이 없어도 반드시 법정기한 내에 신고해야 매입세액 공제 등 기본적인 권리를 확보할 수 있고, 가산세 등 불이익을 줄일 수 있다. 신고를 하지 않으면 매입세액이 공제되지 않고, 신고불성실가산세까지 부담해야 한다. 신고불성실가산세는 크게 일반적인 신고불성실가산세와 부당신고불성실가산세로 구분할 수 있고, 그에 따른 가산세도 다음과 같은 차이를 보인다.

구 분	내 용
무신고가산세	(무신고납부세액 × 0.2) + (영세율 과세표준 × 0.5%)
부당무신고가산세	(무신고납부세액 × 0.4) + (영세율 과세표준 × 0.5%)
과소신고가산세	(과고신고납부세액 × 0.1) + (과소신고 영세율 과세표준 × 0.5%)
부당과소신고가산세	(과고신고납부세액 × 0.4) + (과소신고 영세율 과세표준 × 0.5%)

신고불성실가산세(국세청, www.nts.go.kr)

▶ 고지서 나올 때까지 무작정 기다리지 말자

사업자가 각종 세금을 신고 기한까지 신고만 하고 세금을 납부하지 못했을 때는 2022년 2월 15일 이후 기준 하루에 미납부세액의 2.2/10,000씩 가산되는 납부불성실가산세를 납부하여야 한다. 혹시 신고를 하고 나서 납부를 하지 못한 사업자라면 세무서에서 고지서가 나올 때까지 기다리지 말고 자금에 여유가 생기는 대로 되도록 빨리 납부하자. 그러면 납부불성실가산세를 줄일 수 있다.

▶ 세금 납부가 어렵다면 연기를 신청하자

사업을 하다 보면 재해를 당하거나 거래처의 도산 등으로 위기에 처해 있음에도 각종 세금은 반드시 납부해야 하는 상황에 직면하기도 한다. 아무리 힘든 상황이라도 '세금 낼 돈이 없으니 그냥 돈 생길 때까지 기다리자'라는 식으로 아무런 조치도 취하지 않고 세금 납부도 하지 않는다면, 그에 따른 가산세와 가산금이 부과되어 오히려 부담만 늘어난다. 납부 기한 연장이나 징수유예 등 납세 유예 제도를 활용해 가산세나 가산금 등의 불이익 없이 일정 기간 세금 납부를 연기할 수 있는지를 검토해 보자.

4장
필수 보험상식

01 국민연금이란 무엇인가?

　대가족 제도의 해체와 그에 따른 노인 부양 문제를 해결할 사회적 안전장치의 필요성이 대두됨에 따라 도입된 제도가 국민연금이다. 국민연금은 국가가 보험 원리를 도입하여 만든 일종의 사회보험이다. 국민연금은 국민의 생활 안정과 복지 증진을 도모하는 가장 기본적인 사회보장 제도이다.

　국민연금의 재원은 가입자, 사용자 및 국가로부터 받는 일정액의 보험료로 구성된다. 노령으로 인한 근로소득 상실을 보전하는 노령연금_{분할연금}, 주된 소득자의 사망에 따른 소득 상실을 보전하는 유족연금, 질병 또는 사고로 인한 장기 근로 능력 상실을 보전하는 장애연금, 반환일시금, 사망일시금 등으로 구분하여 지급하게 된다.

	연금급여 매월 지급		일시금 급여
노령 연금	국민연금 가입자가 나이가 들어 소득 활동에 종사하지 못할 경우 생활 안정과 복지 증진을 위하여 지급하는 급여로 가입기간(연금 보험료 납부기간)이 10년 이상이면 출생연도별 지급개시연령 이후부터 평생 동안 매월 지급받을 수 있음	반환 일시금	60세 도달, 사망, 국적상실, 국외이주 사유로 더 이상 국민연금 가입자 자격을 유지할 수 없고, 연금 수급 요건을 채우지 못한 경우 그동안 납부한 연금에 이자를 더해 일시금으로 지급하는 급여
장애 연금	장애로 인한 소득 감소에 대비한 급여	사망 일시금	가입자 또는 가입자였던 사람이 사망하였으나 유족이 없어 유족연금 또는 반환일시금을 지급받을 수 없는 경우 더 넓은 범위의 유족에게 지급하는 장제부조적, 보상적 성격의 급여
유족 연금	국민연금에 일정한 가입기간이 있는 사람 또는 노령연금이나 장애등급 2급 이상의 장애연금을 받던 사람이 사망하면 그에 의하여 생계를 유지하던 유족에게 가입기간에 따라 일정률의 기본연금액에 부양가족연금액을 합한 금액을 지급하여 남아있는 가족들이 안정된 삶을 살아갈 수 있도록 하기 위한 연금	유족 연금 차액 보상금	연령 도달로 유족연금 수급권이 소멸되는 자녀 또는 손자녀인 수급권자에 대하여 수급권이 소멸할 때까지 지급받은 유족연금액이 사망일시금으로 지급받은 경우보다 적은 경우 그 차액을 보전해 주는 급여
분할 연금	혼인기간 동안 배우자의 정신적·물질적 기여를 인정하고 그 기여분을 분할하여 지급함으로써 이혼한 배우자의 안정적인 노후생활을 보장하기 위한 연금	-	-

국민연금의 종류(국민연금공단, www.nps.or.kr)

국민연금을 납부하고 있는 국민이라면 반드시 자신의 연금 수령 시기와 수령액을 알고 있어야 한다. 은퇴 설계 때 국민연금을 기초로 추가적인 자금 마련 계획을 세워야 하기 때문이다. 국민연금의 가장 큰 장점은 물가가 오르더라도 실질 가치가 보장된다는 점이다. 국민연금을 처음 지급할 때는 과거 보험료 납부 소득에 연도별 재평가율을 적용, 현재 가치로 재평가하여 계산한다. 또한 연금 지급 중에도 전국 소비자물가변동률에 따라 금액이 조정된다.

출생 연도	수급개시 연령		
	노령연금	조기 노령연금	분할연금
1953년~1956년 출생	61세	56세	61세
1957년~1960년 출생	62세	57세	62세
1961년~1964년 출생	63세	58세	63세
1965년~1968년 출생	64세	59세	64세
1969년생 이후 출생	65세	60세	65세

노령연금 수급개시 연령 구분(국민연금공단, www.nps.or.kr)

노령연금의 수령 시기는 언제 출생했느냐에 따라 다르다. 1953~1956년 사이 출생자들은 만 61세, 1957~1960년 사이 출생자들은 만 62세, 1961~1964년 사이 출생자들은 만 63세, 1965~1968년 사이 출생자들은 만 64세, 1969년 이후 출생자들은 만 65세부터 각각 노령연금을 수령한다.

많은 사람들이 다달이 빠져나가는 국민연금을 마치 세금이라고 생각한다. 최소한 근로소득자라면 불만의 목소리를 줄일 필요가 있다. 자영업자 등 지역 가입자는 본인이 모두 부담하는 데 반해, 근로소득자는 반만 본인이 부담하고 나머지 반은 사업주가 부담하고 있다. 근로소득자는 자기 부담 보험료의 2배에 해당하는 금액을 노령연금으로 수령할 수 있어 지역 가입자보다 훨씬 유리한 위치에 있다.

보험료를 많이 낼수록 수령하는 연금액도 많아진다. 사회보장 제도라는 측면에서 기본적으로 저소득층에 해당할수록 연금 급여 수준이 높게 설계되어 있어 적게 내는 사람에게 유리한 측면이 있으나, 연금 수령 절대액에 있어서는 보험료를 많이 납부한 사람이 더 많이 받는 구조이다.

02 건강보험이란 무엇인가?

건강보험이란 일상생활에서 발생하는 우연한 질병이나 부상으로 일시에 고액의 진료비가 소요되어 가계가 파탄되는 것을 방지하기 위한 제도이다. 보험 원리에 의거하여 국민들이 평소에 보험료를 내면 국민건강보험공단이 관리·운영하다가, 국민들이 의료 기관을 이용하면 보험 급여를 제공함으로써 국민 상호간에 위험을 분담하는 사회보장 제도이다. 우리나라 건강보험 제도는 다음과 같은 특성을 갖고 있다.

첫째, 법률에 의한 강제 가입이 가능하다. 우리나라의 건강보험은 일정한 법적 요건이 충족되면 본인의 의사와 관계 없이 강제 적용된다. 보험 가입을 기피하면 국민 상호간 위험 부담을 통하여 의료비를 공동으로 해결하고자 하는 건강보험 제도의 목적 실현이 어렵기 때문이다.

둘째, 부담 능력에 따라 보험료가 차등 적용된다. 민간 보험은 급여 내용, 위험 정도, 계약 내용 등에 따라 보험료를 부담하지만, 사회보험 방식인 건강보험은 사회적인 연대를 기초로 의료비 문제를 해결하려는 목적을 가지고 있어서 국민은 소득 수준 등 보험료 부담 능력에 따라 차등적으로 부담하고 있다.

셋째, 보험 급여의 균등한 수혜를 받는다. 민간 보험은 보험료 부과 수준, 계약 기간, 내용 등에 따라 차등 급여를 받는다. 사회보험은 보험료 부과 수준에 관계없이 관계 법령에 의하여 균등하게 보험 급여가 이루어진다.

넷째, 보험료 납부에 강제성이 있다. 가입이 강제적이라는 강제 보험 제도의 실효성을 확보하기 위하여 피보험자에게는 보험료 납부 의무가 주어지며, 보험자인 국민건강보험공단에게는 보험료 징수의 강제성이 부여된다.

다섯째, 단기 보험의 성격이 있다. 장기적으로 보험료를 수탁하는 연금보험과는 달리 1년 단위의 회계 연도를 기준으로 수입과 지출을 예정하여 보험료를 계산하며, 지급 조건과 지급액이 보험료 납입 기간과는 상관이 없고 지급 기간도 단기이다.

위와 같은 특징은 건강보험의 사회 연대성, 소득 재분배 기능, 공평한 비용 부담과 적정한 보험 급여가 가능하도록 한다는 점에서 중요하다.

마지막으로 사회보장이란 무엇인지 개념을 살펴 보도록 하겠다. 사회보장에 관한 기본이라 할 '사회보장기본법'에서는 '출산, 양육, 실업, 노령, 장애, 질병, 빈곤 및 사망 등의 사회적 위험으로부터 모든 국민을 보호하고 국민 삶의 질을 향상시키는 데 필요한 소득·서비스를 보장하는 사회보험, 공공부조, 사회서비스'라고 규정하고 있다. 건강보험은 전형적인 사회보장이라고 할 수 있는 것이다.

고용보험이란 무엇인가?

고용보험은 전통적 의미의 실업급여 구직급여 뿐만 아니라 고용안정 사업과 직업능력개발사업 등 노동 시장 정책을 적극적으로 연계하여 통합적으로 실시하는 사회보장 보험이다. 1998년 10월 1일부터 1인 이상의 근로자가 있는 사업주는 의무적으로 고용보험에 가입하도록 하고 있다. 적용 대상은 1인 이상의 근로자를 고용하는 사업 및 사업장으로 법인·개인사업장 모두 포함된다. 다만 사업장 및 피보험자 관리가 매우 어렵다고 판단

사업(추상적 개념)
하나의 업을 반복하여 계속할 의사를 가지고 지속적으로 행하는 행위를 의미

사업장(물리적 개념)
사업이 행하여지고 있는 인적,물적 시설이 존재하는 장소적 범위를 의미

사업장의 구분(고용24, https://m.work24.go.kr)

되는 일부 사업은 고용보험법 시행령에 따라 적용이 제외될 수 있다.

한편 고용보험은 적용 대상에 따라 당연적용사업과 임의가입사업으로 구분된다.

당연적용사업
근로자를 고용하는 모든 사업 또는 사업장의 사업주는 원칙적으로 고용보험의 당연가입대상입니다. 다만, 사업장의 규모 등을 고려하여 일부 사업(장)은 고용보험 당연가입대상에서 제외하고 있습니다.

임의가입사업
사업의 규모 등으로 고용보험법의 당연가입 대상사업이 아닌 사업의 경우 근로복지공단의 승인을 얻어 보험에 가입할 수 있습니다. 이 경우 사업주는 근로자(적용제외 근로자 제외) 과반수 이상의 동의를 얻은 사실을 증명하는 서류(고용보험 가입 신청서)를 첨부하여야 합니다.

당연적용사업과 임의가입사업(고용24, https://m.work24.go.kr)

고용보험은 모든 근로자에게 적용되지만, 예외적으로 적용되지 않는 대상도 있다.

> ▶ 월 소정근로시간 60시간(주 15시간) 미만인 자
>   * 다만, 3개월 이상 계속 근로 제공자, 1개월 미만 동안 고용되는 일용근로자는 근로시간과 무관하게 고용보험 가입 대상
> ▶ 공무원, 사립학교 교직원, 별정우체국 직원
>   * 별정직·임기제공무원은 본인 의사에 따라 최초임용 3개월 이내 가입 가능
> ▶ 외국인 (단, 체류자격에 따라 일부 적용)
>   * 국내 영주·거주 체류자격(F-2, F-5, F-6): 당연적용
>   '외국인근로자의 고용 등에 관한 법률' 적용 체류자격(E-9, H-2): 실업급여 임의가입, 고용안정·직업능력개발 당연적용

> 기타 취업가능 체류자격(F-4 등): 임의가입
> ▶ 65세 이후 신규 고용 또는 자영업 개시자는 실업급여·모성보호사업 적용 제외
> (고용안정·직업능력개발사업은 적용)

고용보험 적용 제외 대상(고용24, www.work24.go.kr)

우리나라는 고용보험의 적용 대상을 지속적으로 확대하여 2004년부터는 일용 근로자, 주 15시간 이상 시간제 근로자 등 비정규직 근로자에게까지 확대되었고, 그 이후 특수형태근로종사자, 예술인, 자영업자 등으로 확대되었다. 건설 공사는 총공사 금액이 1억 원 이상이면 고용보험 성립신고 및 보험료 납부의미가 발생한다. 실업 상태로 인한 경제적 곤궁을 예방하고 재취업을 위한 준비를 하도록 경제적 지원을 한다는 점에서 매우 바람직한 사회보장 제도라고 하겠다.

04 산재보험이란 무엇인가?

　산재보험은 공업화가 진전되면서 급격히 증가하는 산업 재해 근로자를 보호하기 위하여 1964년에 도입된 우리나라 최초의 사회보험 제도이다. 산재보험은 산재 근로자와 가족의 생활을 보장하기 위하여 국가가 책임을 지는 의무보험이다. 산재보험은 사용자의 재해보상 책임 근로기준법 제78조 등을 이행하게 하기 위한 수단으로, 근로복지공단이 사업주로부터 보험료를 징수하고 그 기금으로 사업주를 대신하여 산재 근로자에게 보험급여를 지급하는 구조이다. 산재보험은 다음과 같은 특징이 있는 보험이다.

　첫째, 근로자의 업무상 재해에 대하여 사용자에게는 고의·과실의 유무를 불문하는 무과실 책임주의이다.

둘째, 보험사업에 소요되는 재원인 보험료는 사업주가 전액 부담한다.

셋째, 산재보험 급여는 재해 발생에 따른 손해 전체를 보상하는 것이 아니라, 평균임금을 기초로 하는 정률 보상 방식으로 행해진다 다만, 장해등급이나 유족급여 등은 정액 구조도 일부 포함된다.

넷째, 보험료 부과방식은 업종에 따라 부과고지와 자진신고가 공존하고 있다. 다음의 그림은 계산plus에서 제공하고 있는 간편 산재보험료 계산 서비스이다. 이를 활용하면 간편하게 산재보험료를 계산해 볼 수 있다.

간편 산재보험료 계산(계산plus, https://계산플러스.kr)

2011년 산재보험료 및 고용보험료와 관련한 변경이 있었다. 그동안 산재보험료 및 고용보험료는 사업주가 임금 총액을 기준으로 자진신고 및 납부하였으나, 2011년도부터는 임금에서 보수총액로 변경되었으며, 월별로 신고자료에 따라 근로복지공단이 보험료를 산정하여 부과하는 방식이 시행되었다. 현재는 대부분의 업종에서 '월별 보수총액 신고 및 부과고지 방식'을 적용하고 있으며, 건설업·벌목업 등 일부 업종에 대해서만 여전히 '자진신고 납부 방식'이 유지되고 있다.

또한 산재보험의 보험료 부과는 고용보험과 통합된 '고용·산재보험 토탈시스템'을 통해 사업장의 근로자 고용정보_{피보험자별 보수 등}를 기반으로 이루어지고 있으며, 2021년 이후 전자신고 의무화 범위도 단계적으로 확대되었다.

05 노인장기요양보험이란 무엇인가?

　노인장기요양보험이란 고령이나 노인성 질병 등으로 인하여 6개월 이상 혼자서 일상생활을 수행하기 어려운 노인 등에게 신체 활동 또는 가사 지원 등의 장기요양급여를 사회적 연대 원리에 의해 제공하는 사회보험 제도를 말한다. 노인장기요양보험 제도를 통해 수급자에게 배설, 목욕, 식사, 취사, 조리, 세탁, 청소, 간호, 진료 등의 보조와 요양 상담 등 다양한 방식으로 장기요양급여를 제공한다. 이미 오래 전부터 고령화 현상을 겪고 있는 선진국들은 우리나라보다 앞서 다양한 방식으로 서비스를 제공하고 있는 상태이다.

　노인장기요양보험 제도는 얼핏 보면 국민건강보험 제도와 큰 차이가 없어 보이지만 분명한 차이점이 있다. 국민건강보험은 질환의 진단, 입원, 외래 치료, 재활 등을 목적으로 주로 병.의원, 약국에서 제공하는 서비스를 급여 대상으로 한다. 노인장기요양보험은 치매, 중풍 같은 노화 및 노인성 질환 등에 의해 혼자 힘으로 일상생활을 영위하기 어려운 대상자에게 요양 시설, 장기 요양 기관을 통해 신체 활동이나 가사 지원 등의 서비스를 제공하는 보험이다.

노인장기요양보험 제도에서 제공하는 요양 서비스를 받기 위해서는 장기요양인정신청 절차와 장기요양인정점수 구간별 등급을 잘 숙지해 두는 것이 중요하다. 아래 그림은 장기요양인정 및 이용 절차이다.

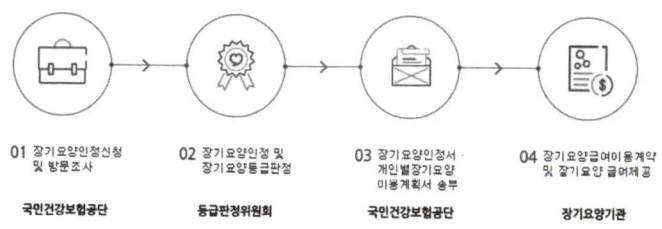

장기요양인정 및 이용 절차
(국민건강보험 노인장기요양보험, www.longtermcare.or.kr)

한편, 구간별 장기요양점수와 구간별 장기요양인정등급은 다음과 같으니 참고하도록 하자.

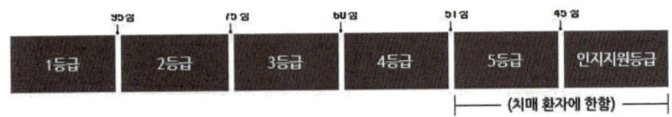

장기요양인정 및 이용 절차(국민건강보험 노인장기요양보험, www.longtermcare.or.kr)

　　장기요양신청은 본인 또는 그 대리인이 할 수 있다. 이 때 대리인은 가족, 친족 또는 이해관계인, 사회복지전담공무원, 특별자치시장·특별자치도지사·시장·군수·구청장이 지정하는 자가 된다. 장기요양신청 대상은 65세 이상인 사람 또는 65세 미만으로 치매 등 대통령령으로 정하는 노인성 질병을 가진 사람이다. 이때 노인성 질병이란 치매, 뇌혈관성 질환, 파킨슨 병 및 그와 유사한 질환으로 보건복지부령으로 정하는 질병을 말한다.

06 퇴직보험과 퇴직연금이란 무엇인가?

퇴직보험 하면 단체퇴직보험과 퇴직연금이 떠오른다.

단체퇴직보험은 종업원의 퇴직을 보험금 지급 사유로 하고, 종업원을 피보험자와 수익자로 하며, 보험료는 당해 사용자가 납입하는 보험이다. 종업원의 일시 퇴직으로 퇴직금이 거액이 되는 경우에 기업의 자금 부담을 해소하거나, 퇴직금의 일부를 기업 밖에 적립하여 종업원의 퇴직금을 확보하는 등의 목적을 가진다.

단체퇴직보험은 일반적인 손해보험과는 달리 납입된 보험료와 함께 이자에 상당하는 금액을 가산하여 보험금으로 지급하는, 일종의 적립식 예치금의 성격을 띠고 있다. 법인 또는 개인사업자가 종업원을 위하여 납입한 단체퇴직보험료는 일정 한도 내에서 손금이나 필요경비에 산입한다. 법인 또는 개인사업자가 종업원을 위하여 납입한 단체퇴직보험료는 일정 요건을 충족할 경우 손금 또는 필요경비로 산입이 가능하다.

다음으로 퇴직연금은 2005년 '근로자퇴직급여 보장법' 제정과 함께 도입된 제도이며, 2022년 7월부터는 상시근로자 수 1인 이상 사업장도 퇴직급여제도 설정이 의무화되었다.

현행법상 모든 사업주는 확정급여형DB, 확정기여형DC, 또는 개인형퇴직연금IRP 중 하나 이상의 퇴직연금제도를 도입하거나, 기존 퇴직금제도를 유지해야 한다. 특히 2022년 7월 12일 이후 설립된 신규 사업장은 설립일로부터 1년 이내에 퇴직급여제도를 반드시 설정해야 한다.

회사에 들어가면 퇴직금이 계속해서 정산되어 적립된다. 과거에는 퇴직하면서 퇴직금을 일시불로 받을 수 있었다. 현재는 퇴직연금 제도를 도입한 회사의 경우, 매년 또는 매월 근로자 퇴직금을 퇴직연금 계좌로 납입하고, 근로자는 퇴직 시 일시금 또는 연금 형태로 수령할 수 있다.

퇴직연금에 들어가는 비용은 위에서 언급했다시피 각자의 퇴직금으로 충당된다. 퇴직연금이 시행되는 이유는 회사가 도산하면 퇴직금을 받지 못하는 경우가 종종 발생하기 때문이다. 퇴직연금은 근로자 보호라는 목적도 있고, 국민연금과 같은 공적연금의 노후보장 기능을 보완하는 사적연금 제도로서의 역할도 수행하고 있다.

퇴직연금 시행에 따라 각 회사는 연금을 판매하는 보험사, 증권사, 은행 등을 선택하여 계약을 체결하고 연금펀드, 연금신탁, 연금보험 등에 가입하고 있다. 이때 근로자는 어떤 상품을 선택할지 결정하면 된다. 기본적으로 납입하는 금액은 근로자의 퇴직금으로 충당되나, 근로자가 원하면 본인의 개인형퇴직연금IRP을 통해 추가 납입이 가능하다. 추가 납입에 들어가는 비용은 근로자 본인이 부담하는 것이 원칙이다. 참고로 퇴직연금IRP 포함은 연간 900만 원 한도로 세액공제가 가능하며, 개인연금저축과 합산하여 최대 1,200만 원까지 세액공제 혜택을 받을 수 있다. 연말정산을 위해 참고해 두기 바란다.

퇴직연금이 도입된 지 벌써 20년이 지났다. 양적인 측면에서는 엄청난 성장을 했다고 볼 수 있다. 그러나 경기 침체 여파로 장기간 저금리 기조가 고착되면서 퇴직연금의 운용 수익률이 떨어지고 있는 실정이다. 봉급생활자들의 은퇴 이후 알토란같은 경제력의 원천이리 할 퇴직연금의 수익률 하락은 걱정이 되는 부분이다. 봉급생활자들 스스로 좀 더 퇴직연금에 관심을 가져야 할 이유이다.

자동차보험이란 무엇인가?

　자동차보험이란 자동차를 소유·운행·관리하는 동안 발생하는 각종 사고로 인한 피해에 대비해 가입하는 보험을 말한다. 자동차보험은 다시 '자동차손해배상 보장법'에 따라 차를 갖고 있는 소유자가 의무적으로 가입해야 하는 '책임보험'과 운전자차주나 보험 회사가 가입과 인수 여부를 서로의 뜻에 따라 임의로 가입 여부를 결정하는 '종합보험'으로 구분된다.

▶ **책임보험** 대인배상 I

　자동차를 소유한 사람은 의무적으로 가입미가입 시 행정 관청이 과태료 부과 처분 및 운행정지 처분해야 하는 보험이다. 책임보험은 자동차 사고로 남을 사상케 하였을 때 법에 의한 배상 책임을 약관에 따라 보상하는 보험이다.

▶ **종합보험**

책임보험_{대인배상Ⅰ}을 포함하며 대인배상Ⅱ, 대물배상, 자기신체사고, 자기차량손해, 무보험차상해 등이 포함된다. 대인배상Ⅱ_{책임보험 초과액 배상}는 법률상 손해배상_{책임보험 초과분}을 해주는 보험이고, 대물배상은 남의 재산_{재물}에 손해를 끼친 사고로 인해 발생한 손해를 가입 한도 내에서 배상해 주는 보험을 말한다.

자기신체사고_{자손사고}는 피보험 자동차의 사고로 차주나 운전자 및 이들의 직계 가족이 사상을 입을 때 보험 가입 한도 내에서 보상하는 보험을 말한다. 단, 보상기준은 정액 방식으로 사망 및 부상급수가 정해져 있다. 자기차량손해는 차량을 운전하다가 상대방 없이 사고를 내거나 화재, 폭발, 도난 등의 경우에 보험 가입 한도 내에서 보상하는 보험을 말한다.

무보험차상해는 상대방이 보험에 가입하지 않았거나 뺑소니 등으로 가해자를 특정할 수 없는 경우, 운전자 또는 가족이 입은 피해에 대해 보험사가 보상하는 담보다. 또한 계약자가 일시적으로 다른 무보험차_{예: 렌터카}를 운전 중 사고를 당해도 일부 요건을 충족하면 보상된다.

2부.

금융활동 상식 아는 척하기

1장

거래와 영수증 관리

01 신용카드 사용 기록을 꼼꼼히 챙겨라

　한국은행 자료에 따르면 2023년 말 기준 우리나라에서 발급된 전체 신용카드의 숫자는 1억2,980만 장으로 나타났다. 2016년 대비 신용카드 발급 수는 약 35% 이상 증가한 것으로 나타났다. 이용 실적은 2024년 기준 약 1,087조 원으로 2023년 대비 약 4.2% 증가했다.

　그런데도 신용카드를 사용하면서 사용 기록을 꼼꼼히 챙기는 소비자들은 매우 드문 것이 사실이다. 편의점이나 음식점 휴지통에, 길거리에 아무렇지 않게 버려진 채 나뒹굴고 있는 신용카드 영수증이 얼마나 많은지 생각해 보라. 물론 10대나 20대 초반의 소비자들은 신용카드를 사용할 기회 자체가 드물겠지만, 그래도 사회에 진출하여 신용카드를 사용하기 시작할 때를 대

2분기 카드 승인액 1년새 4% 증가…
'법인 모시기, 신차 판매 영향'

올해 2분기 신용카드 승인 금액이 1년 전보다 4% 가까이 늘었다. 30일 여신금융협회가 내놓은 '카드 승인 실적 분석'에 따르면 2분기 전체 신용카드(신용+체크+선불카드) 승인액은 313조원으로 전년 동기 대비 3.7% 증가했다. 승인 건수는 75억 1,000만 건으로 같은 기간 1.7% 늘었다. 장명현 여신금융연구소 선임연구원은 "(새 정부의) 경기부양책 기대가 커지며 소비 심리가 회복세를 보인다"며 "특히 신차 판매 증가 등으로 카드 승인 실적이 증가했다"고 말했다.

법인카드 사용금이 눈에 띄게 늘었다. 2분기 승인 금액은 58조 3,000억 원(4억 1,000만 건)으로 지난해 동기보다 5.9% 급증했다. 전체 승인액의 81%(254조 8,000억 원)를 차지하는 개인카드는 같은 기간 승인액이 3.3% 증가했다. 지난 1분기 상장사의 경영 성과가 개선되면서 지출이 늘고, 세금(공과금 포함) 관련 신용카드 납부가 증가한 영향으로 여신금융연구소는 분석했다.

소비 생활과 밀접한 업종으로 좁혀보면 보건업 및 사회복지 서비스업이 소비자들의 병원 이용 증가에 따라 전년 동기 대비 9.4% 증가했다. 8개 소비 밀접 업종 가운데 승인액 증가율이 가장 높았다. 뒤를 이어 교육서비스업(3.5%) 지출이 늘었다. 반면 항공 여객과 여행 관련 지출 증가세가 둔화하면서 운수업과 숙박·음식점업 승인액은 1년 전보다 2.6% 감소했다.

카드 사용액은 소폭 개선됐지만, 카드사들은 허리띠를 바짝 조인다. 상반기 6개 신용카드사(삼성·신한·현대·KB국민·우리·하나카드)의 당기순이익은 1조 1,153억 원으로 1년 전보다 18% 줄었기 때문이다. 카드사의 핵심 수익원이었던 카드론이 금융당국의 대출 규제로 영업이 위축된 데다 가맹점 수수료율이 낮아진 영향이 크다. 카드업계 관계자는

> "카드론 규제 등으로 수익이 쪼그라들면서 카드사들은 법인 고객을 유치하거나 자동차 할부 시장으로 눈을 돌리고 있다"고 말했다.
>
> 자료 : <중앙일보>, 2025년 7월 30일

비해 몇 가지 중요한 사항을 알아 둔다면 분명히 이득이 될 것이다.

첫째로 알아 두어야 할 사항은 굳이 카드를 사용하지 않아도 되는 상황에서 습관적으로 카드를 사용하는 경우가 의외로 많다는 것이다. 이러한 습관을 개선하기 위해서는 카드를 사용할 때마다 반드시 영수증을 챙겨 두고, 영수증은 일목요연하게 정리하는 습관을 가지는 것이 좋다. 한 주, 한 달 단위로 자신이 사용한 카드의 내역들을 꼼꼼히 챙겨 보면 카드를 사용하기에 앞서 한 번 더 생각하는 습관이 자리 잡게 된다. 쓸데 없는 지출을 크게 줄여 주는 효과가 있는 것이다.

둘째, 신용카드 한도 금액을 적정한 규모로 설정해야 한다. 신용카드 한도 금액은 카드사가 대부분 결정하지만, 신용도가 높을수록 카드 사용자의 의지에 따라 사용 한도가 증가한다. 예를 들어 한도가 100만 원인 신용카드를 만들었다고 가정하자. 재테크의 기본적인 상식들을 배운 이상 '100만 원을 꽉 채워 일단 사용하고 보자'는 식으로 카드를 사용한다면 지극히 바보 같은 사용법이라고 하겠다.

한도 금액은 말 그대로 자신의 소득에 맞춰 감당할 최대치이다. 카드 결제 대금 명세서를 확인하는 순간 '언제 이렇게 많이 썼지?'라고 소스라치게 놀라는 상황을 맞이하고 싶지 않다면 사용 한도를 적절하게 유지해야 한다. 사용 한도는 최악의 경우라도 결코 범접하지 못하는 신성불가침 영역으로 생각하는 것이 바람직하다.

셋째, 간혹 한도 금액 초과로 생각지도 못한 상황에 직면하기도 한다는 점에 주의하자. 오랜만에 지인과 쇼핑을 하고 결제를 위해 호기롭게 계산대 앞에 섰는데 한도 초과로 결제가 되지 않는다면 얼마나 난처할지 생각해 보라. 사전에 카드 사용 내역을 잘 챙겨 한도 금액과 사용 금액의 차이를 알아야 한다. 어느 정도의 금액을 더 사용할 수 있는지 알아야 위와 같은 난처한 상황을 미연에 방지한다.

이상의 내용을 염두에 두고 카드 내역을 꼼꼼히 챙겨 두는 습관을 기른다면 효과적인 카드 사용이 가능하다. 또한 카드 남용으로 인한 문제점들을 예방하여 여러 가지 상황들에 미리 대처할 수 있는 것이다. 카드 사용 내역을 챙기는 습관이 바람직한 신용카드 사용의 첫걸음이라는 점을 꼭 기억해 두자.

02 현금을 썼다면 반드시 현금영수증을 챙겨라

　청소년이나 대학생, 사회에 갓 진출한 사회 초년생들은 현금영수증에 익숙하지 않을 수도 있다. 그런데도 현금으로 각종 쇼핑 대금이나 결제 대금을 지불할 때마다 "현금 영수증 해 드릴까요?"라는 질문만큼은 수없이 받았을 것이다.

　현금영수증이란 체크카드, 신용카드 등을 사용하지 않고 현금을 사용했을 때를 증명하기 위한 영수증이라고 생각하면 된다. 왜 군이 현금영수증을 발급받아야 할까? 체크카드나 신용카드는 사용 내역이 기록으로 남아 군이 사용 금액을 본인이 입증할 필요가 없다. 현금 및 간편결제는 거래내역이 세무적으로 남지 않아서 자신이 사용한 금액을 증명할 방법이 없다. 소득공제나 비용처리를 하기 위해서는 현금영수증을 발급받아야 하는 이유이다.

이쯤에서 의문을 갖는 독자도 있을 것이다. "내 돈 내 맘대로 쓰는데 왜 번거롭게 현금영수증을 발급받아야 할까?" 현금영수증을 발급받는 궁극적인 목적은 연말정산을 하며 소득공제를 받거나 사업자인 경우 지출에 따른 비용으로 인정을 받기 위함이다.

현금영수증은 국세청 홈택스www.hometax.go.kr나 모바일 손택스 앱에서도 발급내역, 현금영수증카드, 사업자등록번호 등 다양한 방식으로 자진 발급 등록할 수 있다. 다음은 국세청 홈택스가 제공하고 있는 현금영수증 관련 내용이다. 참고해 두도록 하자.

현금영수증(국세청 홈택스, www.hometax.go.kr

위에서 이미 언급한 것처럼 현금영수증을 발급받을 경우 사용 금액의 일부에 대해 연말정산에서 소득공제를 받는다. 물론 사업자인 경우라면 비용으로 인정받을 수도 있다. 우리는 보통 연말정산을 가리켜 13번째 월급이라고 부르곤 한다. 연말정산을 꼼꼼하게 챙긴다면 적지 않은 세금을 환급받을 수 있기 때문이다. 좋은 제도를 모르고 소득공제를 통해 세금을 환급받는 기회를 날려 버린다면 곧 길거리에 돈을 버리는 것과 같다. 특히 근로소득자의 경우, 총급여 7천만 원 이하일 경우 현금영수증을 포함한 신용카드 등 사용액이 일정 기준을 초과하면 30%까지의 소득공제를 받을 수 있다는 점도 간과해서는 곤란하다.

주변에 현금영수증을 발급받지 않으려는 고마운(?) 지인이 있다면 고민하지 말고 본인의 카드나 전화번호로 대신 발급받자. 절약이 부를 축적하는 가장 중요한 수단이 된 요즘 소득공제를 받는 현금영수증은 더없이 고마운 존재가 아닐 수 없다. 또한 국세청은 현금영수증 발급 활성화를 위해 매년 '현금영수증 경품 이벤트'를 시행하고 있으며, 일정 기간 동안 현금영수증을 자주 발급받은 소비자 중 추첨을 통해 온누리상품권 등을 지급하는 방식으로 진행된다. 현금영수증을 발급받기만 해도 그야말로 꿩도 먹고 알도 먹는 1석2조의 효과를 기대할 수 있다는 뜻이다.

03 만일을 위해 영수증을 꼭 보관하라

어떤 형태로든 돈거래를 하거나 물건을 사고팔면 반드시 영수증을 주고받는 습관을 가져야 한다. 일상생활에서 영수증 주고받기는 일반인의 인식 부족, 업자들의 탈세를 위한 영수증 교부 기피, 영수증을 받아도 별 혜택이 없다는 막연한 생각 등의 이유로 좀 더 활성화되지 못한 부분이다.

혹시 각종 공과금을 두 번 납부해 본 경험이 있는가? 공과금을 납부하고 영수증을 잘 보관해 놓지 않았다면 그런 경우를 당할 수 있다. 뿐만 아니라 영수증을 잘 챙기면 납부해야 할 세금을 줄일 수도 있다. 대표적인 사례가 주택을 양도할 때 발생하는 양도소득세이다. 집을 매입하여 처분하기까지 발생하는 각종 비용 중 공인중개사 수수료, 집수리 비용 등은 영수증을 첨부해 비용으로 인정받아 처분 시점에 양도소득세를 줄일 수 있다.

직접적으로 혜택을 준다고 말할 수는 없지만, 영수증 주고받기를 생활화하면 기업이 매출 누락을 하지 않아 정부의 세수 확보에도 도움이 된다. 정부의 사회복지 지출의 근간이 세금에 있다는 점을 생각해 보면 우리 삶이 보다 풍요롭게 되는 데 일조하는 방법이 바로 영수증 주고받기인 것이다.

일상생활에서도 영수증 챙기기는 매우 유용한 생활 습관이다. 옷이나 신발을 구매했다고 하자. 시간이 없어 매장에서 제대로 입어 보거나 신어 보지 못했다면? 막상 집에 도착해 자세히 살펴보면 얼룩이 있거나 새 제품이 아니라는 불미스러운 상황이 생길 수도 있다. 어떻게 대처해야 할까? 당연히 환불이나 다른 제품으로의 교환을 요구해야 한다. 만약 영수증이 없다면 십중팔구 환불이나 교환에 적지 않은 어려움을 경험하게 된다.

사람이 살다 보면 곤란한 일들을 경험한다. 만일 물건을 훔친 도둑으로 몰리는 일이 생기더라도 영수증이 있다면 누가 뭐라고 해도 두려울 것이 없다. 물론 그런 일은 극히 드물기는 하다. 그렇다고 자기와는 전혀 상관없는 일이라고 치부하기에는 좀 꺼림칙한 부분이 없지 않을 것이다. 알고 있으면서 실천하지 않는 사람만큼 게으른 사람은 없다. 지금부터라도 꼭 영수증을 챙기는 습관을 갖자.

04 구매 전에 반드시 환불 규정을 확인하라

　최근 들어 부쩍 이른바 '블랙컨슈머악덕 소비자' 논란이 끊이지 않고 있다. 블랙컨슈머란 기업의 반품 규정을 악용하는 데 그치지 않고 사회적으로 이미지를 중요시하는 기업의 약점을 이용해 부당한 이익을 취하고자 하는 소비자들을 말한다. 그래서 판매자를 보호하기 위한 예외 조항도 있다. 물건이 많이 훼손된 경우, 상품의 가치가 현저히 감소한 경우, 복제가 가능한 상품을 훼손한 경우 등은 환불 처리 규정에서 제외 되는 대표적인 사례이다.

　그럼에도 생산자나 판매자에 비해 여전히 소비자가 약자인 것은 부인할 수 없다. 이런저런 제품이나 서비스와 관련한 반품, 환불, A/S 관련 횡포에 관한 민원들 역시 사라지지 않고 존재하고 있는 것이 사실이다. 다만 과거와 비교해 그 정도가 덜해졌다는 점이 다를 뿐이다. 다음은 관련된 기사이다.

> **美서 제동 걸린 애플 AS 정책…국내도 '대외비' 이유로 '깜깜이'**
>
> 조 바이든 미국 행정부가 애플의 불공정한 사후서비스(AS) 정책에 제동을 건 가운데 애플이 국내에서도 불명확한 사유로 수리 여부를 판단해온 것으로 드러났다. 1일 국회 과학기술방송통신위원회 소속 김상희 부의장(더불어민주당)이 한국소비자원으로부터 받은 2017년부터 올해 6월까지의 애플 단말기 피해구제 자료에 따르면 애플은 아이폰·아이패드 등 수리 불가 사유에 대한 근거 제시를 대외비라는 이유로 회피해온 것으로 나타났다.
>
> 이 자료를 보면 애플은 '무단개조를 인정하지만 원만한 조정을 위해 예외적으로 수리 진행한다'거나 '개조 여부 판단에 시일이 많이 걸릴 것으로 판단돼 예외적으로 무상 리퍼 제공하겠다'고 하는 한편 '단말기 상태를 보고 개조된 것으로 판단했으나 어떠한 근거로 개조됐다고 판단했는지는 대외비여서 근거제시를 거부한다' 등의 입장을 보여왔다.
>
> 애플은 그동안 폐쇄적 AS로 지적을 받아온 바 있다. 보안상 이유를 들어 수리 서비스를 공식 지정업체에서만 받을 수 있게 했고, 제품을 직접 수리하거나 사설 수리점을 이용하면 보증기간을 무효화하는 등 불이익을 줬다.
>
> 애플 공동 창업자인 스티브 워즈니악도 바이든 대통령의 행정명령을 옹호했다. 그는 "기업이 여러 제한을 거는 것은 단지 이를 통해 힘과 모든 것을 제어할 수 있는 권력을 얻기 위해서라고 생각한다"며 "소비자가 제품을 스스로 수리할 수 있는 권리를 갖도록 하는 것에 전적으로 찬성한다"고 밝혔다.
>
> 김상희 부의장은 "애플의 폐쇄적 AS 정책, 독점적 지위의 남용으로 고

> 액의 수리비에 부담을 느낀 소비자들이 불가피하게 사설업체나 자가수리를 진행하고 있음에도 애플은 무단개조 흔적이 있는 기기는 수리를 제외하고 있다"고 말했다. 그러면서 "과기정통부는 단말기 수리비를 포함한 가계통신비 부담을 줄이기 위해 노력해야 하며, 의원실에서 지난 9월 발의한 단말기 수리권 보장법안(단말기 유통법 개정안)을 조속히 통과시켜서 가계통신비 인하 과제에 앞장서야 한다"고 강조했다.
>
> 자료 : <아이뉴스>, 2021년 10월 1일

위와 같은 형태의 불공정한 A/S 횡포는 물론 일방적인 환불이나 반품 횡포도 알게 모르게 곳곳에 존재하고 있다. 쇼핑 형태가 인터넷 쇼핑, 모바일 쇼핑과 같은 비대면 방식이 대세가 되면서 환불, 반품, A/S 피해 사례도 늘어나는 추세이다. 10대, 20대는 특히나 인터넷, 모바일과 가장 친숙한 연령대이기에 위와 같은 피해를 다른 연령대에 비해 빈번하게 겪었을 것이다. 따라서 언제, 어디서, 어떻게 구매를 하든 교환, 환불, 반품, A/S와 관련된 규정을 미리 정확히 숙지해야 한다.

위에서 확인한 것처럼 세계적인 기업인 애플 역시 AS는 물론 환불, 반품과 교환 규정을 미리 챙겨 두는 것이 바람직하다. 뿐만 아니라 익히 소문이 나 있어 누구나 잘 알고 있겠지만, 세계적인 기업인 애플의 아이폰, 아이패드, 아이팟 같은 제품을 구입할 경우나 앱스토에서 게임, 음악 등 콘텐츠를 구매할 때 미리 환불 규정을 숙지하지 않는다면 당혹스러운 경험을 할 수 있다.

애플 제품 사용자들이 크게 증가한 상황이어도 의외로 애플의 환불 규정을 제대로 숙지하고 있는 소비자들은 많지 않다. 애플은 2012년 공정거래위원회의 권고에 따라 A/S 기준을 국내 소비자 분쟁 해결 기준에 맞춰 변경했다. 비로소 소비자들은 제품 구매 후 1개월 이내에 중대한 하자가 발생할 경우, 리퍼 제품이 아닌 새 제품으로 교환받거나 환불받을 수 있게 되었다.

최근에는 애플 앱스토어의 미디어 서비스 약관에 명시되었던 '모든 거래 환불 불가' 조항을 근거로 이미 결제된 모든 금액에 대한 환불을 거부해 논란을 빚은 바 있었다. 그러나 이 문제 역시 공정거래위원회의 시정 권고를 통해 개선되었다. 현재 애플은 웹사이트 *reportaproblem.apple.com*에서 환불 요청을 받고 있으며, 국내 전자상거래법에 따라 7일 이내에 청약 철회가 가능하다고 안내하고 있다. 과거와 같이 시스템 오류로 발생한 결제, 중복 결제, 실수로 인한 결제 등 모든 거래에 대해 일방적으로 환불을 거부하던 정책은 상당 부분 시정되었다고 볼 수 있다.

애플의 규정을 사전에 충분히 숙지해 두지 않은 많은 소비자들이 큰 낭패를 경험한 바 있다. 애플의 과거 사례를 보면 언제든 구매하고 나서 후회하고 싶지 않다면 구매 전에 환불과 교환 관련 규정을 미리 숙지하는 것이 꼭 필요하다.

05 인터넷 쇼핑, 지나치게 저렴한 상품은 주의하라

　시세보다 저렴한 제품을 쇼핑할 기회가 주변에 많이 있다. 대표적인 사례가 인터넷 쇼핑이다. 인터넷 강국이라고 자타가 공인하는 우리나라는 인터넷을 기반으로 하는 인터넷 쇼핑이 상당히 발전해 있다. 인터넷 쇼핑이 크게 발전해 가는 이유는 아무래도 쇼핑의 편리성에 있다. 언제 어디서나 인터넷에 연결된 컴퓨터만 있으면 원하는 제품을 한눈에 구경하는 것은 물론, 해당 제품을 구입한 소비자들의 평가도 확인할 수 있어 제품 구매에 따른 불안감이 해소된다.

　저렴한 가격도 인터넷 쇼핑의 또 다른 장점이다. 제품의 유통마진을 줄이는 데다 매장 임대료와 인건비도 절감이 가능해 제품 가격을 낮출 여력이 상당하기 때문이다. 확실히 저렴한 가격이 구매 만족도를 높이는 요인인 것은 분명하다.

그러나 인터넷 쇼핑을 통해 제품을 구입한다면 반드시 조심해야 할 사항들이 있다. 우선 구입한 제품과 실제 배송된 제품이 동일한 제품인지, 제품에 하자는 없는지, 품질은 만족스러운 제품인지 등을 점검해야 한다. 언론에서 종종 기사화되는 문제인데, 인터넷에 상세히 설명된 제품을 구입했음에도 주문한 제품이 아닌 엉뚱한 제품이 배송되는 피해를 보는 사람들이 늘고 있다. 때로는 겉모습은 같아도 실질적으로 내구성이나 제품 품질, 기능이 쇼핑몰에서 설명하고 있는 수준에 미치지 못하는 경우도 많다.

그렇다면 왜 이런 현상이 발생할까? 바로 지나치게 저렴한 가격을 가장 중요한 조건으로 생각했기 때문이다. 인터넷 쇼핑 시 제품 선택의 기준으로 지나치게 저렴한 가격만을 고집하는 행동은 매우 어리석다. 동일 종류, 동일 품질의 제품인데 눈에 띄게 저렴한 가격에 제품을 판매하기는 사실상 불가능에 가깝다. 아무리 인터넷 쇼핑몰이라고 할지라도 이월 상품 할인이나 재고 상품 정리, 이벤트, 각종 세일 등이 아니라면 오프라인 매장의 제품과 비교하여 눈에 확 들어올 정도로 저렴한 가격에 제품을 구입하기가 어렵다는 뜻이다.

인터넷 쇼핑은 언제 어디서나 빠르고 편리하게 쇼핑할 수 있는 훌륭한 쇼핑 방식이다. 거기에다 오프라인 매장에 비해 상대적으로 저렴한 가격에 제품을 구매한다는 장점까지 있다. 잘 활용하기만 한다면 지혜로운 쇼핑에 큰 도움이 된다. 다만 가장 중요한 제품의 품질과 기능을 가격과 함께 고려해야만 만족스러운 쇼핑이 가능하다는 점에 주의해야 한다.

인터넷 쇼핑몰이나 오프라인의 아울렛 매장에서 10만 원에도 미치지 못하는 신사복이 쉽게 보인다. 물론 신사 정장의 평균적인 가격대는 브랜드 인지도, 원단, 공정 등에 따라 여전히 수십만 원에서 그 이상을 호가하는 것이 일반적이다. 국내 여러 브랜드의 남성 셔츠 한 벌 가격이 10만 원을 훌쩍 넘는 상황에서 10만 원에도 미치지 못하는 남성 정장이 수십만 원대의 품질과 같을 수는 없다.

손해를 보면서 하는 장사는 없다. 10만 원에도 미치지 못하는 남성 정장을 판매해 마진을 남기기 위해서는 제품의 가공 과정, 의류에서 가장 기본이 되는 원단 등을 꼼꼼하게 신경 쓰기가 사실상 어렵다. 물론, 최근에는 이랜드의 '엠아이수트'와 같이 대량 생산과 유통 구조 혁신을 통해 10만 원대 초반의 '가성비' 정장을 선보이는 브랜드도 등장하여 좋은 반응을 얻고 있기는 하다. 그럼에도 인터넷 쇼핑몰을 이용할 때는 여전히 지나치게 저렴한 제품에 대한 특별한 주의가 요구된다.

구매 시 인증 마크를 확인하는 습관을 길러라

　우리는 날마다 일상생활 속에서 수많은 제품들과 서비스들을 구매한다. 너무나도 많은 종류의 제품들과 서비스들을 구매하기 때문에 일일이 나열하기도 어렵다. 다양하고 많은 종류의 제품들을 구매하면서 낭패를 당하지 않기 위해서는 일정한 수준의 품질을 보장하는 인증 마크를 확인하는 과정이 필수이다. 인증 마크가 있는 제품은 품질을 국가 기관들이 보증하고 있어 믿고 구매할 수 있다.

　구매하는 제품의 종류가 다양한 만큼 인증 마크의 종류도 다양하다. 모두들 잘 알고 있는 산업표준인 'KS', 공산품의 안전도를 인정해 주는 'KC' 마크, 환불 보상제가 보장되는 'Q' 마크, 열을 사용하는 기구에 붙는 '열' 마크, 전기 안전을 인증하는 '전

주요 인증 마크(e나라표준인증, www.standard.go.kr)

기용품 안전인증' 마크 등이 기본적인 인증 마크이다. 그 외에도 우수 디자인 제품이 부여되는 'GDgood design' 마크, 우수 포장 디자인을 인증하는 'GPgood package' 마크, 유해 전자파 억제 장치를 부착했다는 'EMIElectromagnetic Interference' 마크, 친환경 제품에 대해 환경부가 인증하는 '환경' 마크 등이 있다. 이 외에도 어린이 제품 안전 특별법에 따른 '어린이제품 안전확인', 의료기기 인증, 식품안전관리인증HACCP, 유기농식품 인증, 에너지 소비 효율 등급 마크 등 제품 특성에 따라 적용되는 다양한 인증 제도가 운영되고 있다.

인증 마크는 안전, 품질, 식품, 유기농, 친환경, 의료 기관, 국가 통합 등 다양하다. 구매하고자 하는 제품의 종류와 특징에 따라 달라지는 인증 마크들을 확인하는 습관이 필요하다. 보다 안전하고 신뢰할 만한 제품을 구매하여 이후 발생할지 모를 제품 관련 하자들을 미리 예방해야 한다. 제품을 구매할 때마다 몇 초만 시간을 내서 인증 마크를 확인하도록 하자.

07 사용 기간 지난 모바일 상품권은 연장해서 사용하라

스마트폰을 활용해 각종 모바일 상품권을 구입하는 경우가 급증하고 있다. 모바일 상품권이란 구매자가 가맹 제휴사와 연계된 상품을 상품권 발행 사업자를 통해 구매하여, 바코드로 된 MMS 등을 직접 전송받거나 자신이 지정한 사람에게 전송선물한 후, 메시지 수신자가 제휴사 매장을 방문하여 해당 상품으로 교환하는 상품권을 말한다. 모바일 상품권은 크게 물품 교환형 상품권과 금액형 상품권으로 구분된다.

모바일 상품권이 인기를 끌다 보니 이름만 들으면 알만한 기업들이 앞다퉈 시장에 진출하고 있다. 대표적인 모바일 상품권 사업자들로는 카카오선물하기, SK플래닛기프티콘, KT엠하우스기프티쇼, 원큐브마케팅기프팅, 즐거운스마일콘, SPC클라우드해피콘 등이 있다.

모바일 상품권도 상품권이어서 사용 기간이 있다. 그동안 사용 기간이 짧아서 소비자들이 적지 않은 손해를 감수해야 하는 경우가 많아 모바일 상품권에 대한 불만이 높았던 것이 사실이다. 이에 따라 공정거래위원회는 '신유형 상품권 표준약관'을 개정하는 등 시정 조치를 내렸고, 덕분에 모바일 상품권의 사용 기간과 같은 사용 환경이 크게 개선되었다.

현재 물품 교환형이나 금액형 상품권 모두 원칙적으로 유효 기간이 1년 이상이다. 또한 3개월 단위 등으로 유효 기간을 연장해 구매일로부터 최대 5년까지 모바일 상품권을 쓸 수 있다. 유효 기간을 연장할 수 없다면 업체가 소비자에게 결제 금액을 환불해 줘야 하고, 최초 유효 기간이 만료된 후라도 5년 이내라면 결제 금액의 90%를 환불받을 수 있다. 또한, 유효 기간이 만료되기 최소 30일 전부터 만료가 다가온다는 사실과 기간 연장 방법 등을 소비자들이 알 수 있도록 여러 차례 알려주는 것이 의무화되었다.

그럼에도 여전히 많은 소비자들은 구매일로부터 5년까지 90% 이상 환불받을 수 있고 기간 연장도 가능하다는 사실을 제대로 인지하지 못하고 있는 것으로 나타났다. 한국소비자원이 모바일 상품권과 관련한 소비자 불만 현황을 분석하고 소비자 인식 및 환불 실태를 조사한 바에 따르면, 전체 조사 대상자 500명 가운데 무려 78%390명가 유효 기간 만료 후 미사용 금액의

90%를 환불받을 수 있음을 '몰랐다'고 답했다. 심지어 상품권을 사용하지 않은 260명 중 165명63.5%은 유효 기간 만료 시까지 '아무런 조치를 하지 않았다'고 응답해 자신의 권리를 스스로 포기한 것으로 조사되었다.

    모바일 상품권의 사용 환경을 개선했음에도 사용 기간 연장도, 환불도 하지 않은 채 무작정 모바일 상품권을 폐기하는 사례가 빈번하다는 뜻이다. 마치 쓰레기통에 현금을 버리는 것과 다름없다. 지금 당장 스마트폰을 확인해 보자. 혹시라도 사용 기간이 지나 방치되어 있는 모바일 쿠폰이라도 발견한다면 그야말로 잃어버린 돈을 찾은 셈이니 말이다.

2장
금융활동 관리

01 제1금융권과 제2금융권은 어떻게 다른가?

일상생활에서 제1금융권, 제2금융권이라는 표현을 자주 접하게 된다. 제1금융권과 제2금융권은 어떤 의미를 가질까?

제1금융권은 우리가 흔히 말하는 은행을 말한다. 은행은 특수은행, 일반은행, 지방은행, 그리고 인터넷전문은행으로 나뉜다. 특수은행은 정부가 특별한 목적으로 설립한 은행으로 산업은행, 수출입은행, 중소기업을 전담하는 중소기업은행 등이 해당된다. 일반은행은 우리가 주변에서 쉽게 접하는 국민은행, 신한은행, 하나은행, 우리은행 등 말 그대로 시중은행을 지칭한다. 지방은행이란 대구은행, 부산은행, 광주은행 등 지방의 금융을 원활히 하기 위해 설립된 은행이다. 새롭게 등장한 인터넷전문은행은 오프라인 지점 없이 온라인으로 대부분의 금융 서비스를 제공하는데 이미 우리에게 친숙한 카카오뱅크, 케이뱅크, 토스뱅크 등이 바로 인터넷 전문 은행이다. 이처럼 예금이나 대출이 가능한 은행들을 제1금융권이라고 통칭한다.

제2금융권은 쉽게 말해 은행을 제외한 나머지 금융기관을 지칭한다. 보험회사, 증권회사, 상호저축은행, 여신전문금융회사 **카드회사, 캐피탈 회사** 뿐만 아니라 새마을금고, 신용협동조합과 같은 상호금융기관 등이 제2금융권에 속한다. 물론 제2금융권도 예금이나 대출 취급이 가능하다.

그렇다면 제1금융권과 제2금융권은 어떤 차이가 있을까? 제1금융권과 제2금융권 모두 예금과 대출이 가능하다는 공통점이 있지만, 그 속에는 작지 않은 차이가 숨어 있다.

먼저 예금을 살펴보자. 예금은 저축을 통해 이자 수익을 얻고 목돈을 모으는 것이 주목적이다. 각 은행마다 예금 상품의 종류에 따라 이자율이 다양하기는 하지만, 평균적으로 제1금융권은 제2금융권보다 이자율이 낮다. 물론 이자율이 높다고 무조건 제2금융권이 좋다는 말은 아니다. 또한 제2금융권이 제공하는 예금 상품의 종류는 제1금융권에 비해 다양하지 않다. 예금은 자신의 취향이나 경제적 상황에 맞는 상품을 적절히 선택해야 효과적인 저축이 가능하다는 점까지 감안한다면 더더욱 그렇다.

다음으로 대출을 살펴보자. 대출은 필요한 자금을 금융권에서 조달받아 필요한 곳에 사용하는 것을 의미한다. 상대적으로 높은 예금 이자율을 제공하는 제2금융권이 제1금융권보다 대출

이자율이 높다. 대출 조건도 제1금융권보다 제2금융권의 대출 조건이 상대적으로 느슨하다. 부실 대출로 떠들썩했던 저축은행 문제에서 나타나는 것처럼 제1금융권에서 대출받기보다 제2금융권에서 대출받는 편이 쉽다. 대신 대출 이자율은 제1금융권보다 제2금융권이 훨씬 높다는 사실을 명심해야 한다. 제1금융권과 제2금융권의 차이를 파악해 두는 것은 지혜로운 예금과 대출을 위해 중요하다.

최근 제3금융권이라는 말도 나오기 시작했다. 대표적으로 파이낸스사들을 들 수 있다. 대출이 쉬운 대부 업체들을 총칭하는 표현이다. 아직까지는 제1금융권이나 제2금융권에 비해 부정적인 이미지를 갖고 있지만, 최근 스포츠단 운영이나 적극적인 광고 활동으로 경쟁력을 높이고 있는 상황이다.

현대 사회에서는 금융 지식이 행복한 경제 독립을 이루는 필수 조건이다. 금융권이 갖고 있는 장점과 단점들을 잘 파악하고 활용해야 할 것이다.

대출이라고 모두 똑같지 않다

특별한 경우가 아닌 이상 대학생이 접하는 대출은 대부분 학자금 대출이다. 대출 방식의 차이에 따라 어떻게 이자가 변동되는지를 보다 쉽게 이해하도록 학자금 대출을 예로 들어 설명하고자 한다.

학자금 대출을 신청하며 아무 생각 없이 지나치는 부분이 대출 방식이다. 처음 대출을 접하는 학생들이라면 아무 생각 없이 지나치는 것이 당연한 현상이 아닐까 하는 생각이 든다. 그렇다면 대출 방식만 잘 선택해도 이자 혜택을 기대할 수 있다는 말일까? 그렇다. 대출 방식을 꼼꼼히 챙겨야 한다.

지금부터 대출 방식을 살펴보자. 학자금 대출의 방식은 크게 원금균등상환과 원리금균등상환으로 구분되는데, 좀 헷갈리고 어렵게 느껴지기 십상이다. 두 가지 대출 방식 중 어떤 것을 선택하느냐에 따라 이자 부담이 달라진다면 조금 머리 아프고 어렵더라도 참아야 하지 않을까!

원금균등상환은 대출 원금을 대출한 기간만큼 균등하게 나누어 상환하는 방식이다. 대출 원금이 점점 줄어들어 결과적으로 이자도 갈수록 줄어든다. 다만 원금 잔액에 따라 초기에 상환하는 이자가 많아 부담이 될 수 있다.

원리금균등상환은 대출 원금과 이자를 합하여 매월 균등하게 상환하는 방식이다. 매달 상환하는 금액이 일정하여 자신의 소득에 맞게 상환 계획을 세우기 편하다. 대신 원금이 천천히 줄어들어 이자 부담이 늘어난다.

원금균등상환			
대출 금액	500만 원	만기까지 이자	508,335원
대출 기간	60개월(5년)	월 평균 이자	8,472원
대출 금리	연 4%	월 평균 납입액	91,805원
원리금균등상환			
대출 금액	500만 원	만기까지 이자	524,957원
대출 기간	60개월(5년)	월 평균 이자	8,749원
대출 금리	연 4%	월 평균 납입액	92,083원

원금균등상환과 원리금균등상환 비교(도시부자김사부)

앞 표는 원금균등상환 방식과 원리금균등상환 방식에 따라 매월 납입해야 할 할부금을 계산한 것이다. 500만 원이라는 금액을 5년 동안 대출받았는데, 상환 방식에 따라 총 납입 이자는 16,622원 차이가 난다. 어찌 보면 큰 차이가 없는 금액이라고 볼 수도 있다. 그러나 단지 대출 방식_{이자 상환 방식}의 차이로 16,622원이라는 차이가 발생했다. 계산 기준이 되는 대출 금액이 커지거나 기간이 길어지면 어떻게 될지 생각해 볼 필요가 있다. 조금만 신경 써서 대출 방식을 선택한다면 보다 지혜롭게 학자금 대출을 받을 수 있음을 명심하도록 하자.

03 지혜롭게 대출받는 것도 전략이다

여러분이 대출을 받는다고 가정해 보자. 무엇부터 가장 중요하게 고려하게 될까? 아마도 대출금리와 대출 가능 금액이 아닐까. 아마도 여러분은 두 가지 조건을 충족하는 대출 상품을 찾아 여러 은행을 비교해 볼 것이다.

사실 같은 은행에서 제공하는 대출 상품이라고 해도 모두 똑같은 이자를 납부하지는 않는다. 앞에서 이미 이자와 원금 상환 방식에 따라 매월 상환해야 하는 대출금이 달라진다는 것을 살펴보았다. 지금 다시 그 이야기를 하자는 것은 아니다.

대출 방식을 잘 선택하는 것은 두말할 이유 없이 매우 중요하다. 또 하나, 같은 조건이라면 보다 저렴한 대출금리가 제공되는 상품을 선택하는 것 역시 빼놓을 수 없는 포인트이다. 하지만 여기까지 언급된 내용만 고려한다면 대출에서 중요하게 고려해야 하는 사항 가운데 하나가 빠져 있다. 바로 정해진 금리로 대출을 받아야 하는지, 아니면 경제 상황에 따라 금리가 변동되는 변동금리로 대출을 받아야 하는지를 결정해야 한다는 점이다.

고정금리로 대출을 받아야 할지, 변동금리로 대출을 받아야 할지는 지극히 어려운 선택의 문제이다. 지금 당장 저금리라는 이유만으로 아무 생각 없이 대출을 받는다면 추후 금리 변동에 따라 손해를 볼 수 있어 신중하게 선택해야 한다. 원칙적으로 고정금리는 현재의 금리 상태로 약정일까지 금리가 동일하게 유지된다. 변동금리는 말 그대로 기준이 되는 금리가 변하면 대출 금리도 함께 변하게 된다.

고정금리로 대출을 받으면 금리가 인상되더라도 대출 시점의 금리를 그대로 적용하기 때문에 큰 부담이 생기지 않아 상대적으로 안정된 상환 설계가 가능하다는 큰 장점이 있다. 반대로 금리가 하락하면 변동금리보다 많은 이자를 내야 해서 오히려 불리해진다. 변동금리로 대출을 받으면 금리 하락 시 이자가 줄어드는 효과를 기대할 수 있다. 물론 금리가 상승하면 이자가 늘어나는 단점이 있다.

고정금리와 변동금리 중 어떤 조건을 선택하느냐에 따라 당장 지갑에서 나가는 돈이 달라진다. 그만큼 신중하게 고려해서 선택해야 한다.

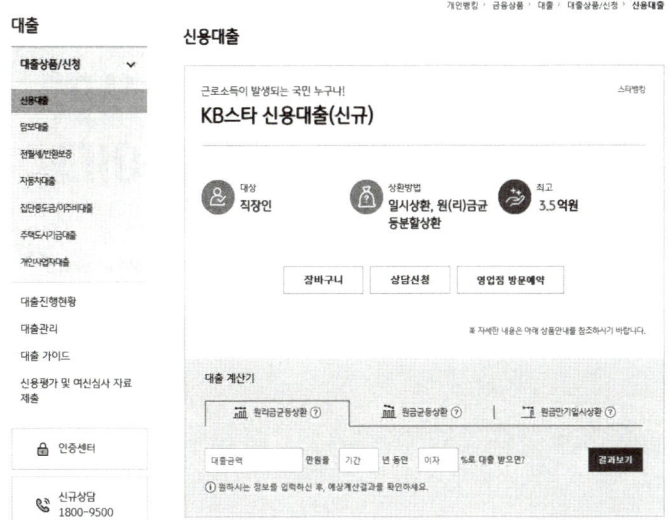

KB스타 신용대출(KB국민은행, www.kbstar.com)

04 마이너스 통장, 잘 쓰면 득이나 잘못 쓰면 독이다

　마이너스 통장을 활용한 대출은 누구나 들어 봤겠지만, 사실 자세히 아는 사람은 별로 없다. 마이너스 통장은 쉽게 말해 대출의 한 종류로, 한 번에 필요한 만큼의 돈을 대출받아 매월 이자를 납부하는 방식이 아니라, 한도액을 정해 필요한 만큼 사용하고 사용한 만큼만 이자를 납부하는 방식이다. 여타 대출과 비교해 이자율이 0.5% 정도 더 높다는 점은 알아 두자.

　한도액이 500만 원인 마이너스 통장을 만들었다고 가정해 보자. 일단 마이너스 통장을 만들었다면 500만 원이라는 돈을 언제든 필요할 때 통장에서 자유롭게 인출해서 사용할 수 있다. 그렇다고 계획 없이 마이너스 통장을 사용하거나 한도액을 모두 사용하는 우를 범하지는 말자. 이미 언급했듯이 여타 대출보다 높은 이자율이 적용되어 이자 부담이 장난이 아니다. 계획 없이 사용한 마이너스 통장이 고스란히 빚이 되어 고민하는 직장인이 한둘이 아니라는 사실을 항상 명심해야 한다.

그렇다면 약이 되는 마이너스 통장 사용법이 있을까? 있다. 그것도 지극히 간단하다. 만일 500만 원을 한도로 하는 마이너스 통장을 개설했다면 한 번에 500만 원을 인출해 사용하기보다는 분할해 사용하는 방식을 선택해야 바람직하다. 이를테면 필요 자금이 300만 원이라면 300만 원을 인출해 사용하고 월급날 300만 원 가운데 일부를 상환하면 그만큼 지불해야 하는 이자가 감소한다.

일부결제금액이월약정 '리볼빙'처럼 카드 이용 금액의 일부만 결제하고 나머지 결제 대금에 대해서는 높은 이자를 부담하면서 상환을 계속 연장하는 신용카드 서비스를 이용하고 있다면 이자율이 저렴한 대출로 바꾸는 편이 이자 절감 차원에서 효과적이다. 과거에는 마이너스 통장이 대표적인 대안으로 꼽혔지만, 최근에는 금리 인상 기조에 따라 마이너스 통장의 이자율도 상당히 높아진 만큼 리볼빙보다 낮은 금리의 카드론 장기카드대출, 인터넷전문은행의 중저금리 신용대출, 혹은 정부가 지원하는 서민금융 대환대출 상품 등을 우선적으로 활용해 보는 것이 현명한 선택이 될 수 있다. 자신의 신용도에 맞는 가장 유리한 조건의 대출 상품으로 신속히 갈아타는 것이 불필요한 이자 부담을 줄이고 경제적 안정을 앞당기는 지혜로운 선택이라고 할 수 있다.

05 대출 이자를 연체하면 금융권에서 관련 정보가 공유된다

과거에는 대출 이자를 연체하면 신용불량자로 등재되어 금융 거래에 엄청난 제약이 뒤따르곤 했다. 개인 신용 정보를 집중 관리하는 '은행연합회'의 자료에 따라 30만 원 이상의 대출금과 카드 대금을 3개월 이상 연체하거나, 30만 원 이하 소액 연체가 3건 이상이 되면 신용불량자로 등록되었다. 신용불량자가 되면 다양한 제약을 받아야 했는데, 대표적인 것이 경제활동상의 제약과 일상생활에서의 제약이다.

경제활동상의 제약은 다음의 여섯 가지 정도였다. 첫째, 금융 기관에서 대출을 받으려 해도 자격 제한에 걸려 불가능했다. 둘째, 기존에 대출받은 금액을 상환하여야 했다. 셋째, 신용카드 사용이 불가능할 뿐 아니라 신규 발급도 불가능했다. 넷째, 가계 당좌예금, 당좌예금 등의 개설이 금지되고 기존의 당좌 관련 예금도 해지되었다. 다섯째, 연대보증인이 될 수 없었다. 여섯째, 배우자의 금융 거래에 부정적인 영향을 미쳤다.

다음으로 일상생활에서의 제약은 크게 세 가지 정도였다. 첫째, 취업에 제약을 받을 수 있었다. 둘째, 채무불이행자 명부**본적지 및 거주지의 관공서에 비치**에 등재될 수 있었다. 셋째, 비자 발급에 제약을 받았다.

이상에서 살펴본 바와 같이 신용불량자가 된다는 것은 곧 금융권 등을 포함한 다양한 사회생활에서 제약을 받게 된다는 의미였다. 어디 그뿐인가. 연체 금액을 지불할 때까지 지겹도록 계속되는 독촉에 시달리기도 했다.

다행히 현재는 신용불량자 등록 제도가 폐지되었다. 신용불량자 등록 제도가 금융 기관에서 금융 거래 여부를 판단하는 획일적인 기준으로 활용되어 폐단이 적지 않았기 때문이다. 하지만 신용불량자 제도가 폐지되었어도, 개인의 신용을 점수로 평가하는 '신용점수제'가 전면 도입되면서 신용 관리는 과거에 비해 더욱 중요해지고 있다. 여전히 일정 금액 이상의 연체 정보는 한국신용정보원을 통해 모든 금융권과 신용평가사**CB**에서 공유하면서 개인의 신용점수를 평가하는 핵심 자료로 활용되고 있다. 과거의 '신용불량자'라는 용어 대신 현재는 연체 정보를 '채무불이행 정보' 등으로 부르며, 이 정보가 등록되면 신용점수가 큰 폭으로 하락한다. 현재는 영업일 기준 5일 이상, 10만 원 이상을 연체하면 단기연체 정보가, 3개월 이상 50만 원을 초과하는 금액을 연체하면 장기연체채무불이행 정보가 공유될 수 있다

사회 진출을 앞둔 대학생이나 사회 초년생들이 학자금 대출로 경제적 고통을 받는다는 언론 보도를 종종 접한다. 과거에는 학자금 대출 연체로 신용불량자가 되어 취업이 어렵다는 기사가 많았다면, 이제는 연체 기록으로 인해 신용점수가 하락하여 금융 거래가 막히고 사회생활의 첫 단추를 잘못 꿰게 된다는 소식을 더 자주 접하게 될 것이다. 신용 정보 공유를 다른 나라, 남의 이야기로만 치부해서는 안 된다.

이미 취업을 했더라도 대출받은 학자금이 얼마 되지 않는다고 무시해서 제때 이자를 납부하지 않거나, 원금 상환을 까맣게 잊어버렸다가는 문제가 될 여지가 많다. 연체 기록은 개인 신용평가에 즉시 반영되어 신용점수를 떨어뜨리고, 이는 향후 대출 금리 상승, 한도 축소, 신용카드 발급 거절 등 실질적인 불이익으로 이어지므로 대출 이자 관리를 철저하게 해 두어야 할 것이다.

개인파산 제도란 무엇인가?

 개인파산은 개인인 채무자가 파산하는 것을 말한다. 개인파산에는 '소비자파산'과 '영업자파산'이 있다. 소비자파산은 봉급생활자, 주부, 학생 같은 비영업자 들이 경제활동 과정에서 갚을 능력을 초과해 소비를 함으로써 자신의 전 재산으로도 빚을 갚지 못해 스스로 파산을 신청하는 것을 말한다. 영업자파산은 개인사업자가 영업 활동 과정에서 발생한 빚을 이기지 못해 부도에 몰려 파산을 신청하는 것을 말한다.
 개인파산에서의 파산 원인은 지급 불능, 다시 말해 채무자가 '빚 갚을 능력이 부족하여 빚을 갚아야 하는 시점이 다가온 빚을 갚을 수 없는 객관적 상태'에 있는 경우를 말한다. 이때 빚을 갚을 수 없는 상태란 채무자의 채무가 재산을 초과하는 상태만을 의미하는 것이 아니다. 채무자의 재산이나 노동력, 신용 등을 활용해 향후 빚을 상환하는 것이 객관적으로 불가능한 상태를 말한다. 채무자의 나이, 직업, 기술의 보유 유무, 건강 상태, 자산 상태 등이 종합적으로 고려된다.

개인파산 제도를 실시하는 목적은 무엇일까? 파산 절차의 주목적은 전체 채권자들 사이의 평등한 채권 만족을 보장하는 동시에, 파산자가 개인인 경우 파산 절차 종료 후 면책 절차를 통하여 경제적으로 재기할 기회를 부여하는 것이다. 채무자가 스스로 파산 신청을 하는 것을 '자기파산'이라 하고, 채무자가 소비자로서 과다한 빚을 지게 된 경우 '소비자파산'이라고 부르기도 한다. 소비자파산 제도는 성실함에도 불구하고 빚을 지게 되어 절망에 빠지거나 생활 의욕을 상실한 채무자들을 보호하기 위한 대책이다.

개인파산이 이루어져 감수해야 하는 불이익은 어떤 것들이 있을까? 관할 법원은 채무자에게 파산 원인이 있으면 채무자에게 파산선고를 하게 된다. 가족 중에 어느 한 사람이 파산자가 되면 그 사람만 파산의 불이익을 받고 다른 가족에게까지 영향을 미치지는 않는다. 일단 파산선고가 내려지면 채무자는 파산자가 되고, 파산자는 파산법에 의하여 면책**복권**될 때까지 법적 제한과 경제활동 제한을 감수해야 한다.

우선 법적 제한으로는 다음과 같은 것이 있다.

첫째, 사법상 후견인, 친족 회원, 유언 집행자, 수탁자가 될 수 없다. 단 권리능력, 행위능력 및 소송능력은 제한받지 않는다.

둘째, 공법상 공무원, 변호사, 공인회계사, 변리사, 공증인, 부동산 중개업자, 사립학교 교원, 의사, 한의사, 간호사, 약사, 건축사 등이 될 수 없다.

셋째, 파산관재인, 채권자집회의 요청이 있으면 파산에 관하여 설명을 할 의무가 있다. 이유 없이 설명을 안 하거나 허위의 설명을 하면 형사 처벌의 대상이 되고, 면책 불허가 사유에 해당된다.

다음으로 경제활동과 관련된 제한 사항이다. 파산선고결정이 확정되면 파산자의 신원 증명 업무를 관장하는 본적지 시.군.구.읍.면장에게 파산선고 사실이 통지되어 신원증명서에 신원증명 사항의 하나로 기재된다. 그러면 각종 금융 거래와 취직 등에 불이익을 받을 수 있다. 위와 같은 불이익을 해소하기 위해서는 면책 및 복권 절차가 필요하다.

07 파산 말고 개인워크아웃도 있다

　개인워크아웃개인회생 제도는 '개인신용회복지원 제도'라고도 한다. 실직, 사고, 기타 불가피한 사유 등으로 현재의 소득 수준으로는 정상적 채무 상환이 어려운 과중채무자를 대상으로 상환 기간의 연장, 분할 상환, 이자율 조정, 변제기 유예, 채무 감면 등의 채무 조정을 통하여 안정적인 상환이 가능하도록 지원해 주는 제도이며 2002년 10월 도입하였다.

　개인워크아웃 제도는 빚이 있는 채무자가 장래 일정한 소득이 있다고 전제한다. 채무자는 그 소득을 빚을 갚아 나가는 원천으로 삼아 원금 일부를 성실히 갚아 나가면 남아 있는 빚을 면책받는 갱생형 제도이다. 현재 재산을 청산하여 채권자에게 평등하게 배당하고 면책을 받는 제도인 개인파산 제도와는 차이가 있다.

누구나 개인워크아웃을 활용하지는 못한다. 총채무액이 15억 원무담보 5억 원, 담보 10억 원 이하인 자로 금융 회사에 90일 이상 연체 중인 금융채무불이행자 중 최저생계비 이상의 수입이 있거나 채무 상환이 가능하다고 심의위원회가 인정하는 사람만이 개인워크아웃을 활용할 수 있다. 다만 신용회복지원 협약에서 규정하고 있는 예외적인 경우에 해당되는 사람은 개인워크아웃 신청이 불가능하다.

개인워크아웃 신청이 불가능한 경우

1. 채무조정의 효력이 상실된 날부터 3개월 이상 경과하지 아니한 자. 다만, 법원의 개인회생·파산 절차가 기각되거나 폐지된 후 재신청하는 경우는 예외로 할 수 있다
2. 채무조정 신청이 기각된 날부터 1년 이상 경과하지 아니한 자. 다만, 기각 사유를 해소한 경우에는 그러하지 아니하다.
3. 재산을 도피하거나 은닉, 기타 책임 재산의 감소 행위를 초래한 자
4. 어음.수표 부도 거래처인 개인사업자로서 동 사유를 해소하지 못한 자
5. '신용정보의 이용 및 보호에 관한 법률' 등에서 정하는 금융 질서 문란자
6. 신용회복지원 협약에 가입되지 않은 채권자에 대한 채무액이 총채무 원금의 20%를 초과하는 자
7. 신청일 기준 최근 6개월 이내에 발생한 신규 채무 원금이 총 채무 원금의 30%를 초과하는 자

> 8. 채무부존재 확인소송 또는 대출의 무효, 취소를 다투거나 분쟁 상태
>   에 있는 자
> 9. 자금의 사용이 도박, 투기 등 사행성으로 그 용도가 부적절하거나 기
>   타 사회 통념상 신용회복지원 대상자로 인정하기 곤란한 자
> 10. 기타 심의위원회의 심의 결과 부적격자로 인정되는 경우

개인워크아웃이 확정되면 크게 세 가지 측면에서 지원을 받는다. 상환 기간 연장, 변제 유예, 채무 감면 등이다. 우선 상환 기간 연장을 보면 무담보 채무는 최장 10년, 담보 채무는 최장 35년의 범위 내에서 분할 상환이 가능하며, 거치 기간은 최장 3년이다. 다음으로 변제기 유예를 보면 실업, 휴업, 폐업, 재난 등으로 변제기 유예를 지원할 필요가 있는 경우 담보 채무를 제외하고 2년 이내의 기간 내에서 채무 상환을 유예 받는다. 마지막으로 채무 감면을 살펴보면 이자(연체이자 포함)는 전액 감면되고, 원금은 채무자의 상환 능력을 고려하여 상각 채권에 한해 사회취약 계층은 최대 90%까지, 일반 채무자는 최대 70%까지 감면받을 수 있다.

개인워크아웃이 확정되었더라도 숙지해야 할 것이 있다. 채무자가 변제 계획 이행을 완료하지 못하거나 지원 효력이 상실되면 원래의 채무액으로 환원되는 만큼 세심하게 신경 써야 한다는 점이다. 결국 개인워크아웃이란 소득에 비해 과중한 빚

을 지고 있는 사람을 파산의 위기에서 구제하고자 하는 신용회복 지원 프로그램이라고 하겠다.

08 프리워크아웃이란 무엇인가?

프리워크아웃사전채무조정이란 실직, 휴.폐업, 재난, 소득 감소 등으로 연체가 발생하여 장기화가 예상되는 단기 연체 채무자가 금융 채무불이행자로 전락되는 것을 방지하여 정상적인 경제활동이 가능토록 지원하는 제도를 말한다. 프리워크아웃 역시 별도로 지원 대상을 규정하고 있다. 개인 및 개인사업자로 신청일 현재 다음의 요건을 모두 충족해야 한다.

첫째, 1개 이상의 금융 회사에 채무가 있고, 그중 1곳 이상의 연체 기간이 31일 이상 90일 미만인 자.

둘째, 총 채무액이 15억 원 이하인 자담보 채무 10억 원, 무담보 채무 5억 원.

셋째, 신청일로부터 6개월 이내 신규로 발생한 채무 원금이 총 채무 원금의 30% 이하인 자.

넷째, 최저생계비 이상의 수입이 있거나 채무 상환이 가능하다고 위원회가 인정하는 자.

프리워크아웃이 확정되면 상환 기간 연장, 이자율 조정, 채무 감면, 변제기 유예 등의 지원이 이루어진다. 주요 내용을 살펴보자.

첫째, 무담보 채무는 최장 10년, 담보 채무는 기존 채무의 최장 35년 범위 내에서 분할 상환이 가능하며, 최장 3년의 거치기간을 둘 수 있다.

둘째, 무담보 채무는 기존 약정 이자율의 30% ~ 60% 범위 내에서 인하하여 이자 부담을 줄여준다. 담보 채무는 연체 이자만 감면된다.

셋째, 채무 감면은 신청 전에 발생한 연체 이자만 가능하며, 원금은 감면되지 않는다. 변제 유예는 실직, 휴업, 폐업, 재난 등에 해당하는 경우 최장 2년 이내에서 6개월 단위로 가능하다.

위의 내용을 종합적으로 살펴보면 프리워크아웃 제도의 목적은 단기 연체 채무자가 정상적인 경제활동을 하도록 지원해 주는 것이라고 할 수 있다.

09 신용카드는 현명하게 사용하라

　신용카드를 만드는 데 많은 조건이 있기는 하지만, 성인이라면 누구나 만드는 카드의 종류가 너무나도 많아서 잘만 활용한다면 경제 독립을 앞당기기도 한다. 신용카드를 활용한 플러스 요인에는 어떤 것들이 있을까?

　첫째, 포인트 제도이다. 포인트도 돈이다! 카드를 사용하면 포인트가 쌓이는데, 의외로 너무 많은 사람들이 어디에 얼마나 되는 포인트를 적립해 두고 있는지 잘 모르고 있다. 과거에는 매년 수천억 원의 포인트가 소멸되었으나, 최근에는 여신금융협회의 '카드 포인트 통합조회 및 계좌이체' 서비스나 각 카드사 앱을 통해 모든 포인트를 한 번에 조회하고 현금으로 전환하는 것이 매우 간편해졌다. 그럼에도 불구하고 매년 소멸되는 포인트는 여전히 1,000억 원대에 이르고 있다. 이처럼 포인트가 소멸되는 이유는 일정 기간 사용하지 않고 내버려 두면 신용카드를 사용하면서 적립한 소중한 포인트들이 자동 소멸되기 때문이다. 이제는 클릭 몇 번으로 잊고 있던 포인트를 현금처럼 활용할 수 있는 만큼, 경제 독립을 앞당기기 위해 반드시 챙겨야 한다.

둘째, 제휴 업체를 활용한다. 신용카드사의 제휴 업체 할인을 잘 활용한다면 지출을 줄여 돈을 아낄 수 있다는 사실을 기억해야 한다. 똑같은 음식을 먹더라도 사용하는 카드사와 제휴를 맺고 있는 외식, 영화, 쇼핑, 주유 등 다양한 가맹점에 간다면 5%에서 최대 20%, 또는 그 이상 할인율은 카드사와 등급에 따라 다양하다 까지 돈을 아낄 수가 있다. 식사비 5만 원에서 10% 할인을 적용받아 5,000원을 절감한다면 지금 당장 큰돈은 아니라도 계속 금액이 쌓여 엄청난 금액이 될 것이다. 따라서 자신의 소비 패턴에 맞는 할인 혜택을 제공하는 카드를 선택하고 적극적으로 활용하는 지혜가 필요하다.

셋째, 가급적 단기 카드대출 현금서비스를 피해야 한다. 현금서비스는 법정 최고금리에 가까운 매우 높은 이자율이 적용되는 대표적인 고금리 대출이다. 또한 자주 이용할 경우 급전이 필요하다는 신호로 인식되어 신용점수에도 부정적인 영향을 줄 수 있다. 광고는 그럴듯하지만 정작 대부분의 이용자에게는 높은 이자율이 적용되므로, 저렴한 이자율이 적용되는 현금서비스는 존재하지 않는다고 봐도 무방하다.

카드사명	신용점수와 대출금리%		신용점수와 대출금리
KB국민카드	신용점수 (901~ 1,000점)	11.37%	18.65%
우리카드		8.65%	-
신한카드		11.16%	18.68%
비씨카드		11.49%	-
하나카드		12.07%	-

신용점수 (600점 이하) 는 오른쪽 열에 해당합니다.

2025년 7월 말 기준 주요 신용카드사들의 신용점수별 대출 금리
(KCB, 단위 %/연)

　신용점수가 600점 이하인 상태에서 카드 대출을 받을 경우 18%가 넘는 이자율이 적용된다. 아무리 작은 금액이더라도 연 18%가 넘는 이자율이라면 큰 부담이 된다는 점을 기억하자. 아주 급한 상황이 아니라면 현금서비스는 절대 피해야 한다.

　넷째, 단골 카드를 만들어 집중적으로 사용해야 한다. 통상 신용카드사들은 오랜 기간 꾸준히 자사를 이용한 고객에게 보다 폭넓고 다양한 혜택을 부여한다. 무이자 할부 지원이나 사

은품 제공, 각종 할인 기회 제공 등이 그것이다. 카드가 많다고 부자가 되는 것도 아니고, 다양한 카드를 사용한다고 해서 더 많은 혜택을 받는 것도 아니라는 점을 명심하자. 한 개의 카드만 집중적으로 사용한다면 우수 고객이 된다. 우수 고객에 따르는 혜택들도 다양해지고 질도 높아져 큰 이득을 볼 수 있다.

참고로 사용 금액을 문자나 메일, 스마트폰에 설치된 신용카드·가계부 애플리케이션으로 항상 확인하도록 한다. 한도 금액과 사용 금액 등을 파악하는 습관 역시 카드를 활용하면서 경제 독립을 앞당기는 지름길이라는 점을 명심하자.

신용카드 잘못 쓰다가는 쪽박 찬다

우리 사회는 이미 빚을 권하는 사회를 넘어 빚 중독 사회로 진입하고 있다. 카드 업계와 여신금융협회에 따르면 여신금융협회에 따르면 2023년 말 기준 우리나라의 신용카드 누적 발급량은 1억 2,980만 장에 달하며, 경제활동인구 1인당 평균 약 4.4장의 신용카드를 보유하고 있는 것으로 나타났다.

신용카드가 많아진다는 의미는 그만큼 신용카드를 사용하게 될 가능성도 높아진다는 것이다. 잦은 신용카드 사용으로 월급날이 되어도 크게 반갑지 않은 사람들이 늘어나고 있는 실정이다. 월급을 받아서 신용카드 대금을 결제하기에 바쁘기 때문이다. 그럼 신용카드를 쓰다 파산 지경에 다가서는 지름길(?)을 알아보자.

첫째, 지속적인 돌려 막기를 한다. 돌려 막기는 신용카드 사용 금액을 현금으로 지불하지 못하는 상황에서 발생한다. 이자에 이자를 부담해야 하는 매우 위험한 선택이다.

둘째, 단기카드대출현금서비스를 애용한다. 단기카드채무는 이자율이 매우 높다. 경제적 부담을 기하급수적으로 늘리기 십상이다.

셋째, 일부결제금액이월약정리볼빙처럼 현재 채무를 가능한 많이 미래로 이월하는 결제 방법을 택한다. 부채를 미래로 이월하는 데에는 분명 한계가 있다. 한계 상황에 다다르면 반드시 현금으로 결제해야 한다. 그런 상황이 닥치면 매우 끔직한 재정적 곤란을 겪을 수밖에 없다.

넷째, 그럴듯한 서비스를 제공한다는 이유로 높은 연회비를 지불해야 하는 카드를 발급받는다. 항공 마일리지, 공항 라운지 이용, 국내 호텔 무료 숙박권, 백화점 상품권 등을 부여한다는 광고에 현혹되어 비싼 연회비를 지불하고 새로운 신용카드를 발급받는 행동이다. 백화점 상품권이야 그렇다 하더라도 과연 호텔에서 며칠이나 무료로 숙박하고 식사하게 될까? 곰곰이 생각해 볼 일이다.

다섯째, 일시불보다 가급적 할부를 선호하고, 혹시 모른다는 이유로 긴 할부를 선택한다. 할부도 결국 빚이다. 채무를 미래로 이월할 이유가 없다. 현금이 있다면 현금 범위 내에서 소비하라.

여섯째, 신용카드사에서 제공하는 포인트나 할인 혜택을 일

일이 챙기지 않는다. 이제는 여신금융협회의 '카드 포인트 통합 조회 및 계좌이체' 서비스나 각 카드사 앱을 통해 모든 포인트를 현금처럼 쉽게 사용할 수 있다. 그런데도 적립해 둔 포인트가 내일 당장 소멸한다는 알림을 받아도 무덤덤한 경우가 있다. 포인트나 할인 혜택을 무시하지 말자. 무시하는 사람의 지갑만 얇아진다.

일곱째, 지출 통제가 어려운 상황에서 습관적으로 카드를 사용하는 습관이다.

이상과 같은 습관을 갖고 신용카드를 사용한다면 반드시 재정적 곤궁함에 처하게 된다. 물론 경제 독립은 꿈도 꾸지 못한다. 쪽박을 차고 싶은가? 그럼 위와 같이 행동하라!

11 잠자는 신용카드 포인트를 깨워라

앞에서 신용카드 포인트에 관한 이야기를 했다. 사실 통신사나 신용카드사에서 제공하는 각종 포인트를 모르는 사람은 아마 없을 것이다. 하지만 정작 자신들이 모은 포인트를 제대로 활용하는 사람은 적은 편이다. 엄청난 신용카드 포인트 잔액을 다양한 곳에 좋은 목적으로 사용할 수 있다는 점을 감안할 때 소비자들은 포인트를 좀 더 적극적으로 활용할 필요가 있다. 카드사에 따라 포인트를 현금이나 상품권으로 전환해 주고도 있다. 잘 활용한다면 포인트 소멸로 인한 손해를 막을 것이다. 게다가 신용카드 포인트는 보통 5년이라는 유효 기간까지 있다. 기간 안에 적립해 둔 포인트를 사용하지 않으면 자동 소멸한다.

소멸한 포인트는 어떻게 될까? 과거에는 카드사의 수익으로 잡혔지만, 현재는 소멸된 포인트가 신용카드사회공헌재단에 기부되어 서민금융 지원 등 공익적 목적으로 사용된다. 신용카드사들이라고 해서 고객이 적립해 둔 포인트의 유효 기간이 소리 소문 없이 지나기만을 기다리지는 않는다. 신용카드사들도 유효 기간이 도래하기 6개월 전부터 메일이나 문자 메시지 등으로 사전고지를 한다. 그럼에도 한 해 1,000억 원에 달하는 포인트가 속절 없이 사라지는 이유는 여전히 포인트가 곧 돈이라는 사실에 무관심하거나 포인트 활용법을 모르기 때문이다. 소비자들은 어떻게 자신이 적립해 둔 포인트를 활용해야 할까?

가장 먼저 자신이 적립해 둔 포인트가 얼마나 되는지 확인하자. 여신금융협회에서 제공하는 카드 포인트 통합조회 사이트

카드 포인트 통합조회 홈페이지(여신금융협회의 카드 포인트 통합조회(www.cardpoint.or.kr)

www.cardpoint.or.kr를 방문해 확인하면 된다.

 자신이 적립해 둔 신용카드 포인트를 확인했다면 본격적으로 어떻게 활용하면 되는지를 살펴보자.

 첫째, 카드 대금 결제에 사용한다. 대부분의 카드사 앱이나 홈페이지에서 카드 대금 명세서가 확정된 후, 보유 포인트를 사용하여 대금을 차감할 수 있다. 포인트가 카드 대금보다 많을 경우, 남은 포인트를 계좌로 환급받을 수도 있다.

 둘째, 적립해 둔 포인트로 각 카드사들이 제공하는 물건을 구매할 수 있다.

 셋째, 적립해 둔 포인트로 금융 상품에 가입하는 것은 물론 이자까지 받을 수 있다. 포인트를 정기 예금이나 펀드로 전환하거나 대출 이자를 납부하기도 하고, 보험료 납입에 사용할 수도 있다.

 넷째, 적립한 포인트로 백화점, 주유소, 영화관, 놀이 공원 등 신용카드 가맹점에서 현금처럼 이용할 수도 있다.

 디섯째, 각종 세금을 신용카드 포인트로 납부할 수 있다. 금융결제원의 '카드로택스www.cardrotax.or.kr' 홈페이지나 행정안전부의 '위택스www.wetax.go.kr'를 통해 국세와 지방세 등 모든 세금을 포인트로 납부할 수 있다. 납부할 세금보다 포인트가 부족할 경우, 포인트를 먼저 사용하고 나머지 금액만 카드로 결제하는 것도 가능하다.

 여섯째, 여러 봉사 단체에 기부도 가능하다.

일곱째, 여신금융협회의 '카드 포인트 통합조회 & 계좌입금' 서비스를 이용해 포인트를 한 번에 현금으로 전환할 수 있다. 이 서비스를 이용하면 여러 카드사에 흩어져 있는 포인트를 조회하고, 본인 계좌로 바로 입금받을 수 있어 가장 편리하고 직접적인 활용 방법이다.

다양하게 활용되는 신용카드 포인트를 지금부터는 꼼꼼하게 챙기는 습관을 갖자. 챙기는 만큼 돈 되는 것이 바로 신용카드 포인트이다.

12 인터넷 은행을 활용하라

인터넷 은행이 출범했다. 엊그제 였던 것 같은데 지금은 3곳의 인터넷 은행이 영업중이다. 바야흐로 본격적인 인터넷 은행 시대가 도래했다고 보아야 될 것 같다. 첫 출범은 케이뱅크 www.kbanknow.com였다. 국내 1호 인터넷은행으로 2017년 4월 3인 공식 출범했다.

인터넷 은행이 기존 은행과 크게 다른 점은 오프라인 점포가 별도로 존재하지 않는다는 점이다. 당연히 케이뱅크도 오프라인 점포 없이 출범했다. 그렇다면 일반적으로 오프라인 점포에서 처리하던 업무, 이를 테면 금융 상품 가입이나 대출 같은 업무는 어떻게 처리할까? 바로 인터넷이나 모바일로 대부분의 업무를 처리한다. 게다가 대부분 24시간 운영하고 연중무휴라는 강점

케이뱅크(www.kbanknow.com)

케이뱅크의 예금 상품과 대출 상품(케이뱅크, www.kbanknow.com)

까지 갖추고 있다. 이와 같은 강점과 특징들 덕분에 인터넷 은행은 기존 은행보다 높은 수준의 예금금리와 낮은 수준의 대출금리라는 비교 우위를 보이고 있다.

국내에서 두 번째로 출범한 인터넷은행인 카카오뱅크www.kakaobank.com 역시 2017년 7월 27일 폭발적인 반향을 일으키면서 성공적인 출발을 했다. 그리고 2021년 10월, 토스뱅크 www.tossbank.com가 세 번째 주자로 합류하며 인터넷은행 시장의 경쟁은 더욱 치열해졌다.

세 곳의 인터넷 은행 모두 24시간 365일 비대면 서비스를 제공하지만, 세부적인 서비스 내용은 조금씩 다르다. 과거와 달

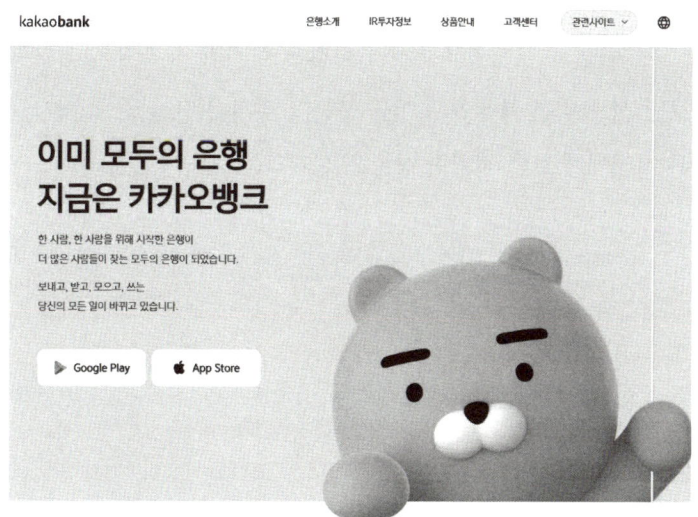

카카오뱅크(www.kakaobank.com)

리 현재는 세 은행 모두 대출 신청 등의 핵심 업무를 24시간 가능하도록 하는 등 편의성을 크게 높였다. 대중성 면에서는 많은 국민이 사용하는 플랫폼을 기반으로 한 카카오뱅크와 토스뱅크가 유리한 고지를 점하고 있다는 평가가 많다.

한편 ATM 수수료 정책은 은행별로 차이가 있다. 카카오뱅크는 2017년 출범 이후부터 전국 모든 ATM 수수료 면제 정책을 조건 없이 계속 유지하고 있다. 케이뱅크는 전국 모든 ATM의 입출금 및 이체 수수료를 면제하고 있지만, 자체 브랜드 ATM을 제외한 나머지 기기에서는 월 30회의 무료 횟수 제한이 있다. 토스뱅크 또한 월 30회까지는 수수료가 면제되지만, 30회를 초과하면 수수료가 부과되는 방식으로 변경되었다. 이처럼 각 은행의 정책은 계속 변동될 수 있다.

이 외에도 대체적으로 비슷하기는 하지만 세부적으로 살펴보면 서로 다른 특징을 보이는 부분이 적지 않다. 금융 소비자들은 자신에게 보다 적합한 상품을 선택하는 노력이 필요하다.

개인정보 유출에 철저히 대비하라

최근 SKT에서 2,300만 명의 고객 정보가 유출되는 등 통신, 쇼핑, 공공기관을 가리지 않고 대규모 개인정보 유출되는 사고가 끊이지 않고 있다.

인공지능, 빅데이터 등 인터넷이나 모바일을 기반으로 하는 비즈니스와 소비기 시장 규모를 크게 키워 나가고 있는 상황에서 어찌 보면 개인정보 유출은 피할 수 없는 숙명과도 같다. 지키려는 자와 뺏으려는 자의 싸움이 바로 개인정보를 두고 벌어지고 있는 것이다.

개인정보 유출은 개인정보 주체들이 직접 유출하는 것이 아니다. 개인정보가 유출된 입장에서는 분통이 터질 노릇이다. 물론 개인정보 유출에 따라 피해를 보는 개인들의 책임이 전혀 없는 것은 아니다. 회원 가입에 따라 개인정보를 제공하거나 이벤트, 상품 구입 과정에서 부수적으로 정보를 제공한 것은 분명 개인들이기 때문이다. 그렇다고 자신들이 제공한 정보를 기업이나 인터넷 사이트들이 부실하게 관리하여 예상치 못한 손해를 입어도 좋다고 동의한 것은 아니다.

개인정보 유출이 문제가 되는 것은 2차적인 피해를 입을 수 있다는 점 때문이다. 실제로 개인정보 유출 이후, 유출된 정보를 악용한 맞춤형 스미싱이나 보이스피싱 등 2차 피해가 더욱 교묘하고 정교해지고 있어 문제가 심각하다.

혹자는 우리나라만 유독 인터넷 보안이 취약해서 개인정보 유출이 일어난다고 말하기도 한다. 거대 글로벌 IT 기업들은 물론 국가 시스템까지 해킹의 대상이 되는 현실을 고려하면 우리나라에만 국한되는 문제는 아닌 듯하다. 다음은 디올, 뤼이뷔통 등 해외 기업들의 정보유출 문제가 얼마나 심각한지 보도하는 미주 〈뉴스토마토〉의 기사 자료이다.

개인정보 유출이 국내외를 불문하고 어떤 기업이든 어떤 종류의 사이트든 언제 어디서나 발생할 수 있는 문제가 된 이상, 예방을 위한 가장 중요한 노력은 각 개인들이 철저하게 자신의 정보를 보호하는 것이다. 그렇다면 어떻게 개인정보를 보호해야 할까?

첫째, 개인정보가 불확실한 곳에 수집되지 않도록 철저하게 관리를 해야 한다. 출처가 불분명한 웹사이트 가입이나 앱 설치

테무·디올도 개인정보 유출 '시끌'
개인정보 보안, 기업경영서 가장 중요한 이슈로 부상

국내 이용자 몰래 중국과 싱가포르 등에 이들의 개인정보를 넘긴 중국의 온라인 유통업체 테무가 과징금 처분을 받았습니다. 또 최근 프랑스 명품 브랜드 '디올(Dior)'도 해킹 공격에 따른 고객 개인정보 유출됐는데요. 해외 기업들이 개인정보 보호에 대한 책임 의식이 부족하단 지적이 나옵니다.

개인정보보호위원회(이하 개인정보위)는 지난 15일 테무에 대해 약 13억 6,900만 원의 과징금을 부과했다고 밝혔습니다. 앞서 개인정보위는 지난해 2월 테무를 비롯해 알리익스프레스 등 C커머스에 대한 개인정보 보호법 위반 여부 조사에 착수했는데요. 알리는 작년 7월 개인정보 국외 이전 위반 등을 근거로 과징금 19억 7,800만 원이 부과됐으나, 테무는 과징금 산정 기준이 되는 매출액을 제때 제출하지 않아 처분이 늦어졌습니다.

(중략)

　세계 최대 명품 그룹 LVMH(루이비통모에헤네시)의 대표 브랜드인 디올의 국내 고객 정보도 유출됐습니다. 크리스챤 디올 꾸뛰르 코리아(이하 디올)는 이달 13일 홈페이지에 "외부의 권한 없는 제3자가 디올 패션&액세서리 고객들의 일부 데이터에 접근한 사실을 발견했다"며 "영향을 받은 데이터에는 성함, 휴대폰 번호, 이메일 주소, 구매 데이터 등이 포함된 것으로 파악된다"고 공지했습니다.

디올은 은행 정보나 신용카드 정보, IBAN(국제은행계좌번호) 등 금융 정보는 포함되지 않았다고 강조했는데요. 하지만 디올은 사고를 인지했다고 주장하는 지난 7일부터 6일이 지난 13일에야 소비자들에게 안내를 했습니다. 이에 개인정보 유출에 대한 수사와 별개로 디올의 조치를 놓고도 조사가 진행될 것으로 보여집니다.
(생략)

자료 : <뉴스토마토>, 2025년 5월 16일

를 피하고, 과도한 개인정보를 요구하는 이벤트, 전화와 문자 메시지 등을 이용해 개인정보를 탈취하고자 하는 속임수에 절대 넘어가서는 안 된다.

둘째, 개인정보가 유출되었다고 판단되면 즉시 관련 웹사이트의 비밀번호를 변경하고, 한국인터넷진흥원KISA 개인정보침해신고센터에 신고하는 등 신속하고 효과적으로 대처해야 한다. 다음의 '개인정보 유출 방지 필수 체크 10가지'를 눈여겨보면 도움이 될 것이다.

개인정보 유출은 다양한 방식으로 가능하다. 보이스피싱이나 스미싱 등을 통해 얼마든지 각종 금융 범죄가 발생한다. 이런 경우에도 위에서 제시한 필수 체크 항목들은 유용하게 활용 가능하다.

개인정보 유출 관련 필수 체크 사항 10가지

1. 카드 사용 내역을 각 카드사나 금융 기관이 제공하는 알림서비스, 푸쉬서비스 등을 통해 꼼꼼하게 확인한다.
2. 알림서비스는 애플리케이션이나 모바일 금융을 통해 사전에 설치해 둔다.
3. 신용카드의 타인 부정 사용이 의심스럽다면 카드사 홈페이지, 콜센터 등을 통해 결제 내역을 추가로 확인한다.
4. 필요한 경우 카드사 홈페이지, 콜센터 또는 카드 영업점 등을 통해 카드 비밀번호 변경, 재발급 또는 카드 해지를 한다.
5. 만에 하나 정보 유출로 손해가 발생하더라도 전액 보상하니 염려하지 말고, 피해 내용을 카드사 홈페이지, 콜센터 또는 영업점에 신고하여 도움을 받는다.
6. 금융 기관이나 카드사는 어떠한 경우에도 문자 메시지를 통해 정보 유출 관련 안내를 하지 않는다는 것을 기억한다.
7. 출처가 불분명한 이메일이나 스마트폰 문자 메시지의 인터넷 링크는 절대 클릭하지 말고 즉시 삭제한다.
8. 공공 기관, 금융 당국 및 금융 회사 직원을 사칭하여 카드 비밀번호, 본인 인증코드(CVC) 등 중요 정보를 요구하는 경우 바로 끊는다.
9. 보이스피싱 등 금융 사기가 의심되면 즉시 경찰청(112), 금감원(1332) 또는 금융 회사 콜센터에 신고한다.
10. 24시간 운영되는 카드사 <피해신고센터>에서도 개인정보 유출 피해에 대응할 수 있도록 도와준다는 점을 기억한다.

자료 : 금융감독원(www.fss.or.kr) 자료 일부 수정

3장
각종 거래에 필요한 상식

돈을 빌리거나 빌려줄 때 챙겨야 할 차용증

　차용증은 금전이나 물건을 빌려 쓰는 증거로 채무자와 보증인이 작성하여 날인하고 채권자가 보관하는 문서이다. 차용증서는 후에 다툼이 있을 때를 위한 대비책으로, 차용증의 법적 효력을 발생시키는 중요한 내용을 명확히 기재하게 된다. 그 내용은 돈을 빌려주고 빌리는 당사자, 일시, 돈을 빌려준다는 취지, 금액, 빌려준 돈을 받았다는 취지, 이자 약정 등이다. 차용증은 쉽게 말해 돈을 언제 누구에게 얼마를 빌려 약속한 기간 내에 갚겠다는 내용의 약속을 문서화한 것이다. 차용증을 주고받을 때 중요한 몇 가지 참고 사항을 살펴 보자.

```
                          차 용 증

   채권자  성명 :       ( 인 )  (주민등록번호 :      -      )
          주소 :
   채무자  성명 :       ( 인 )  (주민등록번호 :      -      )
          주소 :

   차용금액 일금 :           원정(₩         )

           위 금원을 정히 차용하고 아래 조항을 이행할 것을 확약합니다.

   1. 이자는 연    %로 정하고 매월    일에 채권자의 주소지에 지참 변제하기로 함.
   2. 원금의 변제는    년   월   일로 하고 채권자의 주소지에 지참 변제하기로 함.
   3. 이자의 지급을 1회라도 연체할 때에는 채무자는 기한의 이익을 상실하고 채권자
      가    원리금 잔액을 청구하여도 채무자는 이의 없이 변제하기로 함.
   4. 본 채무에 관한 분쟁의 재판 관할은 채권자의 주소지를 관할하는 법원으로 정함.

   위 계약을 확실히 하기 위하여 이 증서를 작성하고 기명날인하여 각각 1부씩 보관
   한다.

                          20  년    월    일

                                          채권자          (인)
                                          채무자          (인)
```

첫째, 컴퓨터나 기타 기계 장치보다는 친필로 작성한 차용증이 바람직하다. 추후 당사자가 돈을 빌린 적이 없다고 잡아떼는 상황을 미연에 방지할 수 있다.

둘째, 인락認諾 문구를 반드시 기재하도록 한다. 인락 문구란 '정해진 기간 내에 돈을 갚지 않으면 채무자의 재산을 강제집행해도 좋다'라는 문구를 말한다. 조금은 매정하다고 느끼겠지만 막상 큰일이 벌어지는 상황을 막기 위해서는 꼭 기재하는 것이

중요하다.

셋째, 인락 문구에 더해 공증 사무소에 가서 차용증 공증을 받아 두면 더욱 좋다.

넷째, 정에 이끌리지 말고 차용증 양식의 각 항목을 철저하게 기입해 두어야 한다. 미안해서, 아는 사이에 너무 야박해서 등 다양한 인정적 요소에 끌려 모호하게 차용증을 작성하면 후일 분란의 가능성이 있다.

가급적이면 친한 사람과는 돈거래를 하지 않는 것이 상책이다. 어쩔 수 없이 돈을 빌려주고 받아야 한다면 양쪽 모두 꼼꼼하게 차용증을 작성하고 돈거래를 해야 한다. 그래야만 웃으면서 다시 만나는 사이로 남는다.

02 돈을 빌리거나 빌려줄 때 챙기면 좋은 약속어음 공증

약속어음 공정증서란 '어음 수표에 부착하여 강제집행을 승낙하는 취지를 기재한 공정증서'이다. 공증 사무실에서 강제집행을 인락하는 취지의 약속어음 공정증서를 작성하면, 그 공정증서가 집행권원이 되어 채무 불이행 시 별도의 소송 없이도 강제집행을 할 수 있다. 강제집행이란 채무자의 재산**부동산, 채권, 유체동산 등**을 처분하여 빌려준 돈을 돌려받는 것을 말한다.

약속어음을 공증하기 위해서는 공증 사무소를 당사자들이 직접 방문하거나, 어느 일방이 상대의 위임을 받아 단독으로 방문해도 된다. 일단 약속어음 공증을 하면 돈을 빌린 채무자가 약속한 기일에 채무를 변제하지 않는다면 채권자는 즉시 강제집행하여 채권을 회수한다는 장점이 있다. 채권자에게는 큰 장점이 특징이 채무자에게는 적지 않은 심적 부담 요인으로 작용한다. 특별한 사정이 없는 한 채무자는 약속어음 공증이 있는 채무를 우선 변제하고자 할 것이다. 약속어음 공증을 받아 두는 가

돈을 빌려주고 약속어음 공증을 받는 경우의 효과

Q 김유식 씨는 친한 거래처 대표로부터 급히 1,500만 원을 빌려 달라는 요청을 받았다. 그간의 관계가 있는 데다 평소 깔끔한 거래 관계를 유지하고 있었기에 차용증만 받고 선뜻 1,500만 원을 빌려주었다. 그런데 당초 약속했던 상환 기일이 한참 지났음에도 불구하고 미루기만 할 뿐 갚지 않고 있어 속이 타들어 가는 실정이다. 주변에 자문을 구해 보니 그냥 차용증 말고 약속어음 공증을 받아 두라고 한다. 과연 김유식 씨는 약속어음 공증을 받으면 빌려준 돈을 보다 쉽게 받을 수 있을까?

A 아무런 증빙 서류도 없이 덜컥 돈만 빌려주고 나서 정작 돈을 받지 못해 고통스러워하는 경우가 많다. 이 사례의 경우 그나마 차용증이라도 받았으니 그런 걱정은 없어 다행이다. 그러나 전후 관계를 미루어 보면 친한 거래처와 돈 문제 때문에 얼굴을 붉힐 수도 있는 상황인 만큼 신중한 접근이 필요하다.

혹여 아무런 증빙도 없이 돈을 빌려준 후 상대방이 돈을 상환하지 않는다면 몇 가지 방법이 있기는 하다. 가압류, 대여금 청구 소송, 약속어음 공증 등이 이에 해당된다. 이 중 돈 빌려 간 사람이 동의만 해준다면 약속어음 공증이 가장 간편하다.

법적으로 공증인이 약속어음에 부착하여 강제집행을 인낙한 취지를 기재한 증서에 대해서는 별도의 재판 절차 없이 수취인이 바로 발행인의 재산에 대하여 강제집행을 할 수 있다. 별도의 소송 절차가 필요치 않다는 뜻이다. 그러므로 채무자가 약속어음 공증에 동의한다면 공증을 받

> 아두는 것이 효과적이다.
> 아무리 공증이 편리하고 빌려준 돈을 확실하게 받을 수 있는 방법이라 할지라도, 돈을 빌려 간 사람(채무자)에게 갚을 능력이 없거나 있어도 자신의 재산을 빼돌린 경우라면, 채무자 명의의 재산을 돈을 빌려준 사람이 찾아내 집행해야 하는 수고를 견뎌야 한다.
>
> 자료 : 도시부자김사부

장 큰 이유이다.

위 사례를 보면 약속어음 공증이 돈을 빌려주고 이를 받을 수 있는 권리인 채권 확보를 위해 매우 유용한 방식이라는 것을 알 수 있다. 다만 약속어음도 다른 법률 행위와 마찬가지로 소멸시효가 있다는 점을 기억해 두어야 한다. 약속어음의 소멸시효 기간은 3년이라는 점을 잊지 말자.

03 웬만한 문제는 내용증명만으로 해결 가능

　내용증명이란 발송인이 수취인에게 언제 어떤 내용의 문서를 발송하였다는 사실을 우체국에서 공적으로 증명하는 등기 취급 우편을 말한다. 다시 말해 상대방에게 본인이 요구하는 내용을 우체국에서 확인하고 도장을 찍어서 3부를 작성하여 1부는 우체국이, 1부는 본인이 보관하며 1부는 상대방에게 보낸다. 즉, 어떤 내용을 몇 월 며칠에 누구에게 발송하였다는 증명이 되는 것이다.

　내용증명은 특별히 정해진 형식이나 내용이 있지는 않다. 그냥 자신이 전달하려는 내용을 중심으로 자유롭게 기술하면 된다. 내용증명을 보내는 이유와 자신이 생각하는 바람직한 해결 방안 등을 답변 기한을 정해 발송하는 것으로 충분하다.

> **내용증명서 작성 방식**
>
> - 최대한 6하 원칙에 의거해 전달하려는 내용을 쉽게 작성한다.
> - 보내는 사람과 받는 사람의 주소, 성명을 기재한다.
> - 총 3부를 준비한다(송부용 1부, 우체국 보관용 1부, 발신인 보관용 1부).
> - 내용증명서의 발신인, 수신인의 주소와 동일하게 우편 발송용 봉투에 주소를 기재한다.

　내용증명은 개인 상호 간의 채권.채무 관계나 권리와 의무를 더욱 명확하게 해야 할 때 주로 이용된다. 내용증명을 사용하면 유용한 점이 있다. 소멸시효 중단의 효과를 기대할 수 있다는 점이 가장 대표적이다. 소멸시효란 권리를 일정 기간 행사하지 않은 권리는 보호할 필요가 없다는 법 정신에 따라 만들어진 규정이다. 소멸시효에 걸리지 않기 위해서는 적법한 절차에 따라 자신의 권리를 주장해야 한다. 소멸시효가 완성되기 전에 채권자는 채무자를 상대로 소송이나 압류, 독촉 절차 등을 취해야 시효가 연장된다. 내용증명을 발송해도 소멸시효가 중단되는 것이다. 다만 내용증명에 의한 소멸시효의 중단은 6개월만 유효하다는 점은 기억해 두자.

　어떤 문서를 작성해 발송한 날짜를 우체국이라는 공인 기관에서 확인해 주는 것이 내용증명이다. 다시 말해 각종 법률 행위에 있어 확정일자의 효력도 갖는 것이다.

위와 같은 특성상 사소한 이유로 불거진 문제는 내용증명 발송만으로도 일정 정도 해결될 가능성이 높다. 물론 내용증명이 판결과 같은 법적인 효력이 있지는 않다. 내용증명으로 문제가 해결되지 않는다면 소송을 통해 해결해야만 한다.

04 연대보증이 폐지되었지만, 100% 없어지지는 않았다

연대보증이란 '보증인이 주채무자_{돈을 빌린 사람}와 연대하여 채무를 부담하는 보증 채무'를 말한다. 금전 거래 등에서 주채무자가 채무 이행을 하지 않을 상황에 대비하여 제3자의 재산으로 채권자의 채권을 담보하는 약속이다. 쉽게 설명하자면 주채무자가 빌린 돈을 갚지 않으면 보증을 선 사람_{보증인}이 대신하여 돈을 갚아야 하는 것이다.

연대보증에서의 보증인은 주채무자의 채무를 보증하므로 주채무자와의 관계에서는 채무가 0원이다. 다만 채권자와의 관계에서 보증인이 주채무자와 연대하여 채무를 부담하는 것이다. 연대보증은 성격상 채권의 담보를 목적으로 한다는 점에서는 보통의 보증과 동일하지만, 이에 더해 연대보증인에게 보충성과 최고이행의 항변권이 인정되지 않는다는 점이 특징이다.

'최고이행의 항변권'은 채권자가 주채무자에게 채무 상환을 청구해 보지도 않은 채 보증인에게 먼저 채무 상환을 청구할 경우에 필요하다. 주채무자에게 채무를 변제할 능력이 있고 집행하기도 쉽다는 사실을 증명하여, 먼저 주채무자에게 채무 상환을 청구하고 주채무자의 재산에 대해 집행할 것을 요구할 권리를 말한다.

연대보증을 받은 채권자는 주채무자와 연대보증인에게 동시에 채무 상환을 청구할 수도 있고, 연대보증인에게 먼저 채무 상환을 청구할 수도 있다. 물론 주채무자에게 채무의 상환을 청구할 수도 있다. 그 이유는 연대보증인에게는 최고이행의 항변권이 인정되지 않기 때문이다.

어느 날 친구로부터 전화를 받았다고 하자. 사업 자금 등으로 대출을 받는데 연대보증인을 요구한다고 말한다. 고민이 된다. 친구를 위해 연대보증을 서야 할까? 만약 연내보증을 선다면 최악의 상황에서 나에게 어떤 문제가 생길까?

친구가 대출을 받는다면 주채무자는 보증을 부탁한 친구가 되고 나는 보증인이 된다. 친구가 정상적으로 이자를 납입하고 대출금을 상환한다면 아무 문제가 없다. 문제는 친구가 대출받은 돈을 상환하지 못하는 때이다. 주채무자가 아님에도 친구를 대신해 내가 대출금을 상환해야 하는 상황에 직면하게 된다.

한때 연대보증은 사회적으로 폐해가 막심했다. 서서히 연대보증의 문제점을 깨닫고 폐단을 지적하는 목소리가 힘을 얻었다. 결국 2013년 7월 1일부터 제1, 2금융권 모두 개인에 대한 연대보증을 전면 폐지하였고, 이후 2018년부터는 법인 대표이사의 연대보증 또한 원칙적으로 폐지되었다. 하지만 이는 법률로 연대보증 제도를 완전히 금지한 것이 아니라, 금융당국의 정책과 업계의 자율적인 협약에 따른 것이다. 또한 기존의 연대보증에 의해 이루어진 대출 채무에 대한 의무까지 사라진 것은 아니다.

연대보증은 단순보증보다 확실하게 채권자의 담보 수단이 된다. 현재 금융권에서는 원칙적으로 연대보증을 받을 수 없지만, 여전히 개인 간의 금전 거래나 일부 예외적인 금융 상품에서는 연대보증이 활용되고 있는 실정이다. 채권자의 권한이 막강하다는 것은 채무자에게는 그만큼 불리하다는 의미이다. 특히 연대보증을 선 사람은 어느 날 갑자기 사전 예고도 없이 채권자로부터 채무를 상환하라는 청구에 직면할 수 있다는 점에서 매우 충격적이라고 하겠다. 사회에 막 진출한 사회 초년생일수록 정에 이끌려 아무 생각 없이 연대보증을 서는데, 반드시 피해야 한다.

05 보증은 절대로 서지 마라

'보증 잘못 서면 패가망신한다'는 말이 있다. 그 정도로 보증의 폐해가 극심하다는 방증이다. 보증은 통상 금전 거래에서 채무자가 채권자에게 빌린 돈을 갚지 않는 상황에 대비해 제3자인 보증인의 재산으로 채권자의 채권을 담보하는 제도이다. 보증이란 주채무의 존재를 요건으로 하며, 인적 담보 수단 중 가장 대표적이다. 보증은 구체적 법률관계의 내용에 따라 크게 단순보증, 금융권에서 공식적으로 폐지된 연대보증, 공동보증, 계속적 보증 등으로 구분된다.

단순보증이란 보증인의 재산으로 채권을 담보하는 것을 말한다. 주채무자가 채권자에게 빌린 돈을 갚지 않으면 보증인이 대신하여 돈을 갚는 보증이다. 연대보증이란 보증인이 채권자에 대해 주채무자와 연대해 채무를 부담하는 형태의 보증을 말한다. 공동보증이란 같은 주채무에 대해 여러 사람의 보증인이 각자의 행위로 보증 채무를 부담하는 형태이다. 계속적 보증이란 당좌대월 계약, 고용 계약, 임대차 계약 등 일정한 계속적 거래 관계 또는 법률관계로부터 장래에 발생할 불특정한 여러 채무를 보증하는 형태이다. 대표적인 계속적 보증의 유형으로는 계속적 거래 계약으로부터 발생하는 채무에 대한 근보증, 근로자의 손해배상 채무에 대한 신원 보증 등이 있다.

보증은 아무리 가까운 형제자매라고 할지라도 결코 해서는 안 되는 법률 행위라고 하겠다. 지혜로운 사람이라면 보증을 서기보다는 가능한 범위 내에서 금전적 지원을 해주는 쪽을 선택할 것이다.

참고로 보증을 섰다가 다른 사람의 채무를 대신 상환했다면 어떻게 해야 할까? 대신 상환한 채무에 해당하는 금액을 돌려받을 방법이 있다. 보증인이 주채무자를 위해 보증 채무를 대신 갚았다면 주채무자에 대한 구상권을 가지게 된다. 보증인의 구상권을 보증하는 것을 구상보증이라고 한다.

인감도장이나 인감증명서를 함부로 사용하지 마라

　인감도장이나 인감증명서는 다양한 경제활동에서 매우 중요하게 사용된다. 중요한 계약이나 법률 행위를 할 때, 건물이나 집을 사고팔 때 등 사용처가 매우 폭넓고 다양하다. 서명에 의한 거래가 활성화 되고는 있으나 여전히 인감도장과 인삼증녕서가 많은 거래에 폭넓게 활용되고 있는 것이 현실이다. 이처럼 폭넓고 다양하게 사용되는 인감도장이나 인감증명서를 잘못 사용하면 예상치 못한 큰 피해를 입기 십상이다.

> ### 차 사려고 한 달 전 숨진 부친 명의 인감증명서 위조한 아들
>
> 대출을 받아 차량을 구매하기 위해 사망한 부친 명의의 인감증명서 발급 위임장을 위조한 20대 아들이 1심에서 실형을 선고받았다.
>
> 26일 법조계에 따르면 수원지법 형사2단독 한진희 판사는 사문서위조, 위조사문서행사 혐의로 기소된 20대 남성 A씨에게 징역 6개월을 선고했다.
>
> 한 판사는 "죄질이 좋지 못하고 피고인이 과거 여러 차례 다른 범죄로 처벌받은 점은 불리한 정상"이라며도 "잘못을 반성하고 있고 동종 범죄로 처벌받은 전력이 없는 점 등을 참작했다"고 판시했다.
>
> A씨는 2022년 2월 22일 경기 수원시 한 행정복지센터에서 인감증명서 발급 위임장 용지에 한 달 전 사망한 부친 B씨의 인감도장을 날인하는 등 권리 의무에 관한 사문서인 B씨 명의의 인감증명서 발급 위임장 1장을 위조한 혐의다. A씨는 B씨 명의로 대출을 받아 차량을 구입하려 이 같은 범행을 저지른 것으로 확인됐다.
>
> A씨는 위임장 용지에 B씨를 위임자로, 본인을 대리인으로 적었다. 위임 사유란에는 '거동 불편'이라고 기재했다.
>
> 그는 이 인감증명서 발급 위임장을 행정복지센터 직원에게 건넨 것으로 파악됐다.
>
> 자료 : <중앙일보>, 2024년 10월 26일

위 기사는 자동차 구입을 위해 숨진 아버지의 인감증명서를 위조한 사건을 다루고 있다. 많지는 않지만 의외로 위와 같은 사례가 발생하곤 한다. 인감도장을 만든 이후에는 인감도장과 인감증명서 관리에 만전을 기울여야 한다. 인감보호신청 제도를 활용하면 인감증명서를 안전하게 관리할 수 있다.

인감보호신청은 행정 기관에 신고된 인감을 타인으로부터 특별히 보호받는 제도이다. '본인 외 발급 금지', '본인 또는 배우자 외 발급 금지' 등 발급 가능 대상을 지정할 수 있으며, 사기나 위·변조로 인한 피해를 예방하는 데 목적이 있다. 주소지와 상관없이 전국 어디서나 신청 가능하고, 신분증과 도장을 지참하여 가까운 시·군·구청, 읍·면 사무소, 동 주민센터를 방문하면 된다. 현재는 정부24(https://plus.gov.kr)를 통한 온라인 신청도 가능하다.

인감 제도는 익숙하기는 하지만 인감도장 제작, 관리, 사전 신고 등에 따른 불편이 있다. 2012년 12월 1일부터는 인감증명서와 동일한 법적 효력을 가지면서도 편리한 '본인서명사실확인' 제도가 시행되고 있다. 실로 100여 년만에 인감 제도가 변화를 맞은 것이다. 전국 시·군·구청, 읍·면 사무소, 동 주민센터에서 주민등록증, 자동차 운전면허증, 여권, 장애인등록증 등의 신분증을 제출하여 본인임을 확인받고 서명을 하면 '본인서명사실확인서'를 발급해 준다. 본인서명사실확인서는 인감증명서와 동일한 효력이 있다. 2025년 현재, 본인서명사실확인서는 전자문서 형태로도 발급 가능하며, 정부24를 통한 온라인 신청 후 공동인증서(구 공인인증서) 또는 간편인증(카카오·PASS 등)을 이용해 비대면 발급할 수 있다. 아직까지는 활용이 제한적이지만, 시간이 흐를수록 폭넓게 활용될 것으로 예상된다. 아직까지는 활용이 미진한 수준이지만, 시간이 흐를수록 폭넓게 활용될 것으로 예상된다.

소액소송은 변호사 없이도 가능하다

　소액소송이란 소송 당사자가 청구하는 금액이나 물건의 가치**소송가액**가 3,000만 원 이하인 사건**소액사건**을 말한다. 소액사건의 범위는 소송가액이 3,000만 원을 넘지 않는 금전, 그 밖의 대체물이나 유가증권 등의 지급을 목적으로 하는 사건이 된다. 소송가액이 3,000만 원이 넘는 사건인데도 신속하게 소액사건 재판을 받기 위해 인위적으로 청구를 분할한 경우는 인정되지 않으며, 설사 청구되더라도 각하된다.

　소액사건 재판은 신속한 처리를 위해 소장이 법원에 접수되면 즉시 변론기일을 지정하며, 원칙적으로 1회의 변론만으로 심리를 마치고 당일 또는 단기간 내에 선고를 한다. 다만 판사의 필요에 따라 1회 연장하기도 한다. 빠르게 소송이 종료되기 때문에 신속하게 채권 확보가 가능하다는 것이 소액사건 재판의 장점이다. 소액사건 재판에서는 변호사 선임 없이 당사자 본인이 직접 소송을 수행할 수 있고, 배우자나 직계존·비속, 형제자매 등이 법원의 허가 없이 대리인이 될 수 있다. 단 지방자치단체나 법인은 원칙적으로 변호사를 선임하여야 하고, 일부 예외적인 절차에서만 직원 등이 대리할 수 있다.

아무리 편리한 소송이라 해도 소송은 소송인만큼 재판과 관련해 주의할 점이 있다. 첫째, 핵심 쟁점 사항에 대한 진술 요지만을 일목요연하게 준비해야 한다. 둘째, 입증 증거를 충분하고 확실하게 준비해야 한다.

소송은 내실 있게 소장을 작성하는 것부터 시작된다. 소장은 소장표지, 소장본문, 인지대 납부서, 송달료 납부서 등으로 구성된다. 소장본문 외에 소장표지와 각종 납부서는 각각 A4 용지에 작성하면 된다. 소액사건 소장은 전자소송 https://ecfs.scourt.go.kr 을 통해 온라인으로도 제출할 수 있으며, 법원 민원실 또는 민사과에 소액재판신청서 소장 양식이 비치되어 있다. 법원에 비치된 소액재판신청서를 교부받아 간단히 기재하여 제출해도 된다. 만약 소장 작성이 어렵게 느껴진다면 법률구조공단, 대한법률구조공단, 법률홈닥터 등을 통해 상담이나 무료 대리 지원을 요청할 수도 있다.

지금까지 우리는 소액소송에 대해 살펴 보았다. 이쯤에서 한 가지만 더 파악해 두자. 굳이 소액사건 재판을 통하지 않고서도 간편하게 채권을 확보하는 방법이 있는지 여부이다. 과연 있을까? 바로 민사조정, 지급명령, 제소전화해 등이 그것이다.

　민사조정이란 민사 분쟁을 간단한 절차를 거쳐 당사자 사이의 이해를 조정해 해결하는 제도이다. 판사가 조정위원으로 참여하거나 조정전담법관이 중재 역할을 한다. 소송에 비해 인지대가 비교적 저렴하고, 정식소송에 비해 자유롭고 부담이 덜하다. 다음으로 지급명령은 채권자가 법원을 통해 채무자에게 채무를 이행하라고 명령해 달라고 신청하는 절차로, 서면심리로만 진행되고 변론기일 없이 판결 효력을 지니는 결정이 나온다. 비용이 저렴하고 빠르게 채권을 확보할 수 있다는 장점이 있다. 마지막으로 제소전화해는 양쪽 분쟁 당사자들이 소송 제기 전에 법원에 함께 출석하여 화해하여 화해조서를 작성하는 방식으로, 판결과 동일한 효력을 갖는다. 비교적 간단한 절차로 강제집행 가능한 채권을 확보할 수 있다.

　소액사건은 다양한 분쟁 해결책이 있다. 지나친 감정싸움과 물리적 충돌보다는 효과적으로 법에 호소하는 것도 지혜로운 분쟁 해결 방법이다.

대리인과 거래할 때 챙겨야 할 것은?

어떠한 거래를 하든 본인이 직접 거래를 하는 것이 좋다. 만약 대리인과 거래를 해야 한다면 당사자의 대리인임을 입증할 증거가 필요하다. 대리인임을 입증하지 않고 말만 믿은 채 거래했다가는 나중에 거래를 부인하는 등의 여러 가지 문제되는 상황이 발생할 수도 있다.

아파트 매매 계약을 체결하려고 부동산 등기부등본을 열람해 보니 소유자는 A인데, 아들이라는 B가 대리인으로 나왔다. 과연 계약에 필요한 서류로는 무엇이 있을까? 서류 없이 매매 계약을 체결했다면 어떤 문제가 발생할까?

보통 막무가내로 "내가 아들인데 계약하면 되지 않냐?", "부모님이 연로하셔서 대신 나왔다." 등등 이런저런 이유를 대며 대리인 자격을 갖추지도 않은 상태에서 믿고 계약하라는 사람들이 있다. 명심하자. 정상적으로 계약이 진행되려면 대리인은 매수자에게 부동산 등기부상 소유자로부터 적법하게 매매 계약에 관한 위임을 받았다는 증명을 제시해야 한다.

적법한 대리인 자격을 갖추지 않았음에도 대리인과 계약한다면 어떤 문제가 발생할까? 대표적으로 자주 등장하는 문제로 예를 들어 보자. 계약 이후 잔금을 지급하기까지 해당 부동산의 가격이 급등한다거나, 너무 저렴하게 매도했다는 생각이 든 소유자가 "내가 언제 도장을 찍었냐?"고 오리발을 내미는 것이다. 소송까지 간다 해도 결국 '원인무효' 판결을 받게 되어 계약 자체가 무효로 처리된다.

위와 같은 상황이 발생하지 않도록 소유자 A가 아들인 B에게 위임을 했다는 증명이 되는 서류를 구비했는지 계약 전에 꼭 확인해야 한다. 계약금과 중도금, 잔금 지급 역시 반드시 소유자 명의의 통장으로 입금해야 한다. 그래야만 추후 분란의 소지가 없는 합법적인 계약이 성립된다. 소유자와의 전화 통화도 보다 안전한 거래를 위해 꼭 필요한 과정이라 하겠다.

대리인과 계약 시 점검 포인트

1. 인감증명서 - 소유주가 직접 발급한 인감증명서
2. 위임장 - 인감증명서상 인감도장이 위임장에 날인되었는지 확인. 인감증명서의 도장과 위임장의 도장이 일치하지 않는다면 차후 무효 사유가 되므로 정확히 확인해야 한다.
3. 대리인의 신분증 - 위임장의 내용과 일치하는 대리인인지 여부를 확인. 대리인의 주민등록번호와 수임인의 주민등록번호가 일치하지 않는다면 차후 중대한 하자가 된다.
4. 등기부 등본 - 소유자의 소유권, 부동산의 권리관계 확인
5. 계약금과 중도금, 잔금 - 소유자의 명의로 된 통장에 직접 입금
6. 전화 통화 - 계약 전과 잔금 지급 전에 소유자와 직접 통화하여 계약 내용을 확인하는 것이 안전하다.

09 전세권 등기가 좋을까, 확정일자가 좋을까?

주택임대차보호법은 주택임대차 계약을 체결하고 이사를 한 후 즉시 전입신고와 확정일자를 받으면 제3자에 대항할 수 있다고 규정하고 있다. 이때 대항한다는 의미를 잘 알아야 한다. 주택임대차보호법에서 규정하고 있는 '대항력'은 전세권 등기와 동일한 효력이 있다는 의미이다. 임차인이 주택에 전세로 이사한 이후 전입신고와 확정일자를 갖춘 경우라면 전입신고를 한 날의 다음날부터는 어떤 권리보다 우선해 보증금을 보호받을 수 있는 것이다.

다만 전세권과 '대항력' 사이에는 중요한 차이가 하나 있다. 전세권은 설정등기에 의해 임차한 주택의 점유 내지는 전입신고, 확정일자 유무와 관계없이 효력이 유지된다. 반면 주택임대차보호법에서 규정하고 있는 대항력은 점유 및 전입신고와 확정일자가 필수적 요건이라는 것이다.

확정일자를 받은 계약서를 분실하면 문제가 발생한다. 계약서 관리에 만전을 기해야 한다. 예를 들어 2024년 1월에 이사를 하고 전입신고와 확정일자를 받았다고 가정하자. 집주인이 같은 해 7월에 은행에서 대출을 받았는데, 2025년 2월 전세 계약서가 분실된 사실을 알았다. 세입자가 다시 계약서를 작성해 확정일자를 받았다면 배당 순위가 은행 대출 다음이 된다. 향후 집주인에게 사정이 생겨 경매 등을 통해 주택이 매각되면 매각 대금에서 전세 보증금을 전액 배당받지 못하는 상황에 처할 수도 있다.

임차인 임의대로 임대인의 동의 없이 주택임차권을 경제적 목적으로 활용할 수 없다. 전세권 등기와 대조되는 부분이라고 하겠다. 민법 제306조는 "전세권자는 전세권을 타인에게 양도 또는 담보로 제공할 수 있고 그 존속 기간 내에서 그 목적물을 타인에게 전전세 또는 임대할 수 있다. 그러나 설정행위로 이를 금지한 때에는 그러하지 아니하다"라고 규정하고 있다. 전세권 노 물권이어서 '전세권 설정 당시 목적물을 타인에게 양도 또는 담보, 전전세, 임대할 수 없다'라는 금지 약정만 하지 않는다면 부동산 소유권과 마찬가지로 매매나 담보의 대상이 될 수 있는 것이다.

전세권을 담보로 은행에서 대출을 받거나, 채무 있는 전세권자가 채무 상환을 하지 않으면 전세권을 대상으로 법원에 경매를 신청해도 된다. 이런 이유로 민법 제 307조는 "전세권 양수인은 전세권 설정자에 대하여 전세권 양도인과 동일한 권리의무가 있다"라고 규정하고 있다.

반면 주택임대차보호법에 따른 대항력을 갖춘 임차인은 임대인의 동의 없이 임차권의 양도, 전대, 담보 제공을 하지 못한다. 만일 이에 반하는 행위를 하면 계약 해지의 사유가 된다. 곧 경제적 활용성 측면에서 전세권 등기가 우월하다는 의미이다.

요약하면 보통의 경우라면 굳이 비용을 들여가면서까지 전세권 등기를 할 필요가 없다. 등기사항전부증명서상 자신의 전세 보증금이 1순위라면 주택임대차보호법상의 대항력 요건만 충족해도 보증금을 보호받는 데 아무 문제가 없다. 물론 어떤 사정에 의해, 혹은 경제적 활용성까지 고려해야 한다면 임대인의 협조를 얻어 전세권 등기를 해두는 편이 좋다. 선택은 당사자의 몫이다!

10 부동산 계약 시 반드시 챙겨야 할 등기사항전부증명서

부동산 계약 시 반드시 준수해야 할 사항들이 많이 있지만, 그중에서도 '등기사항전부증명서', 일명 등기부등본 확인은 매우 중요하다. 간혹 건축물대장이나 토지대장, 임야대장 등에 기재된 용도와 면적이 등기사항전부증명서상의 용도, 면적 등과 차이가 나는 경우도 있다. 매매 계약이 종료된 이후 문제를 제기하면 해결에 많은 시간이 소요된다. 계약 단계에서 철저하게 점검하는 것이 유리하다.

대학생이나 사회 초년생이 필요에 의해 자취방을 전세로 구한다고 가정해 보자. 계약하기에 앞서 등기사항전부증명서를 확인해 보자 과도한 근저당권이 설정되어 있는 사실을 발견했다면 어떻게 행동해야 할까?

먼저 자신의 전세 보증금에 은행 융자금을 더한 금액을 해당 주택의 주변 시세와 비교하는 과정이 필요하다. 만약 해당 주택이 경매를 당해도 보증금을 회수할 수 있을지를 예측해 보아야 한다. 기준 공식은 '주변 주택의 시세×0.7 〉 은행 대출금+전세 보증금'이다. 공식이 성립한다면 우려하는 상황에 처할지라도 전세 보증금을 안전하게 회수할 수 있다. 그 반대라면 보증금 전액을 확보하기 어렵다.

부동산 등기사항전부증명서를 확인하는 것은 자신의 재산과 직접적으로 연결되는 매우 중요한 과정이다. 그런데도 대부분의 대학생이나 사회 초년생들은 등기사항전부증명서 확인을 소홀히 하는 경향이 있다. 등기사항전부증명서에 기재되어 있는 용어들이 낯설고 어떤 의미를 갖는지 몰라서 신경을 쓰지 않는 것은 이해가 간다. 그런 경우라면 공인중개사 사무소를 이용하면 된다.

보증금 없이 월세만으로 집을 구하는 사람이라면 상관없을 수도 있다. 적지 않은 보증금을 지불해야 하는 사람이라면 안전하게 공인중개사 사무소를 이용하는 편이 바람직하다. 물론 중개 수수료를 지급해야 해서 아깝게 느껴질지도 모르겠다. 사실 10만 원이 중개 수수료가 부담 없는 금액은 아니다. 그래도 최악의 상황이 발생해 보증금을 날리게 된다면 어떻게 될까? 중개 수수료보다 엄청나게 큰 대가를 치르고 만다.

등기사항전부증명서를 살펴봄으로써 건물의 용도나 면적과

함께 적법한 건물주와 계약을 체결하는지도 확인 가능하다. 건물주가 제시한 신분증의 인적 사항과 등기사항전부증명서의 인적 사항이 일치하는지 대조해 보면 된다. 그 외에도 다양한 사항이 유추가 되므로 등기사항전부증명서를 확인하는 과정은 너무나도 중요하다.

3부。

시사경제상식 아는 척하기

1장

금리 기본 상식

금리란 무엇인가?

금리는 다양하게 정의된다. 가장 단순하고 직접적으로 정의하면 '돈을 빌릴 때 부과되는 사용료'라고 할 수 있다. 일상생활을 하다 보면 돈이 부족하여 은행이나 다른 사람에게 돈을 빌려야 할 경우가 생긴다. 다른 한편으로 남은 돈을 은행에 예금하거나 다른 사람에게 빌려주는 경우도 있다. 돈을 빌린 사람은 일정기간 동안 사용한 후 원금 외에 돈을 빌려 쓴 대가인 이자를 지급한다. 원금에 대한 이자의 비율을 이자율 또는 금리라고 하는 것이다.

내 집 마련을 하든, 조그만 가게를 창업하든 자금이 긴급히 필요하면 금융권에서 대출을 받는다. 대출 신청에서 가장 중요하게 고려하는 것이 바로 금리이다. 개인뿐만 아니라 기업도 특정 사업이나 사업 프로젝트를 수행하기 위해 금융권에서 필요한 자금을 차입한다. 다시 말해 대출을 받는다. 금융권에서 대출을 받는 기업도 가장 중요하게 고려하는 것이 대출금리이다. 100만 원 대출에 연이율이 1%라면 연간 납부해야 할 이자는 1만 원이 된다. 금리가 2%라면 연 이자는 2만 원이 된다. 금리 상승이란 이자율 상승을 말하며, 대출을 받은 개인이나 기업은 이자 부담이 증가한다.

과도한 이자 부담은 개인의 소비를 감소시키는 한편, 기업의 연구개발비 지출을 감소시키고 신규 사업을 위한 투자를 줄이게 만든다. 전체적으로 경제에 큰 부담이 된다. 기업이 연구개발비를 줄이고 신규 사업에 대한 투자를 줄인다면 글로벌 경쟁이 더욱 심화되고 있는 경제 상황에서 도태되고 만다. 그로 인해 부도가 나거나 대규모 감원이 뒤따른다. 이런 이유로 정부는 적정 수준으로 금리를 조정하여 가계 부문의 소비 증진을 도모하고, 기업활동을 촉진시켜 경제가 선순환하도록 유도한다.

대출금리가 지출과 직접 연결되는 금리라면 예금금리는 수입과 직접적으로 연결되는 금리이다. 우리가 은행에 저축을 하면 그 대가로 은행에서 예금에 대한 이자를 지급한다. 예금금리가 높아지면 더 많은 이자를 받는다. 예금금리 상승은 곧 저축을 한 개인이나 기업들의 이자 수익 증가로 연결된다. 예금이 많아지면 많아질수록 경제 전반에 긍정적 작용을 하게 된다. 예금이 곧 개인이나 기업의 다양한 자금 수요를 위한 대출의 원천이 되기 때문이다.

    이상과 같이 경제에서 금리는 매우 중요한 역할을 담당하고 있다. 금리에 대한 이해는 매우 중요하다.

02 금리의 종류

　금리는 계산 방법에 따라 단리와 복리로 나뉜다. 단리는 원금에 대해서만 이자를 계산하는 방법이고, 복리는 원금에 대한 이자뿐만 아니라 이자에 대한 이자도 함께 계산하는 방법이다. 단리 연 10%로 100만 원을 2년 동안 예금하면 발생 이자는 총 20만 원이 된다. 동일한 금액을 복리로 2년 동안 예금하면 이자로 받는 금액은 21만 원이 된다. 첫 1년 동안 이자 10만 원이 붙은 원금 110만 원에 다시 연 10%의 이자가 붙기 때문이다. 복리는 이자에 이자가 붙으므로 단리보다 많은 이자를 받는다.

　금리는 돈의 가치, 다시 말해 물가의 변동을 고려하느냐, 하지 않느냐에 따라 명목금리와 실질금리로 구분된다. 명목금리는 돈의 가치 변동을 고려하지 않은 금리이며, 실질금리는 명목

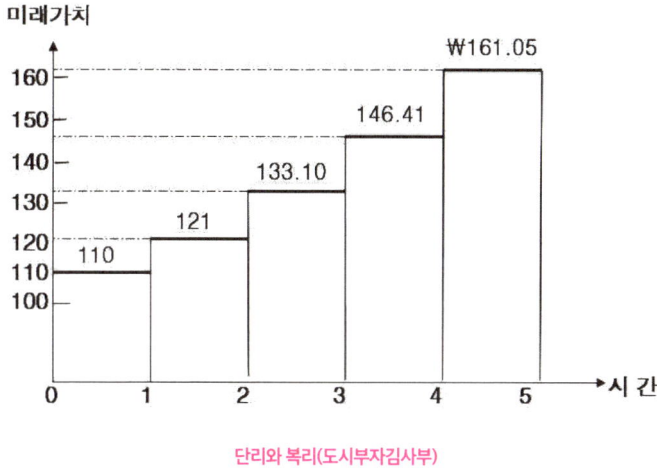

단리와 복리(도시부자김사부)

금리에서 물가상승률을 뺀 금리이다. 다시 말해 기대 인플레이션율을 빼고 남은 금리이다. 우리가 돈을 빌리고 빌려줄 때는 명목금리로 이자를 계산하지만, 실제로 기업이 투자를 하거나 개인이 예금을 할 때는 실질금리가 얼마나 될지 많은 관심을 갖게 된다.

   금리는 표면금리와 실효금리로도 구분된다. 표면금리는 겉으로 나타난 금리를 말하며, 실효금리는 실제로 지급받거나 부담하는 금리를 말한다. 한편 금리는 자금이 거래되는 금융 시장을 기준으로도 구분한다. 먼저 중앙은행과 금융 기관 사이의 거래에 적용되는 금리로는 한국은행의 재할인금리가 있다. 또한 금융 기관 사이의 단기자금 거래가 이루어지는 콜 시장에서 형성되는 콜금리가 있다.

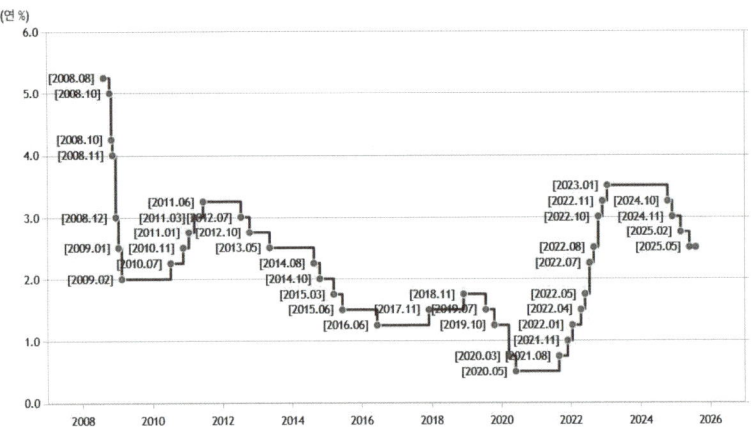

기준금리 추이 * 단, 2008년 2월까지는 콜금리 목표(한국은행, www.bok.or.kr)

은행이 같은 은행 혹은 금융권, 기업, 개인에게 이자를 주고 단기간으로 돈을 빌리는 경우가 있다. 이때 적용되는 금리가 콜금리이다. 돈을 빌려주는 것을 콜론call loan, 빌리는 것을 콜머니 call money라고 한다.

콜 시장은 콜이 거래되는 시장이다. 콜 금리는 금융기관들 사이에 이뤄지는 자금 거래의 척도인 만큼 일반 기업이나 가계와는 연관성이 적다. 하지만 시중의 자금 수급에 따라 금리의 높낮이가 결정된다는 측면에서 금융기관의 자금 사정을 반영한다. 자금 시장을 들여다 보는 중요한 지표인 셈이다.

금리를 논하며 빼놓을 수 없는 것이 바로 기준금리이다. 기준금리는 한 국가의 기준이 되는 금리를 말한다. 우리나라는 매월 한국은행 금융통화위원회가 기준금리의 인상, 동결, 인하를 결정한다. 기준금리는 정확한 표현으로는 7일물 환매조건부채권 RP, Repurchase Agreement 금리이다. RP는 정해진 금리대로 이자를 지급하고 되사는 조건으로 발행되는 채권이다. 보통 국공채 등을 담보로 한다.

한국은행은 RP를 은행 등에 팔거나 다시 사들이면서 돈을 빌려 오거나 빌려준다. RP 금리, 곧 기준금리가 높으면 시중에서 돈이 회수된다. 은행들은 RP를 사면 높은 이자를 받으므로 가지고 있는 돈을 한국은행에 맡기는 것이다. 반대로 금리가 낮으면 시중에 돈이 풀려 나간다.

기준금리가 중요한 이유는 금융 당국이 이를 통해 거시경제를 관리하기 때문이다. 시중에 돈이 많이 풀려 경기가 과열되면 한국은행은 기준금리를 올려 돈을 회수한다. 반면 경기가 침체되어 돈이 잘 돌지 않으면 한국은행은 기준금리를 내려 시중에 돈을 푼다.

2008년 9월 미국 리먼브러더스의 파산으로 촉발된 글로벌 경제 위기가 우리나라에 영향을 미쳤다. 한국은행은 경기 침체를 막기 위해 2008년 10월부터 2개월 동안 5%의 기준금리를 3%까지 내렸다. 2009년 2월에는 2%까지 내려 시장에 더 많은 돈을 풀었다. 이후 기준금리는 서서히 상승하여 2017년 11월 기준 1.50% 수준까지 상승했고, 이후 글로벌 양적완화와 국내 경기 여건 변화 등을 반영하며 기준금리는 오르내림을 반복하다

최종적으로는 2022년 1월 14일 1.25%까지 하락하였는데, 2025년 5월 29일 현재 기준금리는 2.50%이다.

시중에 돈이 많이 풀리면 통화량 증가로 돈의 가치가 떨어져 물가가 오르는 부작용이 나타난다. 물가가 오르는 것을 막으려면 기준금리를 인상하여 시중에 풀린 돈을 회수해야 한다. 한국은행이 기준금리를 올리는 목적은 종국적으로 시중에 풀린 돈을 회수하여 물가안정을 도모하는데 있다.

마지막으로 CD 금리양도성예금증서 91일물 기준 금리는 시중 유동성의 척도이다. CD 금리가 오르면 은행이 자금 조달을 위해 더 많은 이자를 지불한다는 것을 의미하고, 금리가 낮으면 유동성이 풍부하다는 것을 의미한다. 2025년 7월 말 기준 CD91일물의 수익률은 연 2.51% 수준인데 이는 시장에 자금이 비교적 풍부하다는 시그널로 해석된다. 기준금리와 CD 금리의 추이는 국내 자금 흐름과 유동성 수준을 보여주는 중요한 척도가 된다는 점을 기억하자.

03 금리는 어떻게 결정될까?

　금리는 금융 시장에서 결정되는데, 기본적으로 자금의 수요와 공급에 의해 결정되는 것이다. 자금의 공급보다 수요가 많으면 금리는 올라가고, 반대로 공급보다 수요가 적으면 금리는 떨어진다.

　과거 우리나라는 금융 시장이 발달되지 않은 가운데 경제 개발을 추진하였다. 그 과정에서 부족한 자금을 국가 경제의 중요한 부문에 우선적으로 공급하기 위하여 금리를 정책적으로 규제하여 왔다. 1980년대에 들어서면서 경제가 지속적으로 높은 성장을 이룩하는 동시에 금융 시장 역시 커다란 발전을 보이자 금리 규제를 완화하기 시작하였다. 1995년 10월 이후에는 대부분의 대출금리가 자유화되었고, 예금금리도 일부 요구불예금보통예금, 당좌예금 등 등을 제외하고는 모두 자유화되어 금융시장에서 자율적으로 결정하고 있다. 현재 우리나라의 각 금융시장별로 주요 금리의 결정 과정을 살펴 보면 다음과 같다.

첫째, 우리나라의 중앙은행인 한국은행은 기준금리를 통하여 시장금리에 영향을 주고 있다. 이때 적용되는 기준금리는 금융통화위원회에서 결정된다. 한편 기준금리는 한국은행이 금융기관에 자금을 빌려줄 때 적용하는 정책금리이며 시중은행의 대출·예금금리 및 금융시장 전반의 금리 수준에 영향을 준다. 과거에는 상업어음 재할인, 어음담보대출 등에 적용되는 재할인금리가 중요한 수단이었으나, 현재는 기준금리를 중심으로 하는 공개시장운영과 지급준비금 제도 등이 주요 통화정책 수단으로 활용되고 있다.

둘째, 예금금리는 요구불예금 등 일부 예금을 제외하고는 대부분의 예금금리가 자유화되어 은행들이 자유롭게 결정하고 있다. 대부분의 예금상품은 은행별, 상품별, 만기별로 금리가 달라지고, 같은 예금 종류라 하더라도 예금 상품에 가입한 은행에 따라 적용 금리가 다른 것이 일반적이다. 인터넷 전문 은행카카오뱅크, 토스뱅크 등의 등장과 온라인 비교 플랫폼 확산의 영향으로 예금금리는 더욱 치열한 경쟁적 구조에서 형성되고 있다.

셋째, 금융기관의 대출금리는 정책금융 상품농업·축산업·수산업 및 중소기업 정책자금 등 정책적인 목적의 대출을 제외하고는 모두 자유화되어 있다. 대출금리는 보통 기준금리Libor, 코픽스, CD금리 등에 가산금리를 더한 형태로 결정되며, 가산금리는 신용등급, 담보유무, 대출기간, 소득수준 등에 따라 결정되는 구조이다.

한편 은행들이 대출금리를 적용하는 방식을 보면 각 은행들이 규정하는 기준에 부합하는 우량 고객에게 일반 고객보다 낮은 수준의 금리를 적용해 주고 있다. 신용상태가 좋은 우량 고객이나 기업은 낮은 금리가 적용되고, 신용등급이 낮거나 고위험군에 속하는 고객에게는 당연히 더 높은 금리가 적용된다.

금리 움직임은 경제의 많은 부분에 영향을 미치기에 그때그때 상황에 적합하도록 조절하는 것이 중요하다. 따라서 중앙은행인 한국은행이 물가안정과 금융시장 안정, 경기 대응을 고려하여 기준금리를 조절하고 이를 통해 유동성과 인플레이션을 관리하는 것이야 말로 오늘날 어느 국가에서나 거시 경제정책의 핵심 목표가 되고 있다.

금리가 채권시장을 쥐락펴락한다?

　금리는 채권시장에 적지 않은 영향을 미친다. 다음은 금리가 채권시장에 어떻게 영향을 주는지 잘 보여 주는 기사의 일부이다.

　위 신문 기사를 참고하면서 금리와 채권시장의 관계를 간략히 살펴 보자. 채권의 경우 유통수익률이라는 것이 있다. 원칙적으로 채권은 만기까지 보유해야 하지만 의무는 아니다. 채권 투자자들의 의사 결정에 따라 보통 채권시장에서 만기 이전에 사고 팔리게 된다.

　여기서 금리가 오르는 상황을 가정해 보자. 금리가 오르면 채권시장에서 거래되는 채권의 매매수익률이 떨어진다. 당연히 채권 가격도 떨어질 수밖에 없다. 시장에서 거래되는 채권을 매입

금리인하기 채권투자 최적 선택…'묻지마 장기채'는 경계

'채권개미'라면 금리인하기라는 힌트에 주목할 만하다. 채권을 낮은 가격에 사서 추후에 비싸게 팔 기회가 있다는 뜻이다. 좀 더 높은 금리를 좇아 비우량 채권도 눈 여겨 볼 수 있다. 다만, 이 때 신용등급과 상환 리스크 체크는 필수다.

15일 금융투자협회 채권정보센터에 따르면, 국고채 3년물과 10년물 금리 스프레드는 2025년 6월 10일 기준 44.6bp(1bp=0.01%p)로 집계됐다. 이는 지난 4월 말(29.6bp)과 비교시 큰 격차다. 특히, 국고채 3년물이 2.2~2.3%대에서 움직이는 동안, 국고채 10년물은 2.5~2.8%대를 기록해 10년물 금리 변동의 폭이 컸다.
(중략)
다양한 변수가 상존하는 금리인하기에 '채권개미'들은 주의할 점도 많다. 특히, 너무 먼 미래를 내다본 장기물에 '묻지마 투자'를 하는 것은 리스크가 크다. 장기 국채의 경우 중도환매 할 경우 가격 변동성이 크다. 채권시장의 한 관계자는 "예상과는 다른 요인으로 금리가 상승 시 장기채의 원금 평가손실 가능성을 인지하고 투자할 필요가 있다"고 말했다.

또 다른 증권사 채권 부문 담당자는 "이미 시장금리는 많이 내려갔기 때문에 매매 차익을 생각할 경우 신중하게 결정해야 한다"고 조언했다.
(생략)

자료 : <한국금융>, 2025년 6월 16일

했을 때 발생하는 이익보다 새로 발행되는 채권 금리가 높다의 조건이 더 매력적이기 때문이다. 금리가 하락한다면 반대의 상황이 발생한다. 결국 채권 가격은 시장이자율의 변동에 따라 결정되는 것이다.

금리_{이것은 시장이자율을 의미함}가 오르면 채권 가격이 하락한다. 채권시장 참가자들은 가격 하락에 따라 상대적으로 주식보다 투자 매력도가 커진 채권 투자에 관심을 갖게 된다. 반대로 금리가 내려가면 채권 가격이 상승한다. 채권 가격이 오르면 채권시장 참가자들은 차익을 실현하고 채권 시장에서 빠져나간다. 다시 말해 채권도 주식과 마찬가지로 쌀 때 사서 비쌀 때 파는 투자 원칙이 지켜지는 것이다.

요약하면 금리가 오르면 채권 가격이 떨어져 채권 수익률이 올라가고, 금리가 내리면 채권 가격이 올라가 채권 수익률이 낮아지는 것이다. 금리와 채권시장은 반비례 관계가 성립한다고 할 수 있다.

국내 금리도 글로벌 변수의 영향을 받는다

세계 경제가 글로벌화되면서 다양한 경제 변수들의 변동에 따라 전 세계가 함께 반응하는 모습을 보이고 있다. 예를 들어 미국채 금리 하락은 글로벌 자금 흐름의 변화를 유발하며, 미국 경기가 둔화된다는 우려는 국내 금리 하락의 배경이 되어 국내 통화 정책 및 금리 전망의 주요 변수가 된다. 2011년 이후 크게 이슈화되었던 유로존의 경제 위기가 국내 경제에 미친 충격파는 엄청난 수준이었다. 유로존 위기와 함께 신용 평가 기업인 스탠더드앤드푸어스[S&P]가 미국의 국가 신용 등급을 'AAA'에서 'AA+'로 한 단계 하향 조정하자, 우리나라는 인플레 압력에도 불구하고 금리 동결 카드를 꺼내 드는 상황에 내몰린 적도 있었다.

실제로 스탠더드앤드푸어스가 미국의 국가 신용 등급을 'AAA'에서 'AA+'로 한 단계 하향 조정한 이후 세계 금융시장에 엄청난 후폭풍이 몰아닥쳤다. 미국 다우존스지수는 심리적 지지선이라 할 1만 2,000선이 무너졌고, 세계 각국의 증시는 급락했다. 우리나라 증시도 급락을 면치 못한 것은 물론이다. 외국인들이 국내 주식을 대거 매도하면서 코스피 지수는 단기간 내 1,700선까지 하락했고, 원·달러 환율은 급등하는 등 금융시장이 요동쳤다.

이는 외국인 투자자들이 한국 주식의 30~35%를 보유하고 있는 상황에서, 글로벌 리스크에 민감하게 반응한 결과였다. 이와 같은 해외 경제 충격은 한국은행의 기준금리 결정에도 영향을 미쳐, 당시 한국은행은 인플레이션 우려에도 불구하고 기준금리 3.25%를 그대로 동결했다. 금융시장 불안에 따른 소비·투자 위축을 방지하기 위한 조치였다.

이처럼 해외의 경제위기나 금융 불안은 우리나라 주식시장과 환율, 금리에 직접적이고 즉각적인 영향을 미치며, 이는 곧 한국은행의 통화정책기준금리 조정에도 큰 변수로 작용한다. 국내 기준금리는 단지 국내 물가나 성장률만 고려해 결정되는 것이 아니다. 글로벌 경기, 외국의 금리 정책, 외국인 자금 유·출입, 글로벌 신용등급 변동 등 외부 요인까지 고려해야 하는 복합적인 정책 수단이 바로 기준금리이다.

이상에서 보듯 국내 금리는 글로벌 변수의 변동에 따라 민감하게 반응한다. 국내 금리의 흐름을 점검하면서 경제활동에 참여하는 것이 중요한 이유이다.

코로19 팬데믹 초기 사례

2020년 3월, 코로나19가 팬데믹으로 확산되자 미국을 비롯한 세계 각국의 증시는 폭락장을 맞이했다. 미국 연방준비제도(Fed)는 기준금리를 0~0.25%로 인하하고 대규모 양적완화를 시행했고, 이에 발맞춰 한국은행도 같은 달 3월, 기준금리를 기존 1.25%에서 0.75%로 전격 인하했다. 이는 사상 처음으로 0%대 기준금리를 도입한 결정이었고, 글로벌 충격에 대응한 매우 이례적인 조치였다.

당시 코스피는 1,400선까지 폭락했으며, 외국인 투자자들의 순매도 규모는 한 달에만 10조 원을 넘겼다. 한국은행은 외환시장 안정을 위해 미 연준과의 통화스와프 체결에도 나서면서, 외부 요인에 대한 충격 흡수를 위해 금리 인하 외에도 다방면의 금융정책 수단을 동원했다.

자료정리 : 도시부자김사부

06 금융 위기를 알면 금융 시장을 이해한다

지난 2008년 미국에서 촉발되어 전 세계 금융 시장을 끔찍한 공포에 떨게 했던 서브프라임 모기지Subprime Mortgage에서 시작된 금융 위기. 그 전개 과정을 통해 우리는 미국이나 유로존 등 영향력 있는 경제권의 위기가 더 이상 남의 이야기가 아니라는 사실을 뼈저리게 깨달았다. 서브프라임 모기지란 부실 가능성이 매우 높은 계층을 대상으로 한 모기지 상품을 말한다. 서브프라임 모기지 상품을 기초로 파생된 금융 상품이 기획되어 유통되었는데, 기초 상품인 서브프라임 모기지가 부실화되면서 전 세계를 공포에 떨게 했던 금융 위기가 시작된 것이다.

서브프라임 모기지를 기초로 한 파생 금융 상품은 불건전한 자산서브프라임 모기지을 칼질하여 임의대로 묶은 후 투자 가치가 있으면서도 안전한 상품인 것처럼 만들면서 문제가 되었다. 쉽게 말하자면 상한 고기와 썩은 야채를 갈고 빻아서 햄버거를 만들어 놓고 웰빙 음식이라고 팔았다는 것이다.

실제 가치가 10억 원인데 대출은 20억 원을 끼고 있는 아파트가 있다. 그 아파트를 200등분한 후 다른 좋은 아파트 지분을 일부 섞어서 부동산 투자 상품이라고 만들어 냈다. 광고는 좋은 아파트 지분을 싸게 살 수 있는 기회라고 했다. 마침 부동산 경기가 좋아 날개 돋친 듯 팔려 나갔다. 그러다 영원할 것만 같던 부동산 경기가 불황으로 접어들면서 아파트 가격이 5억 원으로 하락했다. 이제 투자자들은 어떻게 될까? 물어보지 않아도 뻔한 결과이다. 부도 직전에 내몰린 부동산 투자자들은 눈물을 흘려야 한다.

위에서 언급한 과정을 바보같이 판매하고 사들였던 금융 기관들이 투자은행IB, Investment Bank이었고, 대표적인 회사가 리먼 브러더스, 베어스턴스, JP모건 등이었다. 일단 휴지 조각으로 변한 서브프라임 모기지가 문제되자 고객들은 앞을 다퉈 현금화를 요구했다. 미국→서브프라임 투자 기관→개인 투자자 등으로 번지면서 엄청난 도미노를 일으켰다. 이것이 바로 글로벌 금융 위기의 본질이었다.

글로벌화되어 있는 세계 경제의 흐름 속에서 미국 혼자 모든 책임을 지는 시대는 지났다. 더욱이 수출이 경제에서 막대한 비중을 차지하고 있는 수출 주도형 경제라는 특징이 있는 대한민국은 더욱 충격에 노출되어 있다. 실제로 서브프라임 모기지발 글로벌 금융 위기는 직접적으로 대한민국 금융시장에 영향을 주었다. 세계 경제가 서로 밀접하게 연관되어 있기 때문이다. 언제든 세계적인 금융 위기는 찾아올 수 있다. 글로벌 양적완화가 그랬던 것처럼 특히 풍부한 유동성이 자산 시장에 거품을 만들면 언제든 금융위기로 이어질 수 있고, 그렇게 될 경우 언제 글로벌 금융 위기가 찾아온다 해도 이상할 것이 없다고 볼 수 있는 것이다.

또다시 글로벌 금융 위기가 찾아온다면 곧 세계적인 금융위기를 의미한다. 세계 경제의 흐름에 유연하게 대처해 나가기 위해서는 평소부터 전 세계 금융시장의 흐름을 면밀히 점검하는 습관을 가져야 할 것이다.

07 금리와 주식시장 사이의 함수 관계는?

　금리가 낮아지면 투자자들은 은행 예금에 큰 매력을 느끼지 못하고 다른 투자처를 찾게 된다. 그 자금들이 들어올 곳 중 하나가 바로 주식시장이다. 주식시장으로 자금이 유입되면 주가지수는 자연스레 올라가고, 낮은 금리로 인해 사업하기가 수월해진 기업들은 더욱더 투자를 늘리려고 할 것이다.

　기업들은 사업이 잘되면 잘될수록 사업을 확장한다. 일자리를 만들어 고용을 창출하며, 다른 한편으로는 공장을 더 짓기 위해 금융권에서 자금을 조달할 것이다. 조달된 자금으로 공장을 증설한다면 건설 업체 입장에서는 새로운 수주를 의미한다. 건설 업체 역시 고용을 늘리게 되고, 새롭게 고용된 직원들이 속하는 가계 부문은 소득 증가에 따라 과거보다 안정적이고 충분한 소득을 창출하게 된다. 결국 기업들은 더욱 알찬 이익을 창출하기 때문에 보다 큰 주가 상승의 모멘텀이 된다.

금리가 높아지면 어떨까? 일단 기업들은 경영이 힘들어지고, 주식보다 안전하면서도 짭짤한 이자를 챙길 은행권으로 돈이 몰리어 주식시장은 하락 압력을 받는다. 금리와 주식시장은 서로 반비례 관계가 성립하는 것이다. 금리가 오르면 주가는 왜 떨어질까?

위에서 언급한 대로 선순환이 발생하면 시중에는 풍부한 유동 자금이 흘러 다니게 된다. 그러면 인플레이션이 발생한다. 인플레이션이 심해지리라 예상되면 한국은행이 나서서 금리를 인상하여 인플레이션에 선제적으로 대응한다. 금리를 인상하면 기업들이 은행에서 자금을 빌리기가 부담스러워 신중하게 투자를 결정하려는 태도를 보인다. 기업들의 상황이 위축되고 움츠러들면 자금을 아끼기 위해 인원 감축, 보너스와 월급 동결 내지는 삭감 등을 단행한다. 다시 말해 직원들의 가처분소득이 감소되게 되고, 가처분소득의 감소는 소비 감소로 연결된다. 문제는 이러한 과정이 기업의 매출 감소로 연결되어 인원 감축이나 보너스·월급 동결 내지는 삭감이라는 결과가 계속해서 악순환된다는 점이다.

악순환 과정을 거치게 되면 기업의 실적 하락은 불을 보듯 빤하게 되고, 실적 악화로 인해 기업의 주가는 하락하게 된다. 결국 주식 투자자들은 실적 하락으로 주가가 떨어지는 기업의 주식을 내다 팔게 된다. 기업의 주식이 시장에 풀리면서 주가도 자꾸 떨어지는 것이다. 금리와 주식시장의 함수 관계를 단순하지만 분명하게 보여 주는 현상이라 하겠다.

2장

통화량 기본 상식

통화와 통화량이란 무엇인가?

통화의 사전적 정의를 살펴보면 유통 수단이나 지불 수단으로서 기능하는 화폐로, 본위 화폐, 은행권, 보조 화폐, 정부 지폐, 예금 통화 따위이다. 국가가 공식적으로 지정하여 쓰는 돈, 쉽게 말해 물건을 사고파는 기래에 쓰이는 돈을 가리켜 통화라고 한다. 한편 통화량이란 금융기관 이외의 민간 부문이 보유하는 현금 통화와 예금 통화의 총칭이다.

사실 통화라는 표현보다는 통화량이라는 표현을 더 자주 접하여 익숙하다. 여기서 빼놓을 수 없는 것이 바로 본원통화이다. 본원통화란 중앙은행인 한국은행이 공급하는 현금을 말한다. 본원통화 1단위의 증가는 통화승수로 인해 본원통화에 비해 훨씬 많은 통화량을 창출하게 된다. 경제학에서는 승수효과라고 한다.

> **승수효과**
>
> 어떤 경제 요인의 변화가 다른 경제 요인의 변화를 가져와 파급 효과를 낳고, 최종적으로는 처음 몇 배의 증가 또는 감소로 나타나는 총효과를 승수효과라 한다. 승수효과는 승수이론에서 나온 용어이다. 어떤 경제 변량이 다른 경제 변량의 변화에 따라 바뀔 때, 그 변화가 한 번에 끝나지 않고 연달아 변화를 불러일으켜서 마지막에는 최초 변량의 몇 배에 이르는 경우가 있다. 이러한 변화의 파급 관계를 분석하여 최초 경제 변량의 변화에 따라 최종적으로 빚어낸 총효과의 크기가 어떻게 결정되는가를 규명하는 이론이 승수이론이다. 최종 산출된 총효과를 승수효과라고 하며, 어떤 독립 변수의 변화에 대해 다른 모든 변수가 어떤 비율로 변화하는가를 나타내는 것을 승수라고 한다.
>
> 자료: <시사경제용어사전>, 기획재정부

본원통화는 승수효과에 따라 본래 공급된 본원통화를 초과하는 통화량을 창출하게 된다는 점을 기억해 두자.

02 통화량은 어떻게 측정될까?

중앙은행이 발행한 현금통화는 법정통화로, 기본적이고 확실한 통화라고 보면 된다. 이것이 통화량의 기초가 되는 지표인데 이를 가리켜 본원통화라고 부른다. 본원통화는 시중 은행이 중앙은행으로부터 보유하는 지급준비금과 시중에 유통되는 현금통화를 합친 개념으로 한국은행이 공급하는 가장 기초적인 형태의 통화이다.

시중은행은 본원통화가 예금으로 유입되면 이를 기초로 대출을 한다. 이 과정에서 은행은 신용을 창출하며, 대출된 자금은 다시 예금으로 돌아온다. 이렇게 통화가 확대되는 과정을 신용창출이라고 한다.

예금 중에는 언제나 찾아갈 수 있는 요구불예금 당좌예금, 보통예금 등이 있고, 일정 기간 의무적으로 맡겨서 만기가 되어야만 찾아갈 수 있는 정기예금, 정기적금 같은 저축성 예금이 있다. 즉 시성 측면에서 본다면 통화에 보다 근접한 성격을 갖고 있는 예금은 요구불예금이다. 바로 현금으로 바꿀 수 있기 때문이다. 흔히 통화를 분류할 때 M1, M2 등으로 분류하곤 하는데, M1은 본원통화에다 요구블예금 등 즉시 현금화 가능한 예금을 합친 것을 말한다. M2는 M1에 저축성예금정기예금, 정기적금과 금융기관 발행 일부 금융상품시장형 상품 제외까지 합친 것을 말한다. 이어서 L광의통화은 M2에 금융기관 발행여음, 양도성예금증서, 수익증권 등 유동성 높은 금융상품을 합친 것을 말한다.

　통화량을 측정하는 지표가 여러 가지로 복잡한 것은 통화의 사용 형태가 그만큼 복잡하다는 사실을 말해 준다. 보통 중앙은행은 이자율로 통화량을 조절한다. 중앙은행이 현금 발행량을 줄이거나 늘리면 이것이 시중으로 흘러가서 다시 신용을 만들어 냄으로써 통화가 유통되는 것이다.

　중앙은행이 경기 과열을 식히기 위해 이자율을 올리면 시중 은행은 만기 도래된 대출금을 상환 받아 자산을 줄이면서 통화량도 줄어들게 된다. 반대로 경기를 부양하고 싶을 때는 이자율을 낮추면서 통화량을 늘리면 시중 은행을 중심으로 통화량이 늘어나게 된다. 이때 아무리 중앙은행이 이자율을 낮추어도 통화량이 늘어나지 않는 경우도 발생한다. 이런 상황에 직면하면 디플레이션이 발생한다. 디플레이션 현상이 발생하는 원인으로는 은행이 돈을 떼일까 우려하여 빌려주지 않는 경우나, 민간이 아무리 금리가 낮아도 너무 빚이 많아서 더 이상 돈을 빌리려고 하지 않는 경우를 들 수 있다.

통화량이 증가하면 인플레 압력이 높아진다

통화량이 증가한다는 의미는 그만큼 시중에 많은 자금이 유통된다는 것이다. 시중에 통화가 늘어나면 당연히 통화 가치는 하락한다. 통화 가치가 하락하면 실물 자산인 상품의 가격은 상승한다. 이를 가리켜 물가가 상승한다고 표현한다. 상품을 판매하는 사람 입장에서는 돈의 가치가 떨어졌는데 상품은 예전 가격대로 판매한다면 그만큼 손해가 된다. 당연히 가격을 올리는 방식으로 대응할 수밖에 없다.

고등학교 중간고사에서 1등을 한 학급의 담임 교사가 더 잘하라는 격려로 50만 원 상당의 매점 쿠폰을 학생 40명 모두에게 공짜로 나눠 주었다고 하자. 학생들은 어떤 선택을 하게 될까? 아마도 쉬는 시간에 40명의 학생은 매점으로 달려가 먹고 싶은 것들을 맘껏 고를 것이다. 그러면 갑자기 늘어난 수요를 감당하지 못해 매점의 보유 물량이 부족해진다.

이때 매점 주인이 불티나게 팔리는 햄버거가 1개 남은 것을 눈치채고 가격을 500원에서 5,000원으로 올리면 학생들은 어떤 반응을 보일까? 평소 같으면 절대 구매하지 않겠지만, 어차피 공짜로 생긴 쿠폰이라는 생각에 5,000원을 지불하고서라도 1개 남은 햄버거를 구매하려는 학생들이 생길 것이다. 신이 난 매점 주인은 5,000원보다 높은 가격으로 다시 제시할 것이다. 마침내 가장 높은 가격을 받아들인 학생 1명만이 햄버거를 쟁취하게 된다.

위 설명에서 살펴본 바와 같이 공급이 수요에 미치지 못하면 상품의 값은 상승한다. 장기적으로 시중에 돌아다니는 돈이 물건의 생산량을 넘어서면 물건보다 돈이 넘쳐 나면 물가는 오르게 되어 있다. 통화량이 증가하면 물가가 오르는 가장 근본적이 이유인 것이다.

04 통화량이 자산 버블에 큰 영향을 준다?

 버블이란 거품처럼 부풀어 올라 실제 가치보다 훨씬 높은 가격을 형성하고 있다는 의미이다. 실제 가치보다 높은 가격을 형성하고 있으므로 언젠가는 꺼지게 마련이다. 버블이 꺼지면 경제에 큰 타격이 온다. 평소에 버블인지 아닌지를 경계해야 한다.
 세계 각국은 경제 전 분야에서 버블을 사전에 예방하기 위해 다양한 정책적 노력을 도모하고 있다. 하지만 경기는 살아 움직이는 생물 같아서 정확한 경기 변동의 변곡점을 찾기가 매우 어렵다. 정부의 다각적인 노력에도 불구하고 버블이 생기기도 하고 경기 침체가 발생하기도 하는 것이다.

> ### 유동성의 대홍수 시대
>
> 자산시장을 움직이는 요인 가운데 돈만큼이나 힘 센 것은 없을 것이다. 돈은 통화량, 화폐, 유동성이란 여러 이름을 갖고 있다. 돈은 모든 자산을 춤추게 한다. 시중에 돈이 많이 풀리면 모든 물건 값과 서비스 가격이 쉽게 오른다.
>
> 집값이나 주가, 기름 값, 심지어는 아직 캐내지도 않은 원자재 가격마저 들썩인다. 세계경제와 금융을 이끄는 미국 통화량(총통화)의 GDP 대비 비중을 보면 2008년 50%대에서 팬데믹 기간 중 최고 93%까지 치솟았다가 최근 소폭 안정되고 있지만 역사적으로 보면 여전히 높은 수준이다. 지난 수년간 실물경제에 비해 매우 빠른 속도로 돈이 불어났다는 뜻이다.
>
> (생략)
>
> 자료: <이투데이>, 2024년 2월 15일

경기 부양이나 국가 재정적 목적에 따라 통화량을 늘리면 원치 않는 결과를 초래하기도 한다. 대표적인 것이 자산 가격 버블현상이다. 위 기사를 보면 통화량이 증가해 집값이나 주가, 기름값은 물론 원자재 가격마저 상승한다는 내용이다. 통화량이 자산 가격 버블현상과 밀접하게 연결되어 있음을 보여 준다.

05 통화량 조절을 위한 정부의 정책 수단은?

　한국은행이 시중의 통화량을 조절하기 위해 사용하는 통화 정책 수단은 크게 3가지 정도이다. 첫 번째가 공개시장 조작, 두 번째가 지급준비율 정책, 세 번째가 중앙은행 여수신 제도_{재할인 정책 포함} 등이다.

　먼저 '공개시장 조작'을 알아보자. 공개시장이란 어음할인 시장이나 채권 시장을 말한다. 중앙은행, 다시 말해 한국은행이 공개시장에서 국채를 사들이면 그 대가로 돈을 지불해야 해서 통화량이 증가한다. 반대로 국채를 팔면 통화량이 감소한다. 우리나라에는 한국은행이 발행하는 '통화안정증권'이 있다. 통화안정증권은 시중 통화량의 조절을 목적으로 한국은행이 발행하는 단기 증권이다. 통화안정증권을 사들이면 확대통화 정책이고,

팔면 긴축통화 정책이다.

요즘은 통화안정증권의 이자 부담이 커 자체 발행하는 단기 채권인 환매조건부채권_{RP}을 공개시장 조작에 주로 사용한다. 한국은행은 시중에 단기 자금이 풍부할 때에는 시중 은행에 RP를 매각해 시중 자금을 흡수하고, 단기 자금이 부족할 때는 RP를 매입해 유동성을 높임으로써 통화량을 조절한다. 또한 단기 자금이 부족하면 한국은행은 각 금융 기관이 보유하고 있는 국채, 지방채 등을 매입하여 시중에 자금을 공급한다. 일정 기간 후 시중에 유동성이 풍부해지면 동 채권을 해당 은행에 정해진 가격으로 환매하여 시중 유동성을 조절하기도 한다. 이처럼 공개시장운영은 가장 신속하고 정밀하게 통화량을 조절할 수 있는 수단으로, 2025년 현재도 통화정책의 핵심 수단으로 사용되고 있다.

'지급준비율 정책'이란 중앙은행이 예금 은행의 법정 지급준비율을 변경시켜서 통화량을 조절하는 정책을 말한다. 법정 지급준비율이란 은행의 예금액 중에서 법정 지급준비금이 차지하는 비율을 말한다. 고객들이 예금을 인출할 경우를 대비해서 중앙은행이 예금 은행으로 하여금 예금액의 일정 부분을 반드시 보유하도록 강제하는 비율이다.

한국은행은 시중에 자금이 너무 많이 풀려 있다고 판단되면 지급준비율을 높여 통화량을 줄이고, 반대의 경우에는 지급준비율을 낮춰 통화량을 늘린다. 지급준비율을 높이면 각 은행이 꼭 가지고 있어야 하는 돈의 비율도 증가하여 그만큼 은행이 대출 등에 사용할 돈이 줄어든다. 2025년 현재 지급준비율은 예금종류별로 0.0%에서 최대 7.0%까지 차등 적용되고 있으며, 단기적으로는 잘 활용되지 않지만 중장기 유동성 관리 수단으로 간접적인 영향력을 발휘하고 있다.

'중앙은행 여수신제도'란 중앙은행이 금융기관에 자금을 대출하거나, 반대로 여유 자금을 예치받는 방식으로 시중 유동성을 조절하는 통화정책 수단이다. 자금이 필요 이상으로 많이 시중에 풀려 있다고 판단되면 금융기관에 대한 대출 금리예 : 기준금리 또는 초과금리를 인상하거나, 대출 한도를 축소함으로써 자금 공급을 제한한다. 반대의 경우에는 중앙은행이 대출 금리를 인하하거나 대출 한도를 확대하여 금융기관의 자금 조달 여건을 개선하고, 이를 통해 시중 유동성을 늘리는 방향으로 작용하게 된다.

이처럼 중앙은행 여수신제도는 기준금리를 중심으로 금융기관의 자금흐름을 유도하여 통화량을 간접적으로 조절하는 중요한 수단이다.

3장

물가 기본 상식

01 물가란 무엇인가?

우리는 매일 뉴스에서 물가가 올랐거나 내렸다는 소식을 자주 듣는다. 물가란 사전적 의미로는 '물건의 값 혹은 여러 가지 상품이나 서비스의 가치를 종합적이고 평균적으로 본 개념'이다. 우리가 가장 흔하게 접하는 물가지수는 소비자물가지수, 생산자물가지수 등이다.

소비자물가지수 CPI, Consumer Price Index 는 시간의 흐름에 따라 생계비가 얼마나 변동되었는지를 나타내는 물가지수이다. 좀 더 자세하게 설명하면 평균적인 소비자가 구입하는 상품이나 용역들의 전반적인 비용을 측정한 지표라고 하겠다. 우리나라는 통계청이 소비자물가지수를 작성해 발표하고 있다.

생산자물가지수 PPI, Producer Price Index 는 기업 간의 대량 거래에서 형성되는 모든 상품의 가격 변동을 측정하기 위한 지수로, 제1차 거래 단계의 가격을 대상으로 한다. 한국은행이 생산자물가지수를 발표하고 있다.

　한국은행이 발표하는 생산자물가지수는 기업 간 거래 시 발생하는 중간 거래액을 포함한 총거래액을 모집단으로 하여 조사 대상 품목을 선정한다. 따라서 원재료, 중간재 및 최종재에 해당되는 품목이 혼재되어 있어 물가 변동의 중복 계상 가능성이 크다는 단점이 있다. 단점을 보완하기 위해 한국은행은 '가공 단계별 물가지수'도 편제해 오고 있다.

　사실 소비자물가지수나 생산자물가지수는 약간의 시차만 존재할 뿐 우리 일상생활에 밀접하게 영향을 미치는 요인이다. 물가가 상승하면 소비자들이 제품이나 용역을 구매하면서 지불해야 하는 금액이 상승한다. 물가가 상승할 때마다 주부들은 장보기가 겁난다고 말하곤 한다. 물가가 우리 실생활에 얼마나 밀접하게 연결되어 있는지를 보여 주는 가장 원초적인 반응이다. 물가는 우리 생활과 밀접한 관련이 있는 것이다.

02 물가는 어떻게 측정될까?

물가의 움직임을 알기 위해 숫자로 표시한 것이 물가지수이다. 기준 시점과 비교해 물가가 얼마나 변동했는지를 나타낸다.

항목	기준 년도 가	비교 년도 나	가격지수 = $\frac{나}{가} \times 100$	기중치 다	가격지수×다
의류	10만 원	12만 5천 원	125	0.2	25
쌀	9만 원	9만 9천 원	110	0.5	55
선풍기	3만 원	4만 원	133	0.3	40
* 가중치는 각 품목이 전체에서 차지하는 비중				1.0	120

물가지수 계산의 예(도시부자김사부)

물가지수는 여러 가지 상품들의 가격을 특수한 방식으로 평균하여 하나의 숫자로 나타낸다. 변동을 쉽게 알기 위하여 어느 시점의 물가를 100으로 놓고 비교되는 다른 시점의 물가를 지수로 표시한다. 물가지수는 기준 연도의 물가 수준을 100으로 하며, 어떤 시점의 물가지수가 105라면 기준 시점보다 물가가 5% 올랐다는 뜻이다.

우리나라에서 발표되는 물가지수로는 한국은행에서 작성하는 생산자물가지수와 수출입물가지수, 통계청의 소비자물가지수 및 생활물가지수, 근원물가지수식료품·에너지 제외 지수, 농협중앙회의 농가판매 및 구입 가격지수 및 농가구입가격지수 등이 있다. 물가지수의 경우 품목별 상품 거래액 또는 소비자 지출액을 이용하여 가중치를 계산한다.

03 소비자물가지수란 무엇인가?

소비자물가지수란 시간의 흐름에 따라 생계비가 얼마나 변동되었는가를 측정한 지표이다. 소비자물가지수의 물가 산정 절차는 다음과 같다.

> **소비자물가지수 산정 방법**
>
> 1. 물가 사전에 포함되는 품목, 즉 재화 묶음을 결정한다.
> 2. 가격을 조사한다.
> 3. 재화 묶음의 비용을 계산한다.
> 4. 기준 연도를 산정하고 물가지수를 계산한다.
> 5. 인플레이션율을 계산한다.
>
> 그레고리 맨큐의 《맨큐의 경제학》

물가지수를 측정한다고 해서 하나의 경제 내에 존재하는 모든 상품의 가격을 조사하는 것은 아니다. 설사 조사한다 하더라고 투입 대비 산출 측면에서 큰 이익이 없다.

어떤 상품의 가격 변동이 중요한가는 주체가 누구인지, 즉 생산자인지 소비자인지에 따라 크게 차이가 난다. 소비자 측면에서 물가 상승 요인인지, 아니면 생산자 측면에서 물가 상승 요인인지는 서로 다르다. 소비자물가지수와 생산자물가지수를 서로 달리 측정하는 이유이다.

예를 들어 지하철 요금의 인상이 있다고 가정하자. 과연 지하철 요금의 인상은 누구에게 물가 상승 요인으로 작용할까? 당연히 지하철을 이용하는 교통 수요자들에게 물가 상승이 발생한 것이다.

그렇다면 지하철 차량을 제조하는 기업 입장에서는 어떨까? 전혀 그렇지 않다. 지하철 요금이 인상되었다고 해서 지하철 차량의 제조 원가가 상승하는 요인이 되지는 않는다. 어떤 제품의 가격이 상승해야 지하철 차량을 제조하는 기업의 입장에서 물가 상승 요인이 될까? 아주 간단하다. 지하철 차량을 만드는 원재료 가격이 상승하면 해당 기업에게 물가 상승의 요인으로 작용하게 된다.

주부들은 보통 의류나 식료품 같은 생필 품 가격이 인상되면 물가 상승을 피부로 실감하고 장보기를 두려워한다. 전기 요금이 인상되면 가전제품의 사용을 줄이기 위해 노력한다. 학생들은 등록금 인상에 예민하게 반응하고, 직장인들은 직장 근처 음식점이나 주점의 가격 인상에 예민하게 반응한다. 주부, 학생, 직장인 모두는 각각의 소비자이다. 소비자가 일상생활에 쓰기 위하여 구입하는 재화와 용역의 가격 변동을 나타내는 물가지수가 소비자물가지수라는 점을 기억해 두자.

04 도매물가지수란 무엇인가?

소비자가 구입하는 상품이나 서비스의 가격 변동을 나타내는 지수를 소비자물가지수라고 한다면, 도매물가지수란 전반적인 물가 수준을 나타내는 지표를 의미한다. 화폐 구매력 측정의 기준 지표로, 경기 동향 지표와 각종 경제 지표의 디플레이터로 활용되고 있다. 우리나라의 경우 한국은행에서 전국 15개 주요 도시를 대상으로 도매물가지수를 조사하고 있으며, 조사 내용은 생산지 및 집산지 중심의 생산자 공장도 도매 판매 가격이다.

보통 상품은 생산에서 소비에 이르기까지 각 단계에서 각각의 가격이 형성된다. 도매물가는 제조업자의 판매 가격에서 도매상의 판매 가격까지를 포함하는 넓은 개념이라고 할 수 있다.

도매물가지수는 소매 단계의 소매물가지수, 무역 측면에서의 수출입물가지수, 가계 소비 단계에서의 소비자물가지수와 함께 물가 동향을 나타내는 대표적인 물가지수이다. 도매 거래에는 중요한 생산재의 거래가 많이 포함되기 때문에 도매물가지수는 국민 경제의 동향을 민감하게 반영하는 기본적 지수이며, 각종 물가지수 중에서 가장 중요시되는 물가지수라는 특징이 있다.

도매물가지수를 산정할 때 포함되는 국내 상품은 부가가치세를 제외한 생산자 판매 가격공장도 가격을 원칙으로 하며, 수입 상품은 수입상 판매 가격을 기준으로 작성된다. 주요 선진국인 미국, 독일과 여타 주요 국가들은 지수의 성격을 명확히 하기 위해 생산자물가지수로 표현하고 있다.

소비자물가지수에 비해 시차는 존재하지만, 도매물가지수 역시 일상적인 경제활동에 직접적인 영향을 준다는 점에서는 차이가 없다. 예를 들어 차량 제조용 철강 가격의 상승은 일정 정도 시차를 두고 차량 가격 상승에 영향을 주는 식이다. 도매물가지수가 어떤 방향으로 움직이는지, 향후 도매물가지수 하락에 영향을 주는 변수나 상승에 영향을 주는 변수가 있는지, 있다면 어느 정노인지를 파악해 두는 습관을 가져야 한다.

물가와 실업률 사이의 상충 관계란 무엇인가?

물가와 실업률은 어떤 관계가 있을까? 둘은 역의 관계, 다시 말해 상충 관계가 존재한다. 이를 설명하는 것으로 필립스 곡선 Phillips Curve이 있다. 필립스 곡선에 따르면 실업률이 낮으면 물가상승률이 높고, 실업률이 높으면 물가상승률이 낮은 반비례 관계를 나타낸다고 한다.

필립스 곡선은 영국의 경제학자 윌리엄 필립스가 찾아낸 실증 법칙이다. 필립스의 주장에 따르면, 정부의 재정 금융 정책으로 경기가 호전되고 실업률이 낮아지면 물가상승률이 높아지고, 불경기가 되면 물가상승률이 낮아진다. 물가와 실업률의 상충 관계는 오늘날에도 유효할까? 상당 부분 유효한 측면이 없지 않다.

실업률이 높아 경제과 사회 전체적으로 큰 부담 요인이 되고 있다고 가정하자. 이런 상황이라면 정부의 정책은 실업률 감소에 초점이 모아질 수밖에 없다. 따라서 금리를 낮추고 재정을 집행함으로써 시중에 유동 자금이 풍부해질 것이다. 풀린 유동성을 통해 기업은 인적, 물적 투자를 늘릴 것이다. 그에 따라 신규 고용이 창출되고, 투자에 따른 새로운 수혜를 기대하는 기업들도 생겨나게 된다.

위와 같은 현상이 단기를 지나 중기로 접어들면 시중에 풀려 있는 과도한 유동 자금이 인플레이션을 야기한다. 정상적인 경우라면 정부는 시중에 풀려 있는 과도한 유동성을 회수함으로써 인플레이션을 억제하여야 한다. 그러나 실업 문제가 심각한 상황이라면 정부는 일정 정도의 인플레이션 압력을 감수하면서 실업 문제를 해소하려 들 것이다. 실업률이 감소되기는 하겠지만 물가 상승, 다시 말해 인플레이션을 감수해야만 하는 상황에 직면하는 것이다.

실업률이 일정 수준 이하로 감소해 경제 전체에 큰 부담 요인으로 작용하지 않는 시점부터 정부는 적극적인 물가 안정 정책을 도모하게 될 것이다. 결국 인플레이션과 실업은 상충 관계를 가진다.

물가 상승이 발생하는 이유는 무엇인가?

　자본주의는 매년 물가 상승을 전제로 하는 사회이다. 우리나라도 그 전제에서 벗어날 수 없다. 좀 더 정확하게 표현하자면 자본주의 체제 하에서 물가 상승은 필연이다. 매년 새해가 되면 한 해의 물가 전망을 내놓는데, 몇 % 이내로 물가 상승을 억제하겠다는 내용을 담는다. 물가 상승이 선택이 아닌 필수라는 의미이다.

　상품, 원자재 등의 가격 상승이 1차적인 원인이 되어 물가 상승으로 연결된다. 물가가 상승하면 화폐 가치가 하락한다. 화폐 가치가 하락한다는 의미는 과거 1만 원에 사던 상품이나 용역을 이제는 1만 2,000원에 구입해야 한다는 것이다. 그만큼 실물 자산의 가치가 상승하는 것이다.

물가가 상승하는 또 다른 이유는 초과 수요 상황에서 찾을 수 있다. 어떤 상품의 공급보다 수요가 많은, 이른바 초과 수요 현상이 발생하면 물가 상승 현상이 발생한다. 초과 수요 상황 하에서는 보다 높은 가격을 지불하고서라도 상품을 구입하겠다는 수요자들이 발생하기 때문이다.

중동의 정정 불안이 이어져 안정적인 석유 공급이 어렵다고 예상되면 일단 입도 선매를 하려는 수요의 증가로 인해 석유 가격이 급등하는 사례가 대표적인 초과 수요이다. 일단 급등한 가격에 석유를 구입하게 되면 국내에 공급되는 석유 가공 제품의 가격 상승은 피할 수 없다. 결국 초과 수요로 발생한 가격 상승이 국내 석유 제품의 가격 상승을 견인함으로써 전체적인 물가 상승 현상이 발생하는 것이다. 이처럼 물가 상승은 화폐의 시간 가치, 초과 수요 등 다양한 원인으로 발생한다.

4장

투자 기본 상식

01 투자란 무엇인가?

경제학 관점에서 투자란 '미래에 보다 많은 재화와 서비스를 생산하기 위해 필요한 재화(자본재)를 구입하는 것'이다. 투자는 기업의 자본 설비, 재고, 건축물 구입의 총합 등으로 나타난다. 우리가 종종 언론 보도를 통해 빈번하게 접하는 투자의 형태는 기업의 자본 설비 투자이다.

기업의 자본 설비 투자가 경제에 어떤 영향을 주게 되는지를 살펴 보자. 기업이 자본 설비에 투자를 한다는 것은 크게 두 가지 측면에서 바라볼 수 있다. 첫째는 물적 자본 설비에 대한 투자이고, 둘째는 물적 자본 설비의 활용을 위한 인적 투자이다.

우리는 투자가 증가하면 고용이 증가하고, 고용이 증가하면 소득이 증가하며, 소득이 증가하면 가계 부문의 소비가 증가한다는 사실을 배웠다. 비록 소득이 증가하였다고는 하지만 미래 경제 상황이 지극히 불투명해 향후 실업 가능성이 있거나, 소득의 증가가 전체가 아닌 어떤 특정 가계 부문에 한정되어 나타난 것이 아닌 이상 가계 부문의 소득이 증가하면 확실히 소비는 증가하게 된다.

소비가 증가하면 평균적으로 제품에 대한 수요 증가 현상이 나타난다는 점에 주목해야 한다. 소비 증가는 제품의 수요 증가로 나타나고, 제품의 수요 증가는 기업의 설비 투자를 유인한다. 결국 투자는 소비를 촉진시키게 되는데, 이런 과정을 가리켜 선순환이라고 한다.

한편 투자는 국민소득을 증대시키는 역할을 수행한다. 지독한 경기 침체가 아닌 이상 기업의 자본 설비 투자는 고용을 증가시키는 동시에 자본 설비 투자와 관련된 협력 업체들의 영업 활동에 안정적인 사업 기회를 제공하기 때문이다.

반대로 기업활동이 둔화되어 실적이 나빠지는 경우는 어떨까? 기업의 실적이 나빠지면 신규 자본 설비에 대한 투자를 연기하거나 축소한다. 그러면 경기가 쇠퇴하고, 실업률도 높아진다. 실업률이 높아지면 가계 소득도 함께 감소한다. 투자 부진이 기업과 가계 부문의 소득을 감소시켜 전체적인 국민소득을 감소시키는 것이다.

이상에서 살펴본 것처럼 투자는 국민 경제의 흐름에 매우 중요한 역할을 수행하는 요소이다. 경제의 흐름을 분석하고자 할 때는 기업의 설비 투자 내지는 경기실사지수BSI, Business Survey Index를 유용하게 활용해야 할 필요가 있다. 경기실사지수란 기업활동의 실적과 계획, 경기 동향 등에 대한 기업가의 의견을 직접 조사, 지수화해 전반적인 경기 동향을 파악하고자 하는 지표이다. 기업가들이 피부로 체감하는 경기를 나타내는 지표로 유용하다.

고용 없는 투자가 문제다

투자가 감소한다는 것은 그만큼 고용도 감소한다는 의미를 갖는다. 정보통신기술ICT의 융합으로 이뤄지는 차세대 산업혁명이라고 정의되고 있는 4차 산업혁명의 가속화, 인공지능, 로봇 기술, 디지털 전환이 산업 전반에 엄청난 영향을 주고 있는 지금도 여전히 유효한 경제 법칙 가운데 하나이다. 이런 이유로 역대 정권들은 한결같이 기업의 투자를 강조한 바 있다. 이와 같은 기조는 이재명 정부에서도 변하지 않고 있다. 과연 투자가 반드시 고용을 수반하는 것일까? 과거같이 투자한 만큼 고용도 늘어날까? 안타깝지만 꼭 그렇지만은 않다.

대표적인 사례로 세계 최대 규모의 반도체 공장을 평택에 조성한 삼성전자를 들 수 있다. 삼성전자는 총 30조 원 이상을 투입해 평택 캠퍼스를 확장하며 첨단 메모리 및 시스템 반도체 생산라인을 구축했지만, 실제 직접 고용 인원은 약 3만여 명 내외로, 초기 기대치였던 수십만 명 규모에는 크게 미치지 못했다. 이는 반도체 산업이 고도로 자동화되고, 고부가가치 중심의 기술·자본 집약형 산업이라는 특성에 기인한다.

투자가 감소하면 생산 부진으로 이어져 고용에 악영향을 주고, 성장 잠재력을 저하시켜 경기 회복을 어렵게 한다. 또한 지속 가능한 성장과 포용적 경제를 위해서는 투자와 함께 고용이 동반되어야만 한다. 하지만 우리 경제는 투자가 있음에도 불구하고 기대만큼 고용이 늘지 않는 냉혹한 현실에 직면하고 있다. 투자 부진 문제를 푼다고 해서 실업 문제도 함께 풀릴 것이라는 낙관적 기대가 매우 위험하다는 의미이다.

경제 성장에도 일자리가 늘어나지 않거나 오히려 줄어드는, 이른바 고용 없는 성장이 고착화되는 현상은 우리만 겪고 있는 문제는 아니다. 그 원인으로는 다음과 같은 구조적 요인이 시적된다.

첫째, 산업의 고도화와 자동화 설비 도입 확산으로 인해 인간의 노동력이 대체되고 있다.

둘째, 플랫폼 기반 정보통신기술ICT, 인공지능 산업 등은 자본 및 기술 집중형 산업으로 신규 고용 효과가 제한적이다.

셋째, 노동집약적 산업의 해외 이전이 가속화되고 있다.

특히 중국, 베트남, 인도네시아 등 인건비가 상대적으로 저렴한 국가로 생산거점이 이동하면서, 국내 제조업 기반의 고용 창출은 점차 약화되고 있다.

경제가 성장하면 그에 비례해 일자리 수도 늘어나는 것은 하나의 법칙과 같았다. 그러나 반도체, 배터리, AI 반도체, 휴대폰 등 첨단 ICT 산업은 고용탄력성이 낮고 그로 인해 대규모 수출 증가가로 투자가 확대된다고 해서 반드시 고용 증가로 이어지지 않는다는 특징이 있다. AI 기반 공정 자동화와 스마트 팩토리 확산으로 인해, 기술 개발과 투자는 증가하더라도 실제 고용은 제한적일 수밖에 없는 구조인 것이다.

진짜 문제는 이런 현상이 일시적인 것이 아니라 산업 구조 재편 속에서 필연적으로 지속될 가능성이 높다는 점에 있다. 기업들이 글로벌 경쟁에서 살아남기 위해서는 고도화된 정보기술 산업에 집중할 수밖에 없고, 그렇게 될 경우 투자와 고용의 괴리는 더욱 확대될 수 밖에 없다.

이와 같은 문제를 극복하기 위해서는 노동집약적 산업 또는 서비스 산업에서의 국내 투자 유인을 강화하고, 정책 불확실성을 최소화하는 한편, 노동시장 유연화와 고용안전망을 동시에 강화하는 정책이 필요하다. 특히 청년층과 중장년층을 위한 직업 전환 교육, AI 및 디지털 분야 재교육 확대, 플랫폼 노동자 보호제도 정비 등 새로운 고용 환경에 부합하는 정책적 노력이 병행되어야 한다.

03 정부는 어떻게 투자 촉진을 유도하나?

    정부는 기업들이 각종 투자를 하도록 적극적으로 장려한다. 이미 살펴 본 바와 같이 투자가 국민 경제에 미치는 영향이 엄청나기 때문이다.

    위와 같이 정부는 투자 촉진을 위해 다양한 정책들을 내놓고 시행한다. 직접적으로 투자 촉진을 위해 도움이 되는 방안이 있는가 하면, 투자 촉진을 위한 제도적 측면에서의 개선을 제시하기도 한다.

    국회도 투자 촉진을 위한 다양한 노력을 하고 있다. 정진욱 의원은 '지방소멸위기 극복 위한 지방투자촉진 특별법 제정안'을 발의한 바 있다. 기업의 지방투자 유치 촉진으로 양질의 일자리를 창출해 청년들의 지방 정착을 유도하고, 지역 경제를 활성

정부, 첨단기업 투자 촉진…반도체·이차전지 등 4개 산업에 14.7조 투입

첨단전략산업 특화단지 신속 조성…특화단지 전용 예산 및 구미·포항·울산에도 예산 지원

정부가 첨단기업 투자 촉진을 위해 내년 반도체, 디스플레이, 이차전지, 바이오 등 4개 산업 대상으로 14조 7천억 원의 예산을 투입한다.

정부는 지난 21일 '제4차 국가첨단전략산업위원회'를 개최하고 첨단전략산업 특화단지 지원방안, 규제개선 성과 및 내년도 정책금융 지원계획을 심의했다고 22일 밝혔다.

우선 첨단기업 투자 촉진을 골자로 내년 반도체, 디스플레이, 이차전지, 바이오 등 4개 산업 대상으로 14조 7천억 원의 정책금융을 지원할 예정이다. 이 밖에 혁신성장펀드, 반도체생태계 펀드, 공급망 대응 펀드 등 민관합동으로 조성한 모험자본도 자금이 필요한 기업에 지원된다.

이날 정부는 지난 7월에 선정한 7개 첨단전략산업 특화단지를 신속히 조성해 기업의 적기 투자를 지원한다. ▲기반시설 구축 지원 ▲생태계 조성 ▲규제 해소 등 3대 지원방향을 제시했다. 기반시설 구축을 위해 사업계획이 수립된 용인·평택(반도체)에는 올해 1천억 원을 지원한 바 있다. 구미(반도체), 포항, 울산(이차전지)에는 내년에 392억 원을 지원할 계획이다.

첨단산업 생태계 조성을 위해 정부는 내년에 45억 원의 특화단지 전용 예산과 특화단지 지원에 활용 가능한 예산을 최대한 활용해 R&D·인력·실증 등을 지원한다. 또 정부는 범부처 협의체(차관급)는 물론 특화단지별 추진단을 통해 특화단지 조성에 더욱 박차를 가할 계획이다.

정부는 용인 특화단지에 2036년까지 액화천연가스(LNG)로 3기가와트(GW), 나머지 7GW 이상은 '37년 이후 장거리 송전선로를 통해 전력을 공급할 계획이다. 이를 위해 '국가기간 전력망 확충 특별법'을 제

> 정해 전력망 적기건설을 위한 국가 지원체계 도입도 추진한다. 또한, 용인 특화단지 용수공급을 위해 2031년부터 하천 재이용수 및 팔당댐 용수를, 2035년부터는 화천댐 용수를 활용할 계획이다.
>
> 한편, 반도체 국가전략회의 계기로 불합리한 안전·환경 규제(6건)와 투자·연구 저해 규제(5건) 등 총 11건 규제를 개선하였고, 그 결과 1천 251억 원 규모의 경제적 효과를 거두었다는 게 정부 설명이다.
>
> 더불어 정부는 경제단체·학계가 개발중인 '첨단산업 규제지수'를 통해 정부의 규제 수준을 객관적으로 평가받고, 규제개선을 지속 추진해 나갈 계획이다.
>
> 정부 관계자는 "내년에도 첨단산업의 초격차 확보를 위해 다양한 정책을 추진해나갈 예정이다"면서 "바이오 특화단지 선정을 위해 연내 선정 공모 절차를 개시할 계획이며, 첨단전략산업의 범위 확대도 검토해나갈 예정이다"고 밝혔다.
>
> <지디넷코리아> 2023년 12월 22일

화 방안 등을 담고 있다. 인구 고령화가 급속도로 진행되고 있는 국내 인구 구조의 변화라는 특성을 감안할 때 상당한 도움이 될 수 있는 노력이라고 볼 수 있다.

    국회의 투자 촉진을 위한 다양한 법 제정 노력이나 경제 활성화, 일자리 창출을 위한 다양한 시도들이 국민 경제에 얼마나 긍정적으로 작용할지를 지켜보는 것은 유권자로서, 그리고 경제인으로서 매우 중요하다고 하겠다.

04 농사 펀드가 차츰 바꿔 나갈 농업의 미래

펀드라는 용어는 숱하게 들어 보았을 것이다. 그렇다면 농사 펀드는? 아마도 처음 접하면 '웬 농사 펀드?'라는 반응을 보일지도 모를 일이다. 그만큼 농사와 펀드라는 전혀 어울리지 않는 단어들을 억지로 엮어 놓은 것처럼 들린다. 어쩌면 어울리지 않는 두 단어의 조합인 '농사 펀드'가 단순한 농사가 아닌 산업과 일자리 창출이라는 거대한 변화를 이끌어 낼지도 모른다. 과연 농사 펀드란 과연 무엇인가?

농사 펀드를 이해하기 위해서는 우선 '크라우드 펀딩Crowd Funding'을 이해해야 한다. 크라우드 펀딩이란 인터넷이나 SNS 같은 플랫폼을 통해 소규모 후원을 받거나 투자를 위해 다수의 개인들로부터 자금을 모으는 행위를 말한다. 주로 자선 활동이

농사 펀드에 소개되고 있는 펀드 상품(농사 펀드, www.ffd.co.kr)

나 이벤트, 상품 개발을 위해 자금을 모집한다. 농사 펀드는 농사를 위해 이루어지는 크라우드 펀딩이다.

아직 우리나라에서는 폭넓게 저변이 확대되지는 않았지만 조금씩 농사 펀드가 자리 잡고 있는 추세이다. 다음은 농사 펀드 farmingfund.co.kr에 소개되고 있는 펀드 상품들이다.

농사 펀드에 투자하는 투자사들은 농부들이 올려놓은 영농 계획을 검토한 후 투자를 한다. 농부들의 영농 계획이 타당하다고 판단되면 투자를 하고, 타당하지 않다고 판단되면 투자를 하지 않는 것이다.

어떤 농부가 생산하는 농작물에 투자를 결정하고 투자금을 보내면 농사를 짓기 위해 사용하는 종잣돈인 영농 자금이 된다.

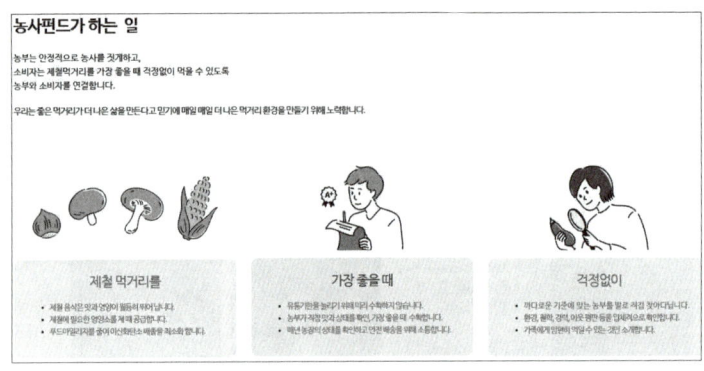

농사 펀드 소개(농사 펀드, www.ffd.co.kr)

그 돈으로 농부는 따로 빚을 지지 않고 안심하고 농사를 지을 수 있다. 농사를 짓기 전부터 이미 판매처가 정해진 농작물이어서 농부들은 출하 시점에 있을지도 모르는 가격 폭락을 걱정할 필요가 없다. 투자자 역시 농작물 작황에 따른 가격 폭등 현상을 걱정하지 않아도 된다.

농사 펀드는 안심하고 농사를 시작하고 싶다는 농부의 소박한 소망과 믿을 수 있는 먹거리를 먹고 싶다는 소비자들의 작은 소망에서 시작되었다. 이제 농사 펀드는 단지 소박한 소망에 그치지 않고 미래 농업이 나아가야 할 하나의 방향을 제시하는 모델로 진화하고 있다. 농사 펀드가 농업의 미래가 될 수 있는 이유는 농사 펀드를 통해 서로가 원원 하는 이점이 크기 때문이다.

농사 펀드의 윈윈 효과가 확대되면 농촌 인구 감소에 따른 지방 절멸 현상의 완화에 크게 기여할 것으로 예상된다. 단순한 펀드가 아닌 산업의 미래로 평가되는 이유인 것이다.

5장

국민소득 기본 상식

01 국민소득이란 무엇인가?

　국민소득NI, National Income이란 '보통 1년 동안 한 나라의 국민이 생산 활동의 결과로 얻은 최종 생산물의 총액'이다. 국민소득은 가계, 기업, 정부 등 모든 경제 주체가 일정 기간 새로이 생산한 재화와 서비스의 가치를 시장가격으로 평가·합산하여 노출된다. 따라서 국민소득은 한 나라의 경제력과 국민들의 생활 수준을 파악할 수 있는 대표적인 경제 지표라고 하겠다. 그럼 국민소득과 관련된 중요한 용어를 살펴보자. 간략하게 정리하면 다음과 같다.

　첫째, 국민총생산GNP, Gross National Product이다. 국민총생산은 한 나라의 국민들이 벌어들인 총소득이다.

　둘째, 국내총생산GDP, Gross Domestic Product이다. 국내총생산은

일정 기간 동안 한 국가에서 생산된 모든 재화와 서비스의 최종 시장가치이다.

셋째, 국민순생산NNP, Net National Product이다. 국민순생산은 한 나라 국민들의 총소득에서 감가상각을 차감하여 계산된 소득이다. 감가상각이란 한 국가의 경제가 보유하고 있는 장비나 구축물, 기계 장치 등의 가치가 저감되는 것을 의미한다.

넷째, 국민소득NI, National Income이다. 국민소득은 한 나라의 거주자들이 재화와 서비스의 생산 과정에서 벌어들인 소득이다.

다섯째, 개인소득PI, Personal Income이다. 개인소득은 가계소득과 비법인 영업소득을 의미한다.

여섯째, 개인가처분소득PDI, Personal Disposable Income이다. 개인가처분소득은 가계와 비법인들이 정부에 세금을 납부한 후의 소득이다.

위에서 살펴 본 바와 같이 국민소득을 나타내는 지표들은 다양하다. 각 지표별로 차이도 엄연히 존재한다. 어떤 지표가 절대적으로 정확하고 바람직하다고 정의하기는 어렵다. 그럼에도 국민소득 지표들은 매우 중요하다. 각각의 지표들 사이에 차이가 존재하지만 각각의 지표들이 보여 주는 경제 상황은 동일한 방향성을 갖고 있기 때문이다.

일례로 국민소득 지표 가운데 대표격이라고 할 GDP가 빠르게 상승하면 여타 국민소득 지표들 역시 그만큼의 속도로 성장하는 모습을 보인다. 마찬가지로 GDP가 빠르게 하락하면 다른 국민소득 지표들도 빠르게 하락한다. 경기가 어떻게 움직일지 측정하고자 한다면 위에서 제시한 지표들은 모두 유용한 역할을 한다.

GNP vs GDP

　GNP는 한 나라의 국민들이 벌어들인 총소득이다. GNP는 GDP에 자국민이 해외에서 벌어들인 소득을 합산한 다음 외국인이 국내에서 벌어들인 소득을 공제하여 산출한다. 중국인 산업연수생이 우리나라에서 급여로 받은 금액은 공제하고, 중국 지점에 나가 있는 주재원이 받은 급여는 합산하는 방식이다.

　GDP는 일정 기간 동안 한 국가에서 생산된 모든 재화와 서비스의 최종 시장가치이다. 현재는 GNP보다 GDP가 한 국가의 경제력을 좀 더 정확하게 표현한다고 본다. GDP는 한 국가의 후생 수준을 반영하는 가장 우수한 단일 지표로도 받아들여지고 있다. 곧 GDP가 가장 중요한 국민소득 지표라는 의미이다. 이런 이유로 GDP에 대해 보다 자세히 살펴 볼 필요가 있다. 위에서 정의한 GDP의 개념을 다시 한 번 살펴 보자.

'일정 기간'이란 의미는 GDP가 주어진 특정 기간 내에 이루어진 생산 최종 가치로 측정된다는 것이다. 연간 GDP, 혹은 분기나 반기 GDP 형태로 측정된다.

'한 국가에서'란 특정 국가의 영토 내에서 창출된 최종 생산물의 가치를 측정한다는 의미이다. 내국인이든 외국인이든 한 나라의 국경 내에서 이루어진 생산 활동을 모두 포함한다.

'모든 재화와 서비스'란 한 국가 내에서 생산되어 합법적으로 거래되는 재화와 서비스를 의미한다. 재화와 서비스로 표시한 이유는 유형의 제품·상품뿐만 아니라 무형의 인적 서비스까지 포함하여 측정하기 때문이다.

'최종'이란 중간이 아닌 최종 생산물을 의미한다. 예를 들어 철강으로 자동차를 생산한다면 철강은 중간재가 되고 자동차는 최종재가 된다. 자동차가 최종 생산물이 되기 때문에 자동차의 가치를 측정한다는 것이다.

마지막으로 '시장가치'란 여러 가지 서로 다른 재화를 시장가격을 기준으로 합산하여 하나의 경제 지표를 도출한다는 의미이다. 소비자들이 구매를 위하여 기꺼이 지불하고자 하는 시장가격을 어떤 재화나 서비스의 가치로 보는 것이 지극히 타당하다.

사실 GNP와 GDP 중 보다 중요하게 고려되는 지표는 GDP이다. 후생적 측면을 반영하고 있기 때문이다. 우리나라 역시

GDP를 중요하게 고려하고 있다.

03 GDP 구성 항목은 어떻게 되나?

GDP는 소비, 투자, 정부 지출, 순수출의 합으로 계산된다. GDP의 각 구성 항목을 자세히 살펴보면 GDP를 이해에 도움이 될 것이다.

먼저 소비를 살펴보자. 소비는 재화와 서비스를 구매하기 위해 소비자들이 지출한 경제적 가치를 의미한다. 재화는 내구재뿐만 아니라 비내구재를 포함하며, 서비스는 교육 서비스 외에 다양한 서비스가 포함된다.

다음으로 투자를 살펴 보자. 투자란 미래를 위한 목적, 즉 보다 많은 재화와 서비스를 생산하기 위한 목적으로 지출되는 자본재의 구입을 의미한다. 투자는 자본 설비, 재고 자산, 건물 구입의 합으로 계산된다.

정부 지출은 정부가 재화와 서비스를 구입하기 위해 지불한 경제적 가치를 의미한다. 정부 지출에는 공무원 급여와 정부가 발주하는 공공 부문에 대한 지출이 포함된다. 다만 가계 소득에는 영향을 주지만 경제의 생산과는 관련이 없는 이전移轉 지출은 정부 지출에 포함되지 않는다. 이전 지출이란 실업 수당이나 재해 보상금처럼 정부가 당기의 생산 활동과 무관한 사람에게 반대 급부없이 지급하는 것이다.

마지막으로 순수출은 수출에서 수입을 뺀 금액이다. 한 국가의 기업이 다른 나라의 소비자들에게 재화를 판매하면 순수출이 증가한다. 역으로 기업이 다른 나라 재화나 서비스를 구입하면 순수출은 감소한다.

미국은 GDP 구성 항목 중에서 소비가 가장 큰 비중을 차지하는 항목이다. 그에 비해 순수출은 상당한 규모의 마이너스를 기록하고 있다. 우리나라는 경제 구조 자체가 수출이 차지하는 비중이 커서 GDP 형성에서도 순수출이 가장 큰 기여를 하고 있다.

한편 GDP 관련 통계 자료는 각국의 통계국에서 확인할 수 있다. 우리나라도 통계청에서 GDP를 집계하여 발표하고 있다.

04 우리나라의 최근 GDP

　명목GDP와 실질GDP의 개념을 먼저 알아 본 후 우리나라의 최근 GDP 추이를 살펴 보도록 하자.

　명목GDP는 한 해에 생산된 재화와 서비스 생산량의 가치를 그해의 가격으로 계산한 것이다. 실질GDP는 한 해에 생산된 재화와 서비스의 가치를 과거 특정 연도의 가격으로 환산하여 측정함으로써 경제 전체의 재화와 서비스 생산이 시간이 경과함에 따라 어떻게 변했는지를 나타낸 것이다. 실질GDP는 가격 변화의 영향을 받지 않는다. 실질GDP의 변동은 생산량의 변동만을 나타내게 된다. 실질GDP는 한 경제의 재화와 서비스 생산량의 지표인 것이다.

　실질GDP와 명목GDP 중 우월한 경제 후생 지표는 실질

GDP이다. 경제 성장을 언급하면서 등장하는 GDP 역시 실질 GDP이다. 지금부터는 국내 GDP의 추이를 살펴 보도록 하자.

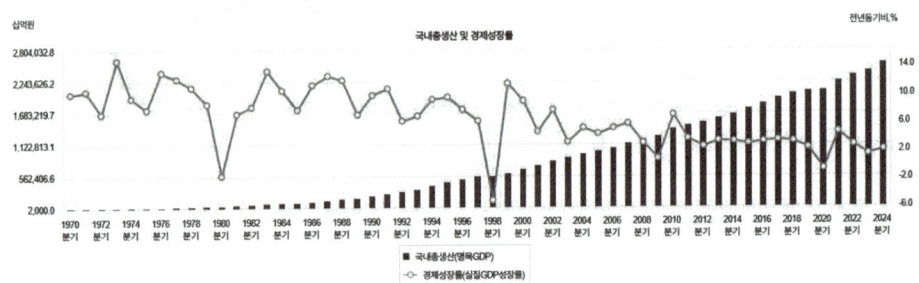

국내총생산과 경제성장률 추이(지표누리, www.index.go.kr)

우리나라의 경제성장률실질GDP 성장률은 2012년 1사 분기를 기점으로 감소 추세에 들어서 지속적으로 감소하다 2013년 1사 분기 이후 상승하는 모습을 보였다. 2014년 1사 분기 이후로는 2015년 2사 분기에 저점을 찍고 소폭 반등할 때까지 하락하는 모습을 보였다. 글로벌 경기 침체에 따른 영향이었다고 볼 수 있다.

2015년 2사 분기 이후 상승과 하락을 거듭하던 경제 성장률은 2020년 2사 분기~4사 분기에는 경제 성장률이 마이너스를 기록하기도 했다. 그 이후 등락세를 보이던 경제 성장률은 가장 최근인 2024년 3사 분기 이후 1%대 성장률을 기록하다 2025년 1사 분기에는 0% 수준의 성장률을 기록한 것으로 나타났다. 대외 경제의 변수에 따라 급변동할 수밖에 없는 우리 경제의 특성을 여실히 보여 주었다고 할 수 있다.

실질GDP 성장률이 하락하는 모습을 보였던 기간은 우리 경제가 글로벌 경제 변수의 영향을 받아 위축되어 있던 시기와 정확히 일치한다. 2025년 이후 세계 경제는 여전히 불확실성이 완벽하게 해소되지 않은 상황이고 그에 따라 대한민국 경제도 낙관적이라고 보기 어려운 형국이다. 향후 경제 성장률과 GDP 추이에 관심을 가져야 할 이유이다.

05 GDP가 높다고 잘사는 것은 아니다?

    2023년 기준 우리나라의 1인당 GDP는 3만 3,121달러이며 세계 23위 수준으로 평가되고 있다. 1인당 GDP가 가장 높은 국가는 룩셈부르크로 2023년 기준 약 12만 8,678달러였다. 미국 8만 2,769달러, 캐나다 5만 5,878달러, 프랑스 4만 4,691달러 등 주요 선진국의 1인당 GDP는 우리나라보다 높다.

    예상외로 8만 196달러인 카타르, 6만 7,477달러인 마카오의 1인당 GDP가 우리나라보다 월등히 높다. 경제 규모나 국가 경쟁력 측면에서 한 수 아래라고 생각되는 마카오나 카타르의 1인당 GDP가 우리나라보다 월등히 높다는 사실이 놀랍다. 분명 평균적인 국민들의 삶은 우리나라에 비해 압도적으로 좋다고 단정짓기 어려운데도 1인당 GDP는 월등히 높은 이유는 과연 무엇일까?

　스웨덴과 일본을 비교해 보면 해답을 찾을 수 있다. 2023년 기준 스웨덴의 1인당 GDP는 5만 5,439달러이고 인구는 900만 명을 넘는 수준이다. 일본의 1인당 GDP는 3만 3,767달러지만 인구는 1억 2,000만 명 수준이다. 일본의 국가 GDP가 스웨덴보다 월등히 높다는 뜻이다. 스웨덴은 인구가 적다 보니 1인당 GDP가 높게 나타난 것이다.

　물론 1인당 GDP가 높으면 잘산다고 볼 수도 있지만, 그렇다고 무조건 잘산다고 보기는 어렵다. 일례로 일본의 1인당 GDP가 우리나라보다 조금 높고, 물가는 낮은 수준이다. 여기에 빈곤층은 일본이 소폭 높고 실업률은 엇비슷한 수준이다. 다양한 경제 조건들을 비교해 보면 일본이 한국보다 1인당 GDP 격차만큼 잘산다는 공식이 성립된다고 보기 어렵다.

　1인당 GDP가 아무리 높아도 잘사는 나라라고 볼 수는 없다. 다만 1인당 GDP의 증가에 따라 전체 국민의 삶의 질은 높아질 수 있다고 하겠다.

4부.

기업활동 상식 아는 척하기

1장

재무제표
기본 상식

01 포괄손익계산서의 이해

　포괄손익계산서란 일정 기간 동안 발생한 기업의 경영 성과를 나타내는 재무제표이다. 포괄손익계산서는 경영 성과에 대한 정보, 기업의 수익성 평가에 도움이 되는 정보, 기업의 경영 계획 수립에 도움이 되는 정보 등을 제공한다. 또한 법인세 등 세금 결정을 위한 기초 자료, 기업의 배당 정책 수립을 위한 자료, 경영자의 업적 평가를 위한 자료 등도 제공하고 있어 매우 유용한 재무제표라고 할 수 있다.

　기업의 경영 성과란 결국 이익을 의미한다. 반면 포괄손익계산서에서 나타내고자 하는 이익은 일반적으로 경제학에서 언급하는 이익과는 상당한 차이가 있다. 우선 경제학적 이익과 회계학적 이익을 짚고 넘어갈 필요가 있다.

	경제학적 이익	회계학적 이익
기본 개념	◦ 현행가치로 측정된 경제적 부의 실질가치 변동을 이익으로 정의	◦ 역사적 원가로 측정한 순자산의 증가를 이익으로 정의
특징	◦ 현행가치로 측정 ◦ 실질이익 개념 ◦ 미래 지향적 이익 ◦ 자본유지 접근법 ◦ 실물자본 유지 개념 ◦ 현금주의(미래 현금흐름의 할인)	◦ 역사적 원가로 측정 ◦ 화폐이익 개념 ◦ 과거 지향적 이익 ◦ 거래적 접근법임 ◦ 재무자본 유지 개념 ◦ 발생주의 적용
장점	◦ 논리적, 이론적 우월성 ◦ 자산가치의 변동을 적절히 반영 ◦ 현금흐름 예측에 유용	◦ 검증 가능성 ◦ 객관성 ◦ 수탁 책임이 명확
단점	◦ 객관성 결여(측정의 주관성) ◦ 이익 발생 원천 및 이익의 질에 관한 정보 파악이 불가능	◦ 이익 개념 및 측정에 관한 이론적 근거 미약 ◦ 실현, 대응 등 인위적 개념에 따른 비교 가능성 저하 문제 ◦ 현행수익과 과거원가가 대응되는 불완전한 대응이라는 문제

경제학적 이익과 회계학적 이익의 비교

 주식 투자를 하다 보면 가장 많은 관심을 기울이게 되는 재무제표가 바로 포괄손익계산서이다. 그만큼 기업의 경영 성과를 가장 적나라하게 보여 주는 재무제표이다. 물론 포괄손익계산서를 읽기에 앞서 어떤 단점이 있는지를 한 번쯤 되새길 필요는 있다. 포괄손익계산서가 제시하는 이익이 100% 신뢰할 만한 이익이 아니라는 사실을 파악할 수 있기 때문이다.

재무상태표란 무엇인가?

재무상태표는 특정 시점의 재무상태를 나타내는 재무제표이다. 재무상태표는 크게 자산, 자본, 부채 항목으로 구분된다. 각각의 항목을 살펴 보면 다음과 같다.

자산assets이란 기업이 소유하고 있는 경제적 자원의 원천으로 기업의 미래 영업 활동에 기여하리라 기대되는 것을 말한다. 재무상태표에 포함되는 자산은 1년 이내에 현금화될 자산부터 먼저 표시하고 단기간 내에 현금화되지 않을 자산은 나중에 표시하는 유동성 배열법에 따르며, 실제 구입한 가격인 취득가액을 기준으로 기록한다.

자본owner's equity은 다양한 이름으로 불리는 특징이 있다. 총자산에서 부채를 차감한 잔액이라는 뜻에서 순자산이라고도 하고, 총자산에서 자산에 대한 채권을 가지고 있는 채권자들의 지분을 차감하고 난 이후의 잔여 금액이라는 의미에서 잔여 지분이라고도 한다.

셋째, 부채 liabilities 란 기업 실체가 미래 시점에서 제3자에게 현금, 기타 재화 또는 용역을 제공해야 할 의무를 의미한다. 기업 자산에 대한 채권자의 지분이라고도 표현한다. 부채는 만기가 도래하는 순서대로 재무상태표에 표시한다.

재무상태표는 기업의 재무 상태를 명확히 보고하기 위하여 결산일 현재의 모든 자산과 부채, 자본을 적정하게 표시하고 있는 기본적인 재무제표이다. 재무상태표에서 가장 많이 이용되는 '부채 비율'은 부채 총계를 자본 총계로 나누어 계산한 수치이다. 일반적으로 부채 비율이 낮고 유보율이 높은 기업이 우량 기업으로 분류된다. 부채 비율이 낮다는 것은 상대적으로 외부 차입금이 작다는 의미이다.

우량 기업이라도 현금 흐름이 막혀 이익이 있어도 도산을 하는 흑자 도산이 많은 요즘 상황이다. 제대로 알기 위해서는 전년도 현금 흐름표와 당해 연도의 현금 흐름표까지 보아야 하지만 회계 지식이 부족한 일반인들이 해석하기에는 한계가 있다. 대신 '경제적 부가가치 EVA, Economic Value Added'라는 지표가 이용된다.

'경제적 부가가치'를 구하는 방법에는 여러 가지가 있지만, 자기자본이익률 당기순이익/자기자본 에서 시중 금리를 뺀 숫자로 단순화하면 편리하다. 해석은 경제적 부가가치가 양수+로 나타나면 좋은 기업이라고 보면 된다.

    지표가 좋게 나타났다 하더라도 회계 데이터를 조작한 경우라면 큰 문제가 된다. 일반적인 지표 외에도 재고 자산이 급증하거나, 불필요한 가공 자산이 늘어나거나, 계열사와의 거래가 많거나, 부채가 많으면서 예금이 많은 경우 등을 함께 눈여겨 본다면 보다 나은 정보를 얻을 것이다.

03 현금 흐름표란 무엇인가?

　현금 흐름표Cash Flow Statements는 기업의 영업 활동, 투자 활동, 재무 활동에 관련된 현금의 유입과 유출에 관한 정보를 통하여 재무 상태의 변동 원인을 표시하는 재무제표이다. 현금 흐름표를 통해 회계 정보 이용자들은 미래 현금 흐름의 예측이나, 부채와 배당금의 지급 능력, 순이익의 질 등 현금 흐름과 관련된 다양한 정보들을 습득할 수 있다. 갈수록 중요성이 커지고 있는 재무제표라고 하겠다.

　현금 흐름표 작성의 기준이 되는 현금의 범위는 현금과 예금 및 현금 등가물로 규정되어 있다. 현금 등가물이란 취득 당시 만기가 3개월 이내에 도래하는 채권, 취득 당시 상환일까지의 기간이 3개월 이내인 상환우선주, 3개월 이내의 상환 조건인 환매

채 등을 의미한다.

현금 흐름표는 머리 부분에 기업의 명칭, 현금 흐름표라는 본 재무제표의 명칭, 현금 흐름표가 나타내는 특정 기간을 표시한다. 내용에는 영업 활동, 투자 활동, 재무 활동으로 인한 현금의 유입과 유출이 표시되고, 세 활동을 통한 현금의 증가액에 기초의 현금을 가산하여 기말의 현금을 산출하는 과정이 표시된다.

이미 언급한 대로 현금 흐름표는 기업의 영업 활동, 투자 활동, 재무 활동으로 인한 현금흐름을 보여 준다. 영업 활동은 기업의 주된 수익 창출 활동이며, 일반적으로 제품의 생산 및 재화와 용역의 판매와 관련된 활동을 의미한다. 투자 활동은 현금을 대여하고 회수하는 활동과 유가증권, 투자 자산 및 고정 자산의 취득과 처분 활동을 의미한다. 재무 활동은 현금의 차입 및 상환 활동, 신주 발행이나 배당금의 지급 활동과 같은 부채와 자본의 증감과 관련된 활동을 의미한다.

결국 현금 흐름표는 기업이 필요로 하는 현금이 어디에서 조달되어 어디에 사용되고, 얼마나 내부에 유보되어 있는지를 일목요연하게 파악하는 재무제표이다. 경기가 침체되어 유동성이 중요한 이슈가 되고 있는 상황이라면 현금 흐름표는 다른 때보다 유용한 재무제표라고 할 수 있다.

04 자본변동표란 무엇인가?

　자본변동표 Statement of Changes in Equity 란 일정 시점에 나타나는 기업 실체의 자본 크기와 일정 기간 동안에 걸쳐 기업 실체의 자본이 변동한 내용을 표시한 재무제표이다. 자본변동표는 자본금, 자본잉여금, 자본 조정, 기타포괄손익 누계액, 이익잉여금 또는 결손금의 변동에 대한 포괄적인 정보를 제공하는 재무제표인 것이다. 다음의 자본변동표 등 재무제표의 중요성을 보여주는 사례이다.

　자본변동표를 제대로 활용하기 위해서는 자본변동표뿐만 아니라 여타 재무제표 재무상태표, 포괄손익계산서 등와 연계해서 분석해야 한다. 각각의 재무제표별로 의미하는 바가 조금씩 다르고, 하나의 재무제표에서 기업과 관련된 모든 정보를 파악하기는 어렵

새마을금고 "재무제표 축소 '정보 명확성·간소화' 위한 것"

4,200억 원 손상차손 발생 결과… 당기순이익 반영돼 공시 중
우발채무 주석 미공시… 부실 은폐 아닌 정보제공 간소화 목적

  새마을금고중앙회가 재무제표를 임의로 축소 공시해 우발부채 등 주요 재무 정보를 감췄다는 지적에 대해 정보의 명확성과 간소화를 위한 사안이라고 해명했다. 공시 범위도 타 상호금융기관과 유사하고 공시된 재무재표로 자금조달·운용 사항을 충분히 확인할 수 있다는 입장이다.
  새마을금고중앙회는 23일 새마을금고중앙회가 재무제표 축소·은폐로 손상차손 및 우발채무를 감췄다는 전날 언론 보도와 관련해 "손상차손 및 우발채무 제외 사유는 핵심 경영 사항의 축소·은폐 목적이 아니고 정보제공의 명확성과 간소화를 위한 사안이었다"는 입장을 발표했다.
  위성곤 더불어민주당 의원은 전날 행정안전부로부터 받은 '새마을금고중앙회 2023년 재무제표'를 확인한 결과 새마을금고가 재무제표 전문 71쪽 분량 중 12쪽만 대외적으로 공시했다고 지적했다. 공시에서 빠진 분량에는 현금 흐름표·자본변동표·주석이 포함된 것으로 전해진다.
(생략)

<스카이데일리>, 2025년 8월 2일

기 때문이다.

현금주의 vs 발생주의

수익의 실현 시점과 비용의 발생 시점을 결정하는 기준으로는 현금주의와 발생주의가 있다. 현금주의란 현금을 받을 경우에만 수익으로 인식하고, 현금이 지출될 경우에만 비용으로 인식하는 것을 말한다. 발생주의란 획득된 시점에서 수익으로 인식하고, 발생된 시점에서 비용으로 인식하는 것이다.

실제 가장 보편적으로 사용되는 기준은 발생주의 회계이다. 그렇다고 현금주의 회계는 무조건 틀리고 발생주의 회계만 옳다고 생각해서는 곤란하다. 발생주의 회계가 원칙이고 예외적으로 현금주의 회계도 인정하고 있다.

(주)해피는 2024년 10월 18일 (주)허약으로부터 판매를 위한 목적으로 헬스 기구를 1억 원어치 구매하였다. 단 대금은 일주일 이후에 지급하기로 하였다. 10월 25일에 (주)해피는 (주)허약에 약속대로 매입 대금을 지불하였다. 여기에서 현금주의와 발생주의를 적용하면 어떻게 되는지 설명해 보면 다음과 같다.

현금주의를 적용
- 외상으로 구매한 날에는 현금이 지출되지 않아 별도로 회계 처리를 할 필요가 없다.
- 대금을 지급한 10월 25일에는 현금이 지출되었으므로 비로소 회계 처리를 한다.

발생주의를 적용
- 10월 18일에 외상으로 구매했다고 하더라도 거래를 통해 대금을 지급할 부채가 발생했고, 다른 한편으로는 판매할 자산이 증가한 만큼 회계 처리를 한다.
- 대금을 지급한 10월 25일에는 외상으로 구입한 당시에 발생한 부채가 감소했고, 대금을 지급하기 위해 현금도 감소한 만큼 회계 처리를 한다.

수익비용대응의 원칙

    수익비용대응의 원칙이란 수익과 비용 사이에는 밀접한 인과 관계가 존재하므로 비용을 관련된 수익과 대응되는 시점에 인식하는 것이다. 일정 기간 동안 기업이 창출한 수익과 그 수익을 내기 위해 들인 비용을 비교하여 이익 또는 손실을 계산하는 것이다.

    어떤 제품을 판매하여 수익이 발생했다고 가정해 보자. 제품 판매를 통해 수익이 창출되었다면 그에 따라 소요된 비용도 반드시 있게 마련이다. 다른 곳에서 제품을 구매하여 되판 경우라면 구입 원가가 있을 것이고, 구입한 이후 별도의 보관 비용이 발생하거나 가공 비용이 발생한 경우도 있을 것이다. 제품을 제조해 판매했다면 제조에 소요된 재료비, 노무비, 제조 간접비 등을 지출했을 것이다.

 판매한 제품에 소요된 원가나 제반 비용을 공제하여 이익 또는 손실을 구해야 한다. '수익-비용=이익손실'이라는 지극히 단순한 공식이 성립되는 것이다. 그래야 특정 기간 동안 기업의 경영 성과를 나타내는 포괄손익계산서를 작성할 수 있다.

 수익비용대응의 원칙은 특정 기간의 경영 성과를 표시하는 매우 중요한 역할을 담당한다. 문제는 언제나 수익비용대응이 확실하게 이루어지지 않는다는 점에 있다. 역시 예를 들어 살펴 보자.

 어떤 스마트폰 제조 공장에서 스마트폰을 제조하여 판매하였다. 제조 회사인 만큼 스마트폰을 제조하기 위해 소요되는 재료비, 노무비, 제조 간접비 등을 스마트폰 매출과 대응해 비용으로 인식해 주어야 한다. 만일 같은 공장 라인에서 스마트폰뿐만 아니라 MP3 플레이어도 생산한다면 어떻게 될까?

 매우 어려운 난관에 봉착하게 된다. 대표적으로 공장 직원의 노동력이 MP3와 스마트폰 제조에 함께 투입되는 상황에서 과연 스마트폰에 투입되는 인건비를 얼마로 해야 할지, 공통으로 발생하는 제조 간접비전기 요금 등를 스마트폰과 MP3에 어떻게 배분할지 등의 문제에 부딪히게 된다.

 위와 같은 문제들을 극복하기 위해서는 체계적이고 합리적인 방법으로의 배분 또는 즉시 인식 등을 고려해야 한다. 어떤 방식이든 기업의 경영 성과를 지나치게 부풀리거나 낮게 만들어서는 곤란하다.

07 기업회계기준이란 무엇인가?

 기업회계기준이란 재무제표의 실질적 내용이 되는 회계 처리 및 보고에 관한 기준을 말하며, 재무제표의 신뢰성과 비교 가능성을 확보하기 위한 회계 표준이라고 할 수 있는데 회계 측정 기준, 재무제표의 표시 방법, 주석공시 등에 필요한 사항을 규정한다.

 기업회계기준과 관련해 우리가 자주 접하게 되는 것이 '일반적으로 인정된 회계 원칙GAAP, Generally Accepted Accounting Principles'으로 미국의 경우 'US GAAP', 우리나라의 경우 K-GAAP과거 혹은 K-IFRS로 적용되고 있습니다.

 국제적인 회계기준도 있다. 국제회계기준IFRS, International Financial Reporting Standards은 각국의 회계 관련 기관으로 구성된

국제회계기준위원회 IASB, International Accounting Standards Board가 만든 회계 기준이다. 우리나라는 2011년부터 상장 기업에 대해 IFRS를 전면 도입한 바 있고, 현재는 대부분의 상장 법인과 금융회사가 K-IFRS를 적용받아 사용하고 있다.

우리나라의 회계 기준 체계는 상장 기업, 금융기관, 대규모 기업집단 등에 적용되는 K-IFRS 한국채택국제회계기준, 중소기업이나 비상장기업 등에 적용되는 일반기업회계기준 General Accounting Standards for Non-public Companies, 금융업·건설업·비영리법인과 같은 경우에 적용되는 특수업종 회계처리준칙, 해석서 및 질의회신 등으로 구성된다.

기업회계기준의 제정, 개정 및 관련 업무는 금융감독원의 위탁을 받은 '한국회계기준원 KAI, Korea Accounting Institute' 내의 '회계기준위원회 KASB, Korea Accounting Standards Board'의 심의·의결 과정을 거쳐 수행하고 있다. 한국회계기준원은 한국공인회계사회, 금융감독원, 한국거래소, 대한상공회의소, 전국경제인연합회, 전국은행연합회, 한국상장회사협의회 등 주요 회계경제 관련 13개 단체가 회원으로 있는 민간 비영리 기구로 1999년 6월에 설립되었다.

2000년 이후부터 금융감독원의 위탁을 받아 내부에 설치한 회계기준위원회를 통해 한국채택국제회계기준 K-IFRS 및 일반기업회계기준 등의 제정 · 개정, 회계 기준에 대한 해석 · 질의 회신, 회계 기준 관련 연구 및 국제 협력 업무를 수행하고 있고 최근에는 지속 가능성 공시기준ISSB 기준 도입과 관련된 국내 기준 정비 작업도 병행하여 수행하고 있다.

2장
재무관리 기본 상식

01 화폐의 시간 가치 이해는 필수다

　화폐의 가치가 언제나 동일한 것은 아니다. 10년 전의 100만 원이 현재의 100만 원과 단위는 동일해도 가치는 크게 다르다. 모든 화폐는 시간이 경과함에 따라 가치가 감소하는 모습을 보이기 때문이다.

　시점이 서로 다르지만 금액은 동일한 현금 흐름이 있다고 가정해 보자. 과연 사람들은 어떤 현금 흐름을 선호할까? 좀 더 쉽게 말하자면 지금 당장 100만 원 받기와 1년 후에 100만 원 받기 가운데 어느 쪽을 선호할지 묻는 질문이다.

　당연히 지금 당장 100만 원 받기를 선택할 것이다. 동일한 금액인데 현금흐름이 발생하는 시점이 다르다면 먼저 오는 현금흐름을 선호하기 마련이다. 지극히 당연하겠지만 먼저 100만 원을 받아 예금을 하거나 투자를 한다면 1년 후 100만 원보다 큰 금액을 만들 가능성이 있다.

현재 가치	• 미래금액을 현재의 가치로 환산한 금액 • 현재가치 = $\dfrac{미래가치}{(1+이자율)^{기간}}$
미래 가치	• 현재의 금액을 특정 기간 동안 복리 이자율을 적용하여 구해지는 이자와 원금의 합계 • 미래가치 = 현재가치$(1+이자율)^{기간}$

화폐의 시간가치

재무적 의사 결정에 있어 화폐의 시간 가치는 매우 중요하다. 거의 모든 의사 결정에 화폐의 시간 가치 개념이 사용되고 있다. 의사 결정이란 곧 여러 가지 대안들에 대한 선택을 의미한다. 최적의 의사 결정을 내리기 위해서는 규모와 시점이 다른 현금 흐름을 적절히 평가해야 한다. 여기서 한 가지 문제가 발생한다. 현금 흐름을 어떻게 비교하느냐 하는 것이다.

현금 흐름의 비교는 여러 가지 방법을 사용할 수 있다. 가장 일반적인 방법 가운데 하나는 동일 시점에서 현금 흐름을 파악한 후 크기를 비교하는 방법이다. 지금 당장 300만 원은 530만 원보다 적다는 사실은 쉽게 판단된다. 따라서 어떤 현금 흐름을 선택할지에 대한 의사 결정도 수월해진다. 굳이 시점을 현재로 특정하지 않고 몇 년 후로 비교하더라도 크게 문제될 것은 없다.

　대부분 현재 시점을 기준으로 현금 흐름을 비교한다. 미래 특정 시점에서의 현금 흐름을 비교하기보다 편리하기 때문에 현재 시점에서 각종 현금 흐름의 가치를 비교하는 방법을 선택하고 있다.

위험과 기대수익 사이의 함수 관계

　투자는 개인에게 국한된다고 생각한다면 큰 오산이다. 효과적인 자금 운용을 통한 수익 극대화는 개인뿐만 아니라 기업에게도 매우 중요한 이슈가 되고 있다. 투자에 있어 개인이나 기업 모두는 수익을 기대하는 한편 수익을 추구하기 위한 위험을 감수해야 한다. 특히 기업은 기업 가치를 결정하는 데 있어 위험과 수익률이 중요하게 고려된다. 모든 재무적 의사 결정은 어떤 형태로든 기업 가치에 영향을 주기 때문이다.

　우리는 재무관리 원칙 중 하나인 위험과 기대수익률의 보상 관계를 살펴 볼 필요가 있다. 먼저 위험에 대해 살펴 보자.

　위험이란 손실 가능성이라고 정의할 수 있다. 미래는 아무도 모른다. 그 누구도 기업의 재무적 의사 결정이 그 기업에 어떤 영향을 주게 될지 미리 알지 못한다. 그만큼 재무적 의사 결정을 내린 기업은 불확실성이라는 문제에서 자유로울 수 없다.

위험은 변동성이 커짐에 따라 증가하게 된다. 이제 우리는 위험을 수익률의 변동성으로 다시 정의할 수 있다. 수익률의 변동성이 없는 자산을 무위험 자산이라고 부르는 이유도 위험이 수익률의 변동성이기 때문이다.

이제 본격적으로 위험과 수익률의 보상 관계를 살펴 보자. 위험과 수익률의 보상 관계란 위험이 높을수록 기대수익률도 함께 높아진다는 원칙이다. 개인이나 기업의 재무관리 측면 전반에 걸쳐 적용되는 중요한 원칙이다.

모든 참가 주체는 각자의 이익을 추구하기 위해 적극적으로 참여하는 시장에서 위험은 최소화하면서 수익은 극대화하길 원한다. 이것은 애초부터 불가능하다는 사실을 알아야 한다. '공짜 점심은 없다'라는 재무관리 원칙이란 높은 기대수익을 원한다면 그에 따라 커지는 위험을 감수해야만 한다는 의미이다.

높은 기대수익을 원한다는 것과 실제로 수익이 높다는 것은 별개의 문제이다. 수익이 사후적 개념이라면 기대수익은 사전적 개념이다. 다시 말해 높은 위험을 선택하면 기대수익률이 높아지긴 하지만, 결과적으로 수익률이 높아지는 것은 아니다.

위험과 기대수익률은 모든 투자 의사 결정에 있어서 기준이 되는 중요한 개념이다. 위험과 기대수익률에 대한 정확한 개념을 이해한다면 기업 이해에 큰 도움이 될 것이다.

 # 현금 흐름에 주목하라

　재무관리 측면에서 가장 중요하게 고려하는 것이 현금흐름이다. 그렇다면 회계학에서는 이익에 관심을 기울이는 데 반해 재무관리는 현금흐름에 관심을 기울이는 이유는 과연 무엇일까?
　회계적 이익은 과거의 이익, 다시 말해 역사적 이익으로 이미 지나간 과거에 어느 정도 수준의 이익을 거두었다는 뜻이다. 재무관리 측면에서의 현금흐름이란 곧 기업 입장에서 가장 중요한 투자 대안의 현금흐름을 말한다. 회계학적 이익이 과거 지향적이라면 재무관리 측면에서의 현금 흐름은 미래 지향적이라는 뜻이다.
　재무관리에서 특히 중요하게 고려하는 현금 흐름을 해당 현금 흐름이라고 한다. 해당 현금 흐름이란 투자 대안을 선택함에 따라 발생하는 현금 흐름으로, 세금을 포함한 모든 현금 흐름의 변화를 의미한다. 해당 현금 흐름은 크게 초기 투자 비용, 영업 현금 흐름, 말기 현금 흐름 등으로 구분된다.

초기 투자 비용은 최초 투자 시점에 발생하는 총현금 유출에서 유입 현금을 뺀 것을 말한다. 보통의 경우라면 초기 현금 흐름은 투자 시점에서만 현금 유출 요인이 된다.

영업 현금 흐름은 영업 활동에 의한 현금의 유입이나 유출을 말한다. 영업 활동에 의한 현금 유입은 매출, 이익, 예금 이자, 배당 수입 등이 있고 유출은 매입, 판공비, 대출 이자, 법인세 등이 있다. 기업은 자본적 지출인 투자로 인해 발생할 것으로 예상되는 영업 현금 흐름의 유입을 기대한다. 예를 들어 기존에 사용하던 기계를 처분하고 새로운 기계를 구입했다면 구형 기계를 신형 기계로 대체함으로써 기대되는 추가적인 현금 유입을 기대하는 것이다.

말기 현금 흐름은 투자 계획의 마지막 시점에서 투자를 청산하며 발생하는 현금 흐름을 의미한다.

해당 현금 흐름

모든 투자 계획은 현금 흐름으로 요약되며, 현금 흐름은 추가적인 현금 흐름이어야 한다. 추가적인 현금 흐름이란 어떤 기업이 특정 투자안을 실행했을 때 기대할 수 있는 추가적인 현금의 유입과 유출이 어떻게 발생할지를 보여 주는 것이다. 현금 흐름의 추정은 기업의 합목적적 투자를 위한 필수 과정이라 하겠다.

04 자본 예산이란 무엇인가?

　자본 예산Capital Budgeting이란 자본적 지출이 필요한 투자를 위한 의사 결정 과정이라고 정의할 수 있다. 투자를 위한 분석과 평가를 통해 의사 결정을 하는 과정인 것이다. 자본예산이 곧 투자 대안에 대한 경제성 분석에 따라 투자 여부를 결정하는 데 도움을 주는 과정이라는 의미이다. 투자 자본의 배분과 예산 수립의 과정은 어떤 투자 자산을 구입하기 위한 것에 한정되지 않는다. 신상품 개발을 한다거나 새로운 시장 개척 등 포괄적 문제와 연결되는 경우가 많기 때문이다.
　위에서 언급한 부분과 관련된 결정들은 기업의 경영이나 제품 전반에 걸쳐 영향을 주게 된다. 투자 자산에 대한 투자는 통상 장기적이고 지속적으로 기업의 경영 성과에 영향을 미친다.

일단 투자가 이루어지면 되돌리기가 매우 어려워서 자본 예산과 관련된 각종 의사 결정은 기업에서 매우 중요하게 다루어진다. 자본예산에 대한 개념 정도는 확실하게 파악하는 것이 중요하다.

투자 대안은 여러 가지 형태로 분류되지만 크게 두 가지 정도로 나뉜다. 확장 투자, 대체 투자가 그것이다. 확장 투자란 수익 증대를 목적으로 이루어지는 투자를 의미하고, 대체 투자란 비용 절감 내지는 노후 시설 대체를 위한 투자를 의미한다.

상호 관계에 따라 투자 대안은 다시 상호 배타적 투자, 독립적 투자, 종속적 투자로 구분된다. 상호 배타적 투자는 어느 하나의 투자안이 선택되면 다른 투자안들은 기각되는 투자이다. 독립적 투자는 어느 투자안의 현금 흐름이 다른 투자안에 전혀 영향을 주지 않는 투자이다. 종속적 투자는 투자안들이 함께 진행되지 않으면 의미가 없는 투자를 말한다.

자본 예산의 결정은 가치 평가의 문제이다. 모든 가치 평가에는 현금 흐름과 요구 수익률에 대한 추정이 필요하다. 따라서 적절한 의사 결정을 위한 기준의 수립이 매우 중요하다.

자본 예산을 위해서는 3단계 절차가 필요하다. 제1단계는 투자안으로부터 발생되는 현금의 유출과 유입을 추정이다. 제2단계는 투자 대안에 요구되는 요구 수익률 적용이다. 제3단계는 투자 대안의 평가를 위해 이미 수립된 의사 결정의 기준 적용이다.

자본 예산을 평가하는 방법에는 여러 가지가 있다. 평균 이익률법, 회수 기간법, 순현가법NPV법, Net Present Value Method, 내부 수익률법이 대표적이다. 이중 가장 우월한 방법이 순현가법이다. 순현가법은 투자의 시장가치와 투자 비용의 차이로 정의된다. 순현가법에 따른 자본예산의 평가 과정은 다음의 공식에 따른다.

$$\begin{aligned} \text{NPV} &= \text{현금 유입의 현재 가치 - 현금 유출의 현재 가치} \\ &= \text{현금 유입의 현재 가치 - 투자 비용} \\ &= \text{투자의 가치 - 투자 비용} \\ &= \sum_{i=1}^{n} \frac{CF_t}{(1+R)^t} \end{aligned}$$

단, CF =현금 흐름, R=할인률

순현가법에 따른 자본 예산 결정은 의외로 단순하다. 순현재 가치가 0보다 큰 경우라면 투자 대안을 선택하고, 반대의 경우라면 투자 대안을 기각하면 된다. 개념이나 계산 방식 자체가 의외로 어렵지 않은 만큼 잘 숙지해 두자.

05 환위험을 관리하라

환위험Currency Risk이란 환율의 변동에 따라 기업이 수익성, 순현금흐름 및 시장가치가 변화할 가능성을 말한다. 보통 기업이 직면하는 환위험의 노출 정도를 환노출Exchange Exposure이라고 부른다. 환율 변동이 기업에 미치는 효과를 측정하기 위해 환노출을 환산 노출, 거래 노출, 경제적 노출의 세 가지로 세분한다.

환산 노출이란 해외 자회사의 재무제표를 현지 통화로부터 국내 통화로 환산할 필요성 때문에 생기는 환차익 또는 환차손의 가능성이다. 회계적 노출Accounting Exposure이라고도 부른다.

거래 노출이란 이미 체결된 외화 표시의 거래가 미래에 결제될 때 발생하는 환차익 또는 환차손의 가능성이다. 외화로 가격이 표시된 재화나 서비스를 외상으로 구입하거나 판매한 경우, 외화 표시의 자금을 차입 또는 대출한 경우, 아직 청산되지 않은 선물환 계약의 당사자인 경우, 외화 표시의 자산을 취득하거나 부채를 부담하는 경우 등에서 거래 노출의 위험을 부담하게 된다.

경제적 노출이란 미처 예상하지 못한 환율 변동이 미래 현금흐름에 영향을 미쳐 해당 기업의 가치를 변화시킬 가능성이다. 환율이 변동되면 상대 가격의 변동을 가져오고, 상대 가격의 변동은 기업의 영업과 경제적 노출에 영향을 미치게 된다. 그에 따라 기업의 수익이나 비용에 직접적으로 영향을 주는 만큼 당연히 기업 가치에도 영향을 주는 것이다. 다음 페이지의 기사 자료는 늘 환위험을 고민해야 하는 국내 기업들과 관련된 내용이다.

환노출은 비단 기업에만 적용되는 위험이 아니다. 개인이라도 환위험과 관련된 부분과 연결된다면 환노출 환경에 직면하게 된다. 기러기 가정이나 해외 유학을 하고 있는 자녀를 둔 가정들이 바로 환변동에 따른 위험에 노출된 전형적인 경우이다.

경제가 너욱 글로벌화되고 있고, 세계 속에서 경쟁하는 기업 환경이 너무도 당연한 상황이다. 환노출 위험에 대한 적절한 이해와 극복 방안의 마련은 매우 중요하다. 그럼에도 여전히 국내 기업들의 환노출 위험 예방을 위한 대처는 미흡한 수준이다. 환위험은 무역 의존도가 높은 우리나라 기업들에게는 늘 고민해야 하는 주제가 아닐 수 없다는 점에서 더욱 그렇다.

증권가 "환율, 1400원 갈 수도"...
항공·철강·정유업종 전망 먹구름, 주가도 휘청

환율 1,380원 넘어서며 6거래일 연속 연고점
"과거와 달리 환율 상승으로 수출개선 효과 미미"

달러화에 대한 원화 환율이 1,400원대까지 오를 것이라는 관측이 나오자 항공·에너지·철강 기업들이 비상이다. 핵심 원재료의 높은 수입 의존도가 높은 철강, 유류비 달러 결제를 해야 하는 항공사 등의 부담이 커지고 있기 때문이다.

7일 서울 외환시장에서 미 달러에 대한 원화 환율은 장중 1,380원을 넘어서며 6거래일 연속 연고점을 갈아치웠다. 이날 오전 10시 30분 이후 한때는 1,387.5원까지 고점을 높였다. 이는 금융위기 당시였던 2009년 4월1일(고가 기준 1392원) 이후 13년 5개월 만의 가장 높은 수준이다.

(생략)

정유, 화학사들에게도 강달러는 부담이다. 고환율이 지속되면 정유업체들의 지출의 대부분을 차지하는 원유 도입 자금 부담이 커지면서 정유사들의 수익성이 악화될 수 있다. LG화학(290,000원 ▼ 11,500 -3.81%)은 올 상반기 보고서를 통해 환율 10% 상승 시, 1669억원의 손실이 발생할 수 있다고 봤다. SK이노베이션(102,000원 ▼ 5,900 -5.47%)도 환율이 5% 오를 경우, 302억 원의 이익이 감소할 것이라고 내다봤다. SK이노베이션은 2분기 환 관련 손실 등이 급증함에 따라 약 3,200억 원의 영업외손실이 발생했다. 현대오일뱅크는 강달러, 고금리, 주식시장 불확실성 등을 하반기 기업공개(IPO) 계획을 철회하기도 했다.

(생략)

<조선일보>, 2022년 9월 17일

06 자본 비용이란 무엇인가?

　자본 비용은 특정 투자안을 실행했을 경우 요구되는 최저 수익률이라고 할 수 있다. 자본 예산에 대한 적절한 의사 결정을 위해서는 투자 대안의 위험도 파악과 함께 위험과 기대수익률의 관계에 따라 자본 비용을 추정하는 것이 중요하다.

　자본 비용은 투자 자체의 위험 정도에 따라 결정된다. 또한 자본비용은 자금의 운용에 의해 결정되지, 자금이 어디서 조달되었느냐 하는 자금의 원천에 따라 결정되는 것이 아니다. 투자 결정은 투자에 소요되는 자금의 투입과 투자의 가치에 따라 독립적으로 결정되어야 한다. 자금 조달이 어떻게 이루어졌느냐에 따라 결정되어서는 안 된다는 의미이다.

　자본 비용 추정에 가장 많이 사용되는 방법으로 가중 평균 자본 비용WACC, Weighted Average Cost of Capital이 있다. 가중 평균 자본 비용은 기업이 여러 형태로 자본 비용을 조달한다는 점, 기업 입장에서 자기 자본과 타인 자본을 포함한 각 자본들의 비용을 모두 감안해야 한다는 점 등을 고려한 방법이다. 다시 말해 기업 전체의 자본 비용이면서 기업 전체에 대한 요구 수익률이 된다. 그럼 지금부터 가중 평균 자본 비용이 어떻게 계산되는지를 살펴 보자.

기업 가치 V는 주식 가치의 합계인 E와 부채 가치의 합계인 D를 더해 구할 수 있다. V=E+D라는 관계가 성립한다. 양변을 기업 가치 V로 나누면 100%=E/V+D/V가 되는데, 이를 통해 자본 구조에 따른 자기 자본과 부채 비중을 확인할 수 있다. 여기에 자기 자본 비용RE과 타인 자본 비용RD의 비율을 각각 곱하여 구하는 가중 평균 자본 비용의 공식은 다음과 같다.

$$WACC = \frac{E}{V} \times R_E + \frac{D}{V} \times R_D$$

자본 비용을 구할 때는 항상 시장 가치를 활용하여 구해야 한다. 다만 시장 가격을 구하기 어려운 경우에는 장부 가격을 이용할 수도 있다. 여기서 한 발 더 나아가 세금을 고려한 자본 비용에 대해서 살펴 보도록 하자. 세금을 고려한다는 것은 타인 자본 비용에 변화가 발생한다는 의미이다. 타인 자본은 사용에 따른 대가로 이자 비용을 지불해야 하고, 이자 비용의 지불은 수익을 감소시킴으로써 세금을 줄여 주는 효과가 있다.

세율이 40%이고, 1,000만 원에 대해 연 10%의 이자율을 적용해 매년 100만 원의 이자를 지불해야 한다면 이자 비용의 지불로 인해 세금을 100만 원×0.4=40만 원만큼 감소시키는 효과가 있다. 세후로 계산하면 실제 이자로 지급한 비용은 60만 원/1,000만 원=6%가 된다. 다음과 같은 관계가 성립하는 것이다.

$$WACC = \frac{E}{V} \times R_E + \frac{D}{V} \times R_D \times (1 - T_C)$$

자본 비용에 대한 이해는 기업 전체의 재무적 의사 결정을 이해하는 데 필수적이다. 사회 진출을 준비하고 있는 대학생이나 사회 초년생들은 자본 비용에 대해 명확히 이해해 둬야 한다.

100% 자기 자본이 무조건 좋은 것은 아니다

주식시장이 글로벌 악재로 출렁거릴 때마다 무차입 경영을 실천하는 기업이 주목받곤 한다. 마치 타인 자본을 전혀 사용하지 않고 순수하게 유보 자금만으로 사업을 영위하는 기업이 최고의 가치를 갖는 것처럼 말이다. 과연 순수 자기 자본만으로 모든 재무 결정이 가능한 기업이 무조건 좋은 기업이라고 할 수 있을까?

답부터 말하자면 전혀 그렇지 않다. 남양유업은 2024년 말 기준으로 부채 총액이 1조 1천 억 원이다. 삼성전자는 같은 시기 부채 총액이 무려 112조 3,399억 원에 달했다. 실로 어마어마한 타인 자본을 사용하고 있는 회사가 삼성전자이다.

만약 누군가 여러분에게 두 기업의 주식 중 어느 한 주식을

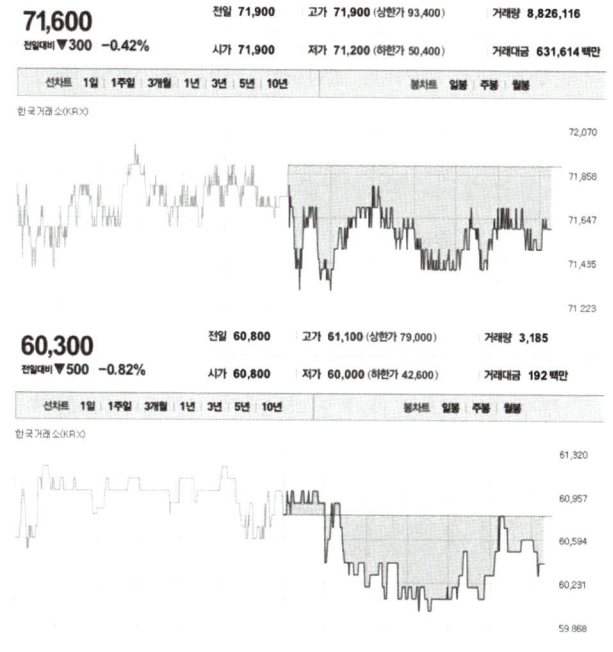

삼성전자와 남양유업의 주가 비교(KRX한국거래소, www.krx.co.kr)

마음대로 신댁하여 공짜로 가질 기회를 준다면 어떤 주식을 선택하겠는가? 십중팔구 삼성전자를 선택할 것이다. 삼성전자의 기업 가치가 남양유업보다 높다고 생각하기 때문이다. 이런 기대는 주가로 나타난다. 비록 단순 비교이긴 해도 2025년 8월 1일 기준으로 삼성전자의 주가가 남양유업에 비해 높다.

물론 남양유업에 비해 타인 자본을 많이 활용하는 기업이 남양유업보다 높은 기업 가치를 갖고 있다고 주장한다면 터무니없는 논리의 비약이다. 적어도 타인 자본을 사용하느냐, 하지 않느냐라는 기준만으로 어떤 기업이 더 좋다고 단정적으로 표현해서는 곤란하다는 것이다. 그렇다면 어떤 상황에서 타인 자본을 활용하는 것이 바람직한지 살펴 보도록 하겠다.

첫째, 훌륭한 투자 기회를 확보하고 있는 경우이다. 신사업이나 신제품 개발을 통해 확실한 시장 지배력의 확보가 가능하여 안정적이고 추가적인 수익 창출이 확신된다면 적극적으로 타인 자본을 활용해 투자하는 것이 바람직하다.

둘째, 법인세 절감 효과가 있다. 타인 자본을 사용하면 이자 비용이 발생하고, 이자 비용은 법인세를 줄여 준다. 적정 수준의 타인 자본은 법인세 절감 효과가 있는 만큼 적극 활용할 필요가 있다.

셋째, 타인 자본을 전혀 활용하지 않으면 시장에 부정적인 신호로 작용할 수 있다. 마땅한 신제품이나 신규 투자 대상을 찾지 못해 지나치게 많은 현금 자산이 기업 내에 유보되어 있다는 인상을 주는 것이다.

이상의 경우처럼 적정한 타인 자본의 사용은 전혀 활용하지 않는 경우보다 높은 기업 가치를 기대할 수 있다. 만약 지금도 무조건 부채가 적으면 적을수록 좋은 기업이라고 생각한다면 즉시 발상의 전환을 하길 바란다.

3장
마케팅 전략

STP 전략 활용을 통한 마케팅 효과 극대화

STP란 시장 세분화의 S_{Segmentation}, 목표 시장 선정의 T_{Targeting}, 포지셔닝의 P_{Positioning}를 줄여서 부르는 말이다. 경쟁이 치열한 시장에서 효과적인 마케팅 전략을 수립해 이기기 위한 하나의 황금률이다. 각각의 요점을 하나씩 살펴 보면 다음과 같다.

우선 시장 세분화란 전체 시장을 서로 다른 욕구를 가지고 있는 고객 집단 또는 고객 욕구로 나누는 것을 말한다. 효과적인 시장 세분화를 위해서는 기준과 각각의 세부 시장을 정의해 주어야 한다.

목표 시장 선정이란 각 세부 시장의 장단점을 검토한 후 마케팅 주체가 매력적이라고 판단하여 진입하고자 하는 세부 시장을 선정하는 것을 말한다. 매력적이면서 동시에 현실적으로 마케팅 주체가 진입할 만한 조건투하 자금, 기술, 기업 가치 등에 부합되는 시장인가를 따져 보는 것이 중요하다.

포지셔닝이란 목표 시장에서 기업이 제공할 상품을 선택하고 시장에서 위치를 결정하는 과정이다. 특히 고객의 마음속에 경쟁자에 비해 우위를 점할 이미지를 심어야 한다.

아이스크림 시장에 대한 시장 세분화를 한다고 하자. 아이스크림 시장을 유소년 시장과 성인 시장으로 세분하고 성인 시장을 타깃 시장으로 설정했다고 하자. 타깃 시장에 진입하려면 제품의 이미지를 성인들에게 효과적으로 심어 주어야 한다. 기능성이나 건강을 강조한 제품을 내놓는다면 경쟁력을 확보할 가능성이 높아질 것이다.

STP 전략은 기업의 효과적인 마케팅을 위한 중요한 수단이다. 충분한 이해는 필수라고 하겠다.

02 SWOT 분석으로 마케팅 전략 수립하기

SWOT은 강점Strength, 약점Weakness, 기회Opportunity, 위협Threat의 이니셜을 사용하여 만든 말이다. SWOT 분석이란 특정 상황에서 어떤 기업만의 강점, 약점, 기회, 위협이 될 요소를 찾아보고 이를 토대로 마케팅 관리자가 해결해야 할 전략적 과제를 찾아내는 작업이다. SWOT 분석의 수립은 아래 표를 참고하면 도움이 될 것이다.

	강점 Strength	약점 Weakness
기회 Opportunity	SO전략(강점-기회 전략) : 시장 기회가 있고 전략적 강점이 있는 경우. 시장을 선점하는 전략 또는 시장이나 제품이 다각화 전략의 추구가 가능함.	WO전략(약점-기회 전략) : 시장 기회는 있지만 핵심 역량이 부족한 경우. 역량 강화를 통해 시장 기회를 포착하는 전략. 시장 기회 포착 후 전략적 제휴 등을 통해 핵심 역량을 보완하는 과정이 필요함.

위협 Threat	ST(강점-위협 전략) : 시장 위협 요인이 있지만 경쟁사에 비해 상대적 강점이 있는 경우. 강점을 적극 활용해 공격적인 시장 진입 전략을 구사하거나 제품 계열을 확충하는 전략이 가능.	WT(약점-위협 전략) : 환경 위협 요인이 있고 핵심 역량도 부족한 경우. 약점 극복을 위해 제품 혹은 시장 재구축을 통해 집중화 전략을 실행하거나 철수 전략도 고려해야 함.

SWOT 분석을 통한 전략 수립

아래 표는 어느 지방자치단체의 SWOT 분석 사례이다. SWOT 분석에 대해 좀 더 실제적으로 이해할 수 있다.

	강점 Strength	약점 Weakness
기회 Opportunity	지리적 근접성 및 교통 체계 접근성 양호 녹지 자원, 수계 등 자연환경 양호 정책적 노력 : 문화, 교육, 복지, 자치	도시 기능, 고유성, 독자성, 정체성 미약 산업 기반 취약 : 베드타운 주거 및 생활 환경 낙후
위협 Threat	개발제한구역 해제 고속철 역세권/연계 교통 체계 개발 → 접근성 획기적 제고 경륜장 건설 → 지방 재정 증대	도시 연담화 논리 개발 제한 : 상위 계획, 개발 가능지 부정적 도시 이미지 → 저소득층 주거지, 뜨내기 도시

SWOT 분석 실제 사례

SWOT 분석은 다양한 분야에 걸쳐 실무에서 유용하게 사용하는 방법이므로 잘 익혀 두면 도움이 된다.

마케팅의 핵심은 소비자의 마음 읽기

 마케팅은 어떤 의미를 내포하고 있을까? 보통 마케팅은 상품과 용역을 생산자로부터 소비자에게 원활히 이전하기 위한 비즈니스 활동이라고 표현한다. 시장에서 소비자들은 구매하고자 하는 다양한 상품들을, 구매하고자 하는 가격에, 구매하고자 하는 방법으로, 구매하고자 하는 시기에 구매하려고 한다. 생산자는 대량 생산 방식을 통해 표준화된 상품을 저렴한 가격으로 신속하게 공급하기를 희망한다. 이상과 같은 소비자와 생산자의 희망을 연결해 보다 효과적이고 능률적인 거래가 가능하도록 돕는 것이 마케팅이다.
 효과적이고 바람직한 마케팅 방법을 찾기란 여간 어려운 것이 아니다. 결국 판매자 입장에서 마케팅은 소비자의 마음을 읽어야 하기 때문이다. 마케팅의 핵심이 곧 소비자의 마음을 읽어야 한다는 사실을 사례를 통해 살펴 보자.

미국의 한 식료품 회사가 아침에 즉석으로 식사를 해결하는 신제품을 내놓았다. 물론 신제품을 내놓기에 앞서 맛, 영양, 조리 시간, 제품 출시 후 구매 여부 등에 대한 조사를 실시했다. 그 결과 상당히 긍정적인 반응이 도출되었기에 기대가 높았다. 하지만 신제품 출시 후 시간이 지나도 판매량이 증가하지 않는 모습을 보였다. 회사는 소비자들을 초청해 원인을 분석했다. 결과는 의외로 놀라웠다.

소비자들이 제품을 구매하지 않은 이유는 맛도, 영양도, 조리 시간도 아니었다. 가족들을 위해 아침을 준비하는 주부들이 '너무 성의가 없지 않나?' 하는 생각에 구매를 꺼렸던 것이다. 회사는 즉시 마케팅 전략을 수정했다. 아침 시간에 빨리 식사 준비를 하고 남는 시간에 가족들을 위해 무엇인가 다른 일을 찾자는 내용으로 광고를 바꿨다. 그러자 제품이 날개 돋친 듯 팔려 나가기 시작했다.

소비자의 마음을 읽는 것이 마케팅의 시작점이라는 사실을 꼭 기억해 두자. 마케팅의 모범 답안은 멀지 않은 우리 가까운 곳에 있는 경우가 의외로 많다.

4장
기업의 이해

01 회사는 망해도 사장은 망하지 않는다?

　회사는 망해도 사장은 망하지 않는다는 말은 잊힐 만하면 한 번씩 사람들의 입에서 나오곤 한다. 사장이 온갖 잘못을 저질러 회사가 망했음에도 여전히 큰 어려움 없이 잘 사는 사례를 주로 가리킨다. 다음을 읽어 보자.

> 최은영, "기업은 망해도 오너는 3대는 간다"
> 2일 '사망선고' 한진해운 몰락 주역 최은영 회장은 여전히 재벌급
>
> 한진해운의 몰락에 결정적인 역할을 한 최은영 회장 일가는 여전히 알

> 짜 대기업을 운영하며 건재하다. 최은영씨와 그 일가가 대주주로 있는 유수홀딩스는 한진해운으로부터의 수주가 줄면서 예전만 못하지만 최은영 회장 일가의 캐시카우 역할을 하기에는 충분한 자산을 보유하고 있고 매출실적도 지난해와 크게 다르지 않은 수준을 유지해왔다.
> 이런 탓에 2일 한진해운의 '사망선고'에도 불구하고 유수홀딩스 주가는 1.48% 하락하는 데 그쳤다. 유수홀딩스는 최은영 회장 및 최 회장의 가족 등 특수관계자들이 전체 주식의 47.05%를 보유하고 있다. 유수홀딩스의 2일 현재 시가총액은 1,755억 원이다. 최은영 회장 일가의 재산은 유수홀딩스 주식만해도 800억 원 남짓 되는 셈이다.
> 최은영씨는 2015년 6월 부터 유수홀딩스의 대표이사 회장을 맡고 있다. 유수홀딩스는 운송주선업과 선박관리, 선사 IT솔루션 등을 사업내용으로 하는 회사다. 몬도브릿지, 유슈에스엠, 유수로지스틱스, 트리플스 등 17개의 자회사 및 관계회사를 거느리고 있는 준 재벌급 기업이다.
> 한진해운의 해운업 관련 알짜배기 주변 사업들을 일찌감치 최은영 회장 일가에게 몰아준 것이나 마찬가지다.
> (생략)
>
> <스타 에이지> 2019년 3월 5일

잘못한 CEO가 회사야 망하든, 아니면 죽도록 힘든 구조 조정을 거치든 자기가 챙길 것만 모두 챙기는 짓은 분명 심각한 도덕적 해이moral hazard이다. 그런 모럴헤저드가 가능한 것이 바로 현대 사회이다. 법인은 법인이고 개인은 개인이라는 원칙이 엄연히 존재하는 자본주의 사회이기 때문이다.

위와 같은 문제점에도 여전히 법인과 개인을 분리하는 제도를 유지하는 이유는 실보다 득이 많아서다. 어차피 자본주의 사회에서 살아야 하는 우리는 법인과 개인을 분리함으로써 발생하는 폐해를 사전에 예방할 방안 마련에 열렬한 박수를 보내야 할 것이다. 동시에 법인과 개인을 분리한 이유가 어디에 있는지 곰곰이 생각해 볼 필요가 있다.

02 지주회사란 무엇인가?

사전적 정의를 살펴보면 지주회사란 '다른 회사의 주식을 소유함으로써 사업 활동을 지배하는 것을 주된 사업으로 하는 회사'이다. 다시 말해 지주회사는 다른 회사를 지배하는 회사를 의미한다. 주변에서 "어떤 그룹은 어떤 기업이 지주회사다" 같은 표현을 자주 들어서 매우 친숙한 단어일 것이다.

과거 현대자동차그룹과 현대그룹 사이에 벌어졌던 치열한 현대건설 인수전은 현대건설이 보유하고 있는 현대상선 지분이 중요한 요인이었다는 사실은 아는 사람은 다 아는 공공연한 비밀이었다. 현대상선이 현대그룹의 사실상 지주회사였다. 현대그룹 입장에서는 현대건설이 보유하고 있는 현대상선 지분을 잃으면 그룹의 지배 구조 전체가 흔들릴 가능성이 있었다. 당연히 무조건 인수해야 하는 상황이었다.

현대그룹은 현대자동차그룹보다 엄청나게 높은 금액의 입찰 제안서를 제출하였고, 결국 우선 협상 대상자가 될 수 있었다. 결과적으로 현대그룹의 우선 협상자 지위는 박탈되었고, 법정 분쟁 조짐까지 보이자 채권단은 부랴부랴 현대상선 지분을 시장이나 국민연금 등에 매각하는 중재안까지 제시한 바 있다.

이처럼 대기업 간의 치열한 인수 경쟁은 자칫 잘못하면 그룹의 경영권을 넘겨야 할지도 모르는 절체절명의 순간까지 치닫기도 한다. 처절한 입장의 현대그룹과 건설사 인수에 따른 시너지 효과 외에 현대의 종가로서 위신을 세우려는 현대자동차그룹 간의 총성 없는 전투였던 것이다.

현재 우리나라 대기업 중에도 여전히 지배 구조가 불안한 기업들이 있다. 이러한 기업들은 향후 경제 상황의 변화에 따라 현대그룹과 같은 위기를 경험하게 될 가능성이 있다. 대한민국 기업들의 미래에 관심이 많은 젊은이들이라면 향후 벌어질 치열한 지배 구조 경쟁을 유심히 지켜 보아야 한다.

기업의 자금 조달 방식

　기업 운영을 위해서는 규모에 따라 상당한 차이가 있기는 하겠지만 막대한 자금이 소요된다. 어떤 기업에 소요되는 자금의 규모나 조달 방식을 잘 이해한다면 해당 기업을 이미 충분히 알고 있는 것이다. 보통 기업이 자금을 조달하는 방식에는 직접 조달 방식과 간접 조달 방식이 있다.

　직접 조달 방식이란 자금의 수요자가 직접 자신의 책임과 계산으로 자금을 조달하는 형태를 말한다. 대표적 예로는 증권 시장에서 기업이 주식이나 채권을 발행해 자금을 조달하는 방식이다.

　간접 조달 방식이란 기업이 불특정 다수로부터 다양하게 자금을 유치한 은행으로부터 자금을 조달하는 방식이다. 대표적인 예로는 대출이 있다. 간접 조달 방식은 자금 운용의 안정성을 높여 주는 것은 물론, 기업이 손쉽게 필요한 자금을 조달할 수 있다는 장점이 있다. 다만 간접 조달 방식에 따라 마련한 자금은 직접 조달 방식에 의한 자금에 비해 금융 부담이 높다는 단점이 있다.

두 가지 자금 조달 방식 중 어떤 것이 바람직하고 경제적이라고 말하기는 사실상 불가능하다. 나름대로 장점과 단점이 분명히 존재하고 있다.

직접 조달 방식에 의해 주식시장에서 신규로 주식을 발행하여 필요한 자금을 조달했다고 가정해 보자. 새로 조달된 자금은 이자를 낼 필요가 없어 재무적 부담을 걱정하지 않아도 된다. 반면 신주를 인수한 새로운 주주들이 배당을 요구하기도 하고, 경영권에 위협이 되는 경우도 생길 수 있다. 만약 안정적인 경영권 확보가 최우선이라고 생각하는 기업 오너라면 결코 선택하지 않을 조달 방식인 것이다.

지배 구조 자체가 안정적이고 배당 압력에 충분히 대처할 자신이 있는 기업 오너라면 간접 조달 방식을 선호하지 않는다. 금융권에서 조달한 자금에 대한 이자 부담이 신경 쓰이기 마련이다. 이런 경우라면 직접 조달 방식을 선호할 것이 틀림없다.

자금 조달 방식이 직접이냐, 간접이냐는 결국 기업의 상황에 따라 결정된다. 각각의 기업이 처한 환경을 면밀히 검토해 본다면 향후 기업이 어떤 자금 조달 방식을 선택지, 그에 따라 어떤 영향을 받게 될지 예측이 가능해진다.

04 손해를 감수하면서도 생산하는 이유

　기업 입장에서는 항상 이익이 있어야만 생산을 하는 것은 아니다. 때로는 손실을 감수하면서도 기꺼이 제품을 생산해야 하는 경우도 있다. 이론적인 이야기가 아니다. 실제로 기업 현장에서 얼마든지 발생할 수 있는 상황이다. 도대체 어떤 상황에서 기업들이 손실을 감수하면서까지 생산을 해야 할까?
　혹시 정부나 외부의 압력 때문에 손실을 감수하면서까지 생산을 해야 했던 과거를 말하는 것일까? 전혀 그렇지 않다. 전적으로 기업의 합리적 의사 결정에 따른다. 예를 들어 설명해 보자.
　건설업을 하는 기업이 어떤 공사 현장에 사용하기 위해 매일 100만 원을 지불하는 조건으로 기계 장비를 임대하였다. 만약 어떤 사정으로 공사를 진행하지 못해 대기 상태가 되었다. 마침 인근 사업장에서 비슷한 공사를 하던 B라는 건설 회사가 하루에 50만 원을 지불하는 조건으로 기계 장비를 3일만 임차하겠다는 제안을 했다면 어떻게 해야 할까?

가능한 대응 방식은 두 가지로 좁혀진다.

첫 번째는 기계를 놀리는 한이 있더라도 공사가 개시될 때까지 그냥 기다린다. 두 번째는 기계를 놀리기보다는 비록 임차 금액보다 손해는 보더라도 하루에 50만 원 조건으로 임대한다. 여러분은 두 가지 선택 중 어떤 것이 지혜로운 선택이라고 생각하는가?

두 번째를 선택하는 것이 정답이다. 기계를 빌려주지 않으면 하루에 100만 원의 손실이 발생하지만 빌려주면 손실 폭이 50만 원으로 감소하기 때문이다. 그럼에도 여전히 손해는 감수해야만 한다. 손해를 보면서도 응해야 하는 상황인 것이다.

기업이 손해를 보면서까지 생산을 감행하는 경우는 대개 손실을 최소화하기 위해서라고 보면 된다. 손해를 보더라도 생산을 해서 고정 비용 등을 회수하려고 하거나, 미래를 위한 전략적인 포석인 경우도 있다.

손해를 보면서까지 생산하는 경우가 많을까 하고 반문할 수도 있다. 물론 아주 보편적인 경우라고 단정하지는 못하지만 의외로 손실을 최소화하려는 목적으로 기꺼이 손실을 감수하는 사례가 많다는 점을 기억하자.

5부。

재테크 상식
아는 척하기

1장
주식시장

01 거래소 시장과 코스닥

우리가 흔히 '증권거래소' 또는 '거래소'라고 부르는 한국거래소KRX, Korea Exchange는 기존 증권거래소, 선물거래소, 코스닥위원회, 주코스닥증권시장 등 4개 기관이 통합되어 2005년 1월 27일 설립되었다. 기존 증권기래소가 포함되어 있다는 점에서 국내에서 가장 오래된 주식 거래시장이라고 하겠다. 이곳에서 거래되는 주식들의 가격을 종합적으로 표시한 수치를 코스피KOSPI, Korean Composite Stock Price Index라고 부른다. 1980년 1월 4일을 100p로 하여 시가총액 방식으로 지수를 산출하고 있다.

보통 코스피 종목들은 코스닥KOSDAQ, Korea Securities Dealers Automated Quotation 종목들에 비해 위험이 낮은 편이다. 뿐만 아니라 코스피 종목들이 코스닥 종목보다 안정적인 수익을 창출할 수 있다는 특징이 있다. 물론 개별 기업에 따라 차이는 있다. 코스피 지수는 단지 증권시장만이 아니라 국가 경제에서 차지하는 비중도 커서 경제 지표로서 매우 중요한 역할을 담당한다. 글로벌 경기 침체 당시 글로벌 증시의 불안 현상에 따라 국내 증시도 300포인트 가까이 급락하면서 주식 투자자들을 패닉 상태로 몰아넣은 적이 있다. 주식시장을 넘어 은행권, 부동산 시장에까지 부정적 영향을 미친 사실을 통해서도 코스피 지수의 중요성을 확인할 수 있다.

코스닥은 장외 주식 거래시장으로 1995년 7월 출범되었다가 2005년 한국거래소로 통합되었다. 코스닥은 첨단 기술주 중심인 미국의 나스닥NASDAQ 시장을 본떠 만들었는데, 주로 중소기업이나 벤처기업의 주식이 거래되는 시장이다. 코스피와 마찬가지로 해당 상장 기업들의 시가총액을 기준으로 지수를 산정한다. 코스닥에서 거래되는 기업들은 코스피 시장에서 거래되는 기업들에 비해 위험성이 높은 반면, 상대적으로 높은 수익을 기대한다는 특징이 있다.

코스닥에서 거래되는 기업들이 코스피 시장에서 거래되는 기업들보다 무조건 위험하다고 단정 지어서는 곤란하다. 마찬가지로 코스피 시장의 기업들보다 높은 투자 수익을 올릴 수 있다고 생각해도 곤란하다. 코스피냐, 코스닥이냐에 따른 구분보다는 시장 지배력이나 브랜드 가치, 기업 가치, 제품의 품질 등 기업의 경영 활동에 주목해야 한다. 소비자들에 의해 결정되는 다양한 변수들이 기업 실적으로 연결되고, 다시 주가에 반영된다는 사실을 명심하자.

■

코스피200이란 무엇인가?

　코스피200은 한국종합주가지수200, 200지수, 선물지수200 등으로 다양하게 불리는 대표 주가 지수이다. 우리나라를 대표하는 200개 주요 기업의 시가총액을 지수화한 것을 말한다. 코스피200은 증권거래소가 1994년 6월 도입하여 산정하고 있다. 코스피200 지수와 비슷한 개념으로 코스닥 시장에서는 코스닥 50 지수가 있다.

　코스피200에 포함되는 종목들은 시장 대표성, 유동성, 업종 대표성을 고려하여 선정한다. 전체 종목을 어업, 광업, 제조업, 전기가스업, 건설업, 유통서비스업, 통신업, 금융서비스업, 오락문화서비스업 등 9개 업종군으로 분류한 후 각 업종 내에서 시가총액과 거래량 비중이 높은 종목들을 우선 선정하는 방식이다.

코스피200 구성 종목은 매년 1회 정기적으로 심사하며 상장 폐지, 관리종목 지정, 인수합병 같은 변수가 발생하면 수시고 자동 조정된다. 코스피200 지수는 숫자 면에서 상장 종목수의 20%에 불과하지만, 전체 시가총액의 70% 수준을 차지하고 있어서 코스피 지수의 움직임과 동일한 방향으로 움직인다는 특징이 있다.

코스피200 지수는 그 활용도 측면에서도 매우 다양하다. 특히 파생상품 시장에서 선물·옵션의 기초 자산으로 활용되며, 금융투자 상품의 기준 지수로도 자주 사용된다. 예를 들어, ETF 상장지수펀드 상품 중 대표적인 Kodex 200, TIGER 200 등의 ETF가 코스피200 지수를 기반으로 운용되고 있다.

이외에도 ELD 지수연동예금 등 예금과 투자 상품의 하이브리드 상품에서도 광범위하게 사용된다. 투자신탁회사가 코스피200 지수를 활용해 상품을 설계할 경우에는 한국거래소에 사용료를 납부해야 한다는 특징도 있다.

코스피200 지수의 신뢰성과 대표성을 기반으로, 최근 금융권에서는 다양한 ELD 상품이 개발·출시되고 있다. 한 예로 KB국민은행의 'KB Star 지수연동예금 25-3호'를 들 소 있다. 코스피200 지수가 일정 구간 10% 이내 상승할 경우 최대 연 11.5%의 수익률을 제공하며, 변동성이 크거나 하락 시에는 연 1.5%의 최저 보장 수익률을 제공하는 구조이다.

또한 신한은행의 '세이프지수연동예금 KOSPI200 디지털 상승형'은 지수가 상승만 해도 연 2.55% 수익률을 제공하고, 지수가 하락해도 최소 2.38%의 수익률을 보장하는 안정형 구조로 출시되어 있다. 이외에도 NH농협은행은 2025년 상반기 '지수연동예금 25-5호'를 선보이며, 수익률 1.5%에서 최대 5.0%까지 달성 가능한 구조의 상품을 출시했다.

이처럼 코스피200 지수는 우리나라 증시의 중심 흐름을 잘 반영하는 대표 지표로서, 다양한 금융상품의 설계와 투자의 기준으로 활용되고 있다. 특히 안정성과 수익성을 동시에 추구할 수 있다는 점에서 투자자들의 관심이 끊이지 않는 지수라고 할 수 있다.

03 프로그램 매매란 무엇인가?

프로그램 매매란 선물 이론 가격과 실제로 시장에서 거래되는 가격이 비정상적으로 벌어질 때 발생하는 무위험 차익 거래를 말한다. 쉽게 설명하면 투자 전략을 컴퓨터에 미리 입력하여 시장 상황에 따라 매매 시점을 포착해 시전에 결정된 매매 프로그램을 일괄 수행하는 거래를 말한다. 보통 주식을 대량 거래하는 기관 투자자들이나 외국인들이 여러 종목의 주식을 묶어서 거래하는 데 사용되는 매매 방식이다.

현물시장을 기준으로 프로그램에 따라 현물을 사고 선물을 파는 경우를 프로그램 매수_{매수차익거래}라고 하고, 현물을 팔고 선물을 사는 경우를 프로그램 매도_{매도차익거래}라고 한다. 주가 지수 선물의 '이론 가격'은 코스피200 현물 지수에 단기 금리를 더하고 배당 수익률을 뺀 가격이다. 이론 가격은 만기일이 멀리 떨어져 있을수록 이자 부담이 커져서 현물 가격 코스피200 지수보다 높은 구조를 갖는다.

선물시장에서는 주가 지수 선물을 사고자 하는 매수자들과 팔고자 하는 매도자들 간의 수급에 따라 선물 가격이 이론 가격에 비해 비정상적으로 낮거나 높게 거래되는 경우가 종종 발생한다. 실제로 시장에서 형성되는 선물 가격이 이론 가격보다 비정상적으로 낮다면 정상적인 선물 가격에 비해 시장 가격이 지나치게 낮은 상태임을 의미한다. 선물이 현물에 비해 과도하게 저평가된 상태로, 투자자들은 저평가된 선물을 매수하는 한편 고평가된 현물은 매도하는 '매도차익거래'를 하게 된다. 가격차가 좁혀지면 선물을 다시 매도하고 현물을 매수하는 반대 매매를 통해 무위험 차익을 얻게 된다.

반대로 선물 가격이 이론 가격보다 지나치게 높은 상태라면 만기일에는 선물과 현물의 가격이 동일해지게 된다. 따라서 비싼 선물을 매도하고 동시에 가격이 낮은 현물을 매수하는 '매수차익거래'를 하는 것이다.

그렇다면 프로그램 매물은 시장에 어떤 영향을 줄까? 우선 현물을 매도하고 선물을 매수하는 프로그램 매도가 발생하면 매물 압박으로 인해 현물 지수가 하락한다. 반대로 현물을 매수하고 선물을 매도하는 프로그램 매수가 발생하면 주가는 큰 폭으로 상승한다.

한편 만기일이 되면 매수차익거래선물매도 현물매수 잔고의 경우 현물 매도 선물 매수로 청산되고, 매도차익거래선물매수 현물매도 잔고는 현물 매수 선물 매도로 청산된다. 매수차익거래 잔고가 누적되면 만기일에 가까울수록 현물 시장에 매물 압박 요인으로 작용하게 되는 것이다.

이상에서 보듯 프로그램 매물은 선물시장과 주식시장에 매우 큰 영향을 준다. 프로그램 매물의 향방을 면밀하게 점검하는 습관이 필요하다.

04 주식시장은 언제나 합리적이다?

'시장을 움직이는 것은 보이지 않는 손이다.' 이 말은 시장이 얼마나 중요한지를 단적으로 나타내는 말이다. 사실 시장은 특정 상황이 아니라면 정부의 개입 없이도 자율적으로 수요와 공급에 따라 가격이 결정되는 메커니즘을 작동시킨다. 그렇다고 시장의 기능을 지나치게 신뢰하고 전적으로 의지하면 다양한 문제를 만들어 낼 수 있다. 곧 시장이 언제나 합리적이지는 않다는 의미이다.

경제학에서 말하는 시장과 마찬가지로 주식시장 역시 언제나 합리적으로 작동하는 효율적인 시장은 결코 아니라고 감히 단언한다. 만일 시장이 언제나 합리적으로 작동한다면 수요자나 공급자들의 비합리적인 선택이 발생하지 말아야 한다. 현실에서는 어떤가?

주식시장은 지극히 비합리적인 요소에 의해 휘둘리는 경우가 다반사이다. 확인도 되지 않고 근거도 없는 금광 개발설이나 각종 계약 수주설에 주가가 요동치는 사례를 그다지 어렵지 않게 보게 된다. 이것은 빙산의 일각에 지나지 않는다. 1월 효과, 금요일 효과는 또 어떤가? 아무 이유 없이 주가가 움직이는 모습을 보면 어처구니 없는 현상이라고 말할 수밖에 없다.

시장의 비합리성은 비단 국내 주식시장에만 국한되는 현상이 아니다. 해외 주식시장에서도 너무 빈번하게 비합리적인 주가 움직임이 보인다. 맨체스터 유나이티드나 FC 바르셀로나가 UEFA 챔피언스 리그에서 우승했다고 해서 영국의 주가나 스페인의 주가가 상승할 이유는 전혀 없다. 그럼에도 영국과 스페인의 주가가 상승하는 모습을 보이곤 한다. 이러한 현상들이 의미하는 것은 과연 무엇일까? 주식시장이 우리가 생각하는 만큼 완벽하게 작동하지 않고 있으며, 사실은 불완전한 시장이라는 점이다.

많은 투자자들은 주식시장이 완전한 시장이라고 생각하면서 투자에 임하고 있다. 주가가 하락하면 그럴 만한 이유가 있고, 반대로 주가가 상승하면 역시나 이유가 있다고 너무 쉽게 받아들인다. 주식시장은 경제학에서 그토록 부르짖는 시장 메커니즘이 완벽하게 작동하지 않는 불완전한 시장이다. 아무 이유 없이 심리적 요인에 의해 주가는 하락하기도 하고 상승하기도 한다는 점을 절대 잊지 말아야 한다.

  시장이 불완전하다는 사실만 개념적으로나마 이해하고 있다면 주가 변동폭이 큰 위기 상황에서 터무니없는 투자 실패를 경험하지는 않을 것이다. 다시 한 번 강조하지만 시장은 결코 완전하지 않다. 반드시 명심하도록 하자.

05 기술적 분석과 기본적 분석

 투자를 위해 주식시장을 분석하는 방법은 기본적 분석Fundamental Analysis과 기술적 분석Technical Analysis으로 크게 대별된다. 먼저 기술적 분석이란 주가나 거래량과 같이 과거 주식시장에 나타난 데이터를 기초로 미래 주가를 예측하여 석정 매매 시점을 포착하는 분석 기법으로, 일명 차트 분석이라고도 한다. 개별 주가나 시장 흐름은 주식에 대한 수요와 공급에 따라 결정되는데, 이때 주식에 대한 수요와 공급이 투자자들의 심리에 의해 결정된다는 것에 기술적 분석의 근거가 있다. 기술적 분석은 주식 가격에 모든 정보가 반영되어 있다는 가정과 더불어 가격은 추세를 가지고 움직이며 가격의 패턴은 반복된다는 전제를 바탕으로 한다.

기술적 분석의 장점은 크게 세 가지가 있다. 첫째, 과거의 주가 흐름을 일목요연하게 보여 주기에 향후 주가를 예측할 수 있다. 둘째, 숙달될수록 분석 능력이 향상된다. 셋째, 효율적인 검색 조건을 설정함에 따라 종목 선정의 성공 확률이 높아진다.

기술적 분석의 단점 역시 세 가지가 있다. 첫째, 과거의 자료를 기초로 미래 주가를 예측하는 만큼 예측의 오류 가능성이 있다. 둘째, 개인 투자자는 기관 투자자나 외국인에 비해 기술적 분석 도구가 부족하다. 셋째, 작전 세력의 주가 조작에 낭패를 당할 가능성이 있다.

기술적 분석에는 다우이론, 엘리어트 파동이론 등의 추세 분석과 함께 차트 분석, 패턴 분석모형 분석, 지표 분석 등이 있다. 기술적 분석을 위한 지표로는 이동평균선, 거래량OBV, On Balance Volume, 거래량비율VR, Volume Ratio, 주가등락선ADL, Advance Decline Line, 주가등락비율ADR, Advance Decline Ratio, 투자심리선, 이격도 등이 있다.

기본적 분석이란 주식의 시장가격은 기업 가치에 의하여 결정되므로 기업의 내재 가치를 분석하여 향후 주가의 움직임을 예측하는 방법이다. 기업의 내재 가치본질 가치를 분석하기 위해서는 경제 및 산업 분석은 물론 개별 기업에 대한 기업 분석까지 수행하여야 한다. 다시 말해 기본적 분석은 경제 분석, 산업 분석, 기업 분석으로 세분된다.

경제 분석은 경제 현상이 주식 가격에 어떤 영향을 주는지,

현재 시점이 투자 적기인지를 판단하는 필수적인 분석이다. 통화량, 물가, 금리, 환율, 수출입 동향, 소비, 실업률 지표 등을 통한 분석이 해당된다.

산업 분석은 특정 기업이 속해 있는 산업군의 성장성이나 수익성 등을 파악하여 향후 어떤 산업이 투자 대상으로 유망한지를 살펴 보는 방법이다. 산업 분석은 투자 종목을 선정하기 전에 투자 대상 기업의 범위를 한정하는 과정이라 하겠다.

기업 분석은 어떤 종목의 내재 가치를 분석하여 저평가된 종목을 발굴하는 것을 말한다. 해당 기업의 자산 상태와 경영 성과를 보여 주는 재무제표와 재무제표로부터 추출된 각종 재무비율 지표를 분석하는 과정이 포함된다. 이와 함께 CEO의 능력, 기업 이미지, 브랜드 가치 등 질적 요인도 함께 분석한다.

기술적 분석과 기본적 분석 모두 유용한 분석 방법이다. 하지만 상대적으로 기업의 내재 가치에 충실한 기본적 분석이 장기적으로 안정적인 초과 수익을 올릴 가치 투자 방법이다. 기본적 분석에 충실하기를 권한다.

06 신용등급 평가란 무엇인가?

　S&P가 미국 신용등급을 한 단계 강등했다고 하여 세계 경제가 엄청난 후폭풍에 시달린 적이 있다. 신용등급은 신용 평가에 따라 결정된 등급이다. 신용등급은 평가 대상의 신용 수준을 하나의 기호로 표시한다. 신용등급은 최우량에서 매우 불량까지 다양하게 분포하며, 각각의 등급은 절대적인 신용 수준이 아니라 상대적인 신용 수준을 의미한다.

　신용등급은 많은 사람들이 생각하는 것처럼 투자에 대한 권고를 의미하지 않는다. 최우수 등급의 채권이 우수 등급의 채권보다 우월한 투자 대상이라고 말할 수는 없다. 최우수 등급이냐, 우수 등급이냐는 단지 원리금 상환 측면에서의 구분이다. 결국 투자 여부는 투자자의 몫인 것이다.

신용 평가 회사들은 평가 대상의 신용 위험에 대한 평가 기간이 장기인지, 단기인지에 따라 장기 신용등급과 단기 신용등급을 구분해 평가한다. 기간 기준은 보통 어떤 유가증권의 발행 당시 만기가 발행 시점으로부터 1년 이내에 도래하는지, 1년 이후에 도래하는지에 따라 결정된다. 장단기 신용등급 간의 관계는 보통 장기 신용등급과 단기 신용등급 간의 대응이 상호간 일정한 범위 안에서 이루어지는 경향을 보인다. 이에 따라 S&P나 무디스, 피치 같은 국제적 신용 평가 회사들은 물론 국내 신용 평가 회사들도 장단기 신용등급 간의 대응이 일정한 범위 내에서 이루어지고 있다.

한국기업평가는 신용등급**장기 신용등급**을 AAA, AA, A, BBB, BB, B, CCC, CC, C, D 등과 같이 총 10개의 기호로 크게 구분한다. 단기 신용등급은 A1+, A1, A2, A3, B, C, D 등 총 7개의 기호로 크게 구분한다. 이중 A1+ 등급은 최우량 단기채에 부여되는 최고 등급이고, D등급은 부도 기업에게 부여되는 신용등급이다. 투자자 입장에서는 투자를 회피해야 할 신용등급이라고 보면 된다.

신용등급과 관련해 자주 언급되는 용어 가운데 투자등급과 투기등급이 있다. 신용 위험의 차이에 따라 결정되는 등급이다. 한국기업평가의 기준으로 장기 신용등급 AAA~BBB-까지가 투자등급에 해당되고, 단기 신용등급 기준으로는 A1+~A3까지가 투자등급, B이하~D까지는 투기등급에 해당된다.

> **"국가신용등급 강등은 막아야 … 이러다 제2 외환위기"**
>
> 대통령 권한대행 국무총리 탄핵이라는 사상 초유의 정국 혼란으로 27일 금융·외환 시장이 패닉에 빠지자 전문가들은 하루빨리 정국 수습에 나설 것을 호소했다. 정치가 초래한 주식·원화값 급락으로 기업과 소비자가 치명적인 피해를 입고 있기 때문이다.
> 최근 진행된 정국 혼란이 외국인 자금 추가 이탈, 국가신용등급 강등, 기업 연쇄 도산 등으로 이어지는 최악의 시나리오도 배제할 수 없다.
> 윤증현 전 기획재정부 장관은 원화값 급락에 따른 수입 물가 상승 등 민생 불안을 우려했다. 윤 전 장관은 "더불어민주당이 수권 정당 모습을 보이고자 한다면 한덕수 대통령 권한대행 국무총리까지 탄핵해 정부를 올스톱시켜선 안 됐다"며 "원화값이 더 추락하면 에너지·곡물 수입 물가 상승으로 이어져 국내 물가체계가 붕괴될 것"이라고 경고했다.
> 권한대행 탄핵은 대외신인도에도 충격을 줄 것으로 내다봤다. 윤 전 장관은 "대외신인도를 지키기 위해서는 정치 안정이 중요하다"며 "국제신용평가사가 대한민국 국가신용등급까지 떨어뜨리면 어마어마한 국가적 손실이 발생할 것"이라고 전망했다.
> (생략)
>
> <매일경제>, 2024년 12월 27일

신용등급 자체가 기업이나 국가에 투자해도 되느냐, 혹은 어느 쪽이 보다 높은 투자수익률을 기대할 수 있느냐에 대한 기준이 되지는 않는다. 원칙적으로 신용등급은 원리금 상환능력 다시 말해 투자원금의 회수 가능성을 수치화한 지표이다. 안전하게 투자 자금을 회수할 가능성이 얼마나 높으냐를 알려 주는 표시라는 뜻이다. 그럼에도 실제 신용등급이 기업이나 국가에 미치는 효과는 엄청나다. 다음의 기사는 윤석열 전 대통령의 탄핵 이후 정치 흐름 속에서 우리나라의 국가 신용등급 강등 등을 우려하는 기사 자료이다.

위 기사 자료는 특정 기업이나 국가의 신용등급이 어떻게 움직일지에 관심을 가져야 하는 이유와 함께, 투자에 앞서 왜 신용등급을 꼭 점검해야 하는지를 보여 주는 내용이다.

2장
금융시장

01 기준금리란 무엇인가?

　기준금리란 중앙은행이 결정하는 금리로, 한 나라의 금리를 대표하는 정책금리이며 각종 금리의 기준이 된다. 한국은행 내에 설치된 금융통화위원회가 기준금리를 결정하고 있는데, 2017년부터는 기준금리 결정이 종전 연 12회에서 8회로 줄어들었다. 이에 따라 기준금리를 결정하는 '통화정책방향 결정을 위한 회의'가 1월, 2월, 4월, 5월, 7월, 8월, 10월, 11월에 열리고 있다.

　2008년 2월까지 한국은행은 금융통화위원회에서 콜금리 운용 목표치_{정책금리}를 결정하였으나 같은 해 3월부터 정책금리를 기준금리로 변경하여 지금까지 유지하고 있다.

　기준금리는 한국은행의 환매 조건부 채권 매매, 대기성 여신·수신 등 금융기관 간의 거래 기준이 되는 금리 역할을 한다. 다만 기준금리는 운용 목표치라는 특징이 있다. 실제 금융시장에서 결정되는 금리가 기준금리에 따라 기계적으로 결정되는 것이 아니라, 자금시장의 수요와 공급에 따라 결정된다는 뜻이다.

한국은행이 제시하는 기준금리는 중요하다. 채권의 매매나 금융기관의 지급 준비율, 재할인율 등 각종 통화 정책을 활용해 통화량과 물가, 금리 등에 영향을 주기 때문이다. 물론 기준금리

5월엔 기준금리 인하?…환율이냐, 경기냐 '딜레마' 계속

한국은행 금융통화위원회(금통위)가 지난 17일 2분기 첫 통화정책방향 회의에서 기준금리를 연 2.75%로 동결했다. 2월에 이은 연속 인하로 미국과의 금리 차가 더 벌어지면 환율, 물가, 경기 등 복합적인 영향이 나타날 것을 고려해 신중한 입장을 유지했다는 해석이다.

앞서 금통위는 지난해 10월 기준금리를 0.25%포인트(p) 인하하며 통화정책의 방향을 완화 기조로 전환했다. 이어 11월에는 시장의 예상을 뒤엎고 금융위기 이후 처음으로 두 달 연속 금리 인하를 단행하며 강한 정책 전환 의지를 드러냈다.

이후 올해 1월에는 금리 동결을 통해 한 차례 숨 고르기에 들어갔고, 2월 회의에서는 다시 한번 0.25%p 추가 인하를 결정했다.

(중략)

미국발 관세 전쟁의 수출 타격이나 불확실한 정치적 상황 속에서 내수 회복을 고려하면, 한은이 다음 달에는 금리 인하를 미루기 어렵다는 분석이 나온다. 결국 한은이 환율 안정과 경기 회복이라는 딜레마 속에서

> 통화정책 방향을 선택해야 하는 어려운 상황은 계속되고 있다.
> 금융권 한 관계자는 "부진한 성장률과 경제전망 하향 조정 등이 기준금리 인하 가능성을 높이고 있다"면서도 "이런 가운데 미국이 단행한 관세 조치가 국내 경제에 어떤 방식으로, 어느 정도 영향을 미칠지 면밀히 지켜볼 필요가 있다. 한·미 간 금리 차이도 고려해 인하 시점을 신중히 판단해야 할 것"이라고 했다.
>
> <데일리안>, 2025년 4월 18일

는 환율에도 상당한 영향을 미친다.

위와 같은 여러 가지 이유로 금융통화위원회가 기준금리의 인상이나 인하, 동결 등과 같은 결정을 발표하면 곧바로 금융기관들도 기준금리를 기초로 금리를 책정한다. 한국은행이 기준금리를 인상하면 시중 금리도 상승하고, 기준금리를 낮추면 시중 금리도 떨어지는 것이다.

기준금리는 경제 조절 목적도 있다. 인플레이션이 우려되면 기준금리를 인상하여 억제할 수 있다. 금리 조절을 통해 경기 진작을 유노하기도 한다. 현재 글로빌 경기는 무역 긴장, 지정학적 불안, 중국의 성장 둔화 등 불확실성이 확대되고 있다. 이에 더해 대한민국 국내 경기도 낙관적이지 않다. 저성장·저물가 상황이 이어지고 있는 데다 환율 불안, 가계 부채, 부동산 가격 불안까지 나타나고 있기 때문이다. 최근에는 국내 경기가 낙관적이지 않은 상황임에도 금융통화위원회가 과감하게 기준금리 인하에 나서지 못하는 이유로 주택시장 불안이 손꼽히고 있다.

기준금리는 시중 은행이 금리를 결정하는 지표가 되는 동시에 경기 변동 조절을 위한 정책적 목표로도 활용되고 있다. 당연히 기준금리의 변동 방향을 잘 챙겨 두는 습관이 매우 중요하다. 이제부터 각종 경제 지표를 분석하여 기준금리가 어떤 방향으로 결정될지 예측해 보는 습관을 갖자. 스스로 예측한 기준금리의 변동 방향과 금융통화위원회의 기준금리 결정 방향이 동일하다면 경제를 읽는 눈이 상당 수준이 되었음을 의미한다.

예대마진이란 무엇인가?

　예대마진이란 대출로 받은 평균 이자에서 고객에게 돌려준 평균 이자를 뺀 나머지를 말한다. 예대마진은 은행의 주요 수입원이다. 고객이 예금한 자금으로 대출을 해주고 수익을 얻는 것이 가장 1차적인 은행의 수입원이다. 예금금리와 대출금리의 차이를 통해 금융 기관이 얻고 있는 순수입이 예대마진인 것이다.

　예대마진이 증가하면 금융기관의 수입은 그만큼 증가한다. 지나치게 예대마진이 증가하면 금융권은 고객이 맡긴 돈으로 폭리를 취한다는 지적을 받을 수밖에 없다. 왜 그럴까?

　예대마진이 증가하는 경우를 살펴 보자. 첫째, 예금금리가 동결된 상태에서 대출금리가 상승하는 경우이다. 둘째, 예금금리 상승폭에 비해 대출금리 상승폭이 높아지는 경우이다. 셋째, 예금금리를 낮추면서 대출금리는 적게 낮추거나 동결하는 경우이다. 어떤 경우가 되었든 금융기관이 너무 손쉽게 수익을 올린다는 비판에서 자유로울 수는 없다.

**예금·대출금리 불균형에 예대마진 확대...
이러니 '이자장사' 비판**

은행권이 적용하는 정기예금 금리가 기준금리를 밑도는 수준까지 떨어졌다. 시장금리 하락에 따라 대출금리도 점진적으로 내려가고 있지만 예금금리 인하폭이 더 큰 상황이다. 이에 따라 은행의 수익성을 좌우하는 예대금리차(예대마진)도 더 확대되고 있다. 가계·기업 차주의 이자 부담이 여전히 상당한 만큼 은행을 향한 '이자장사' 비판도 이어질 것으로 전망된다.

(중략)

시장금리가 하락하는 와중에 예금금리와 대출금리 하락 속도가 불균형을 나타내면서 은행의 수익성도 견고한 흐름을 이어갈 전망이다. 금융감독원에 따르면 지난해 국내 전체 은행의 당기순이익은 22조 4,000억 원으로 전년(21조 2,000억 원) 대비 5.5% 늘어나며 역대 최대 기록을 경신했다. 여기서 5대 시중은행(15조 1,000억 원)이 차지하는 비중은 67.4%다.

올해 실적 전망도 양호하다. 상장사인 KB·신한·하나·우리금융지주의 올 1분기 당기순이익 컨센서스(증권사 전망치 평균)는 4조 8,312억 원으로 전년동기(4조 2,549억 원) 대비 13.5% 증가한 수준이다. 주력 계열사인 은행 실적 성장에 힘입어 그룹사 전체 순이익도 증대될 것이란 관측이다.

<뉴스투데이>, 2025년 4월 11일

예대마진에 대한 껄끄러운 시선에도 불구하고 금융기관들은 손에 쥐고 있는 떡을 결코 포기하지 않을 것이다. 가장 확실하고 익숙한 수익원이기 때문이다. 그러나 예대마진은 더 이상 안정적으로 금융기관의 수익을 보장해 주는 수익원이 아니다. 더욱이 예대마진으로 이익을 창출할 경우 국민들의 따가운 눈초리를 받기 십상이다. 다음은 이 대통령이 금융사의 이자장사를 비판하고 생산적 금융을 강조한 내용을 보도한 기사이다.

李 '이자장사' 비판에…금융권 "첨단산업·소상공인 지원 확대"

이재명 대통령이 금융회사들의 '이자장사'를 비판한 가운데, 금융회사들은 정부의 소상공인·첨단산업 지원 정책에 적극 협력하겠다고 밝혔다. 금융위는 28일 서울 여의도 모처에서 금융협회들과 함께 비공개 간담회를 가졌다.

간담회는 권대영 금융위 부위원장이 주재했으며, 조용병 은행연합회장, 서유석 금융투자협회장, 김철주 생명보험협회장, 이병래 손해보험협회장, 오화경 저축은행중앙회장 등이 참석했다. 이는 최근 이재명 대통령이 금융사의 이자장사를 비판하고 생산적 금융을 강조한 것에 따른 후속 조치다.

이 대통령은 지난 24일 수석·보좌관 회의를 주재하며 "금융기관도 건전하게 성장·발전해야 하지 않겠느냐는 생각이 든다"며 "손쉬운 주택담보대출 같은 이자 놀이, 이자 수익에 매달릴 게 아니라 투자 확대에도 신경 써주시길 바란다"고 말했다.

이날 권 부위원장은 "그간 우리 금융권이 부동산 금융과 담보·보증 대출에 의존하고 손쉬운 이자장사에 매달려왔다는 국민의 비판이 지속되고

> 있다"며 "금융이 자금의 물꼬를 AI 등 미래 첨단산업과 벤처기업, 자본시장 및 지방·소상공인 등 생산적이고 새로운 영역으로 돌려 지속가능한 경제성장을 뒷받침해야 한다"고 밝혔다.
> 그러면서 "정부는 금융사가 생산적 투자에 적극적으로 나서는데 장애가 되는 법, 제도, 규제, 회계, 감독관행 등을 전면적으로 재검토해 과감하게 바꾸겠다"며 "시대 여건에 맞지 않는 위험가중치 등 건전성 규제를 포함해 전반적인 업권별 규제를 조속히 개선할 것"이라고 강조했다.
> 이에 금융협회장들은 "생산적 금융 필요성에 공감한다"며 "효율적 자금 배분을 통해 기업과 산업의 성장을 지원하고 국민 소득 증대로 이어지는 금융 본연의 역할을 회복하겠다"고 답했다.
>
> <뉴시스>, 2025년 7월 28일

금융기관들은 예대마진에 의존하는 여신 위주의 운용이 아니라, 새로운 금융 상품 개발과 함께 다양한 대체 투자 방안에 대한 폭넓은 고민을 통해 보유 자산의 운용 수익률을 높여야만 할 것이다.

03 가계 부채 해답은 무엇인가?

가계 부채가 우리 경제에 큰 부담 요인이 될 것이라는 경고 메시지가 계속해서 나오고 있다. 한국은행 통계에 따르면 우리나라의 2025년 1분기 기준 가계 신용 잔액은 무려 1,928조 7천억 원에 달하는 것으로 나타났다. 이 중 가계 대출 규모는 1,810조 3천억 원으로 집계된 것으로 나타났는데 이는 역대 최대치를 경신한 것이다. 이에 2025년 6월 27일 금융위원회는 '가계 부채 관리 강화 방안'을 발표하여 가계 부채 증가율을 경상 성장률 전망치 3.8% 이내로 통제하는 한편, 금융권 전체의 대출 공급량을 종전 계획 대비 50% 수준으로 감축하도록 한 바 있다.

그러나 신속한 규제는 새로운 문제를 양산하기 시작했다. 시중 은행들이 신규 가계 대출을 조이고 있어 가뜩이나 자금 흐름이 마땅치 않은 자영업자와 소상공인들은 물론 주택 실수요자들에게까지 큰 부담 요인으로 작용한다는 지적을 받고 있다.

그래서 금융 당국이 문제를 의식해 빠른 속도로 대출 규제를 하면 가계 부채가 증가하는 문제는 잡을지 몰라도 그보다 심각한 가계 부도를 야기할 수 있다는 지적도 어느 정도 설득력이 있다. 그동안 정부와 금융 당국이 과감한 대처를 망설인 중요한 이유 중 하나도 사실 이런 점 때문이다. 그럼에도 현재 대한민국 경제에 큰 부담 요인이 되어 가는 가계 부채는 한시라도 빨리 선제적 대응이 필요한 분야라는 점을 간과해서는 곤란하다.

한은 금통위원 "가계부채 우려…대출 규제 효과 지켜봐야"

한국은행 금융통화위원들은 지난 10일 전원일치 의견으로 기준금리를 동결하면서 가파른 가계대출 증가세를 주요 근거로 들었습니다.
한 위원은 당시 회의에서 "추가 금리 인하를 고려할 시기지만, 일부 지역의 주택가격 상승과 기대심리 확산, 이로 인한 가계대출 급등이 잠재적인 금융안정 불안 요인이 되고 있다"고 말했습니다.
다른 위원도 "금리 인하가 수도권 중심의 주택가격 상승 기대를 자극해 금융 불균형을 확대할 수 있는 위험이 커졌다"고 지적했습니다.
위원들은 정부의 6·27 부동산 대출 규제 효과를 확인하는 데 시간이 필요하다며 그 효과를 지켜봐야 한다는 데 입을 모았습니다. 미국 관세 정책에 따른 불확실성 우려도 제기됐습니다.
한 위원은 "미국과의 무역협상 결과 등과 관련한 우리 수출과 성장 경로의 불확실성이 여전히 높다"고 진단했습니다.

<연합뉴스TV>, 2025년 7월 29일

경기가 좋지 않은 상황인데도 주택시장이 불안해지면서 섣불리 금리인하에 나서지 못하는 상황이라면 부채 누적으로 서민 가계가 크게 흔들릴 수 있다. 이는 현재 대한민국 경제에 시사하는 바가 매우 크다. 다행스럽게도 미국이 금리인하에 나설 수밖에 없는 환경이 조성된다면 우리나라 역시 금리 인하에 나설 수 있는 여력이 생길 수 있다. 가계 부채 불안이 해소되지 않는 상황에서 금리 인하는 대한민국 경제의 미래에 긍정적일 것이다. 그렇기 때문에 적어도 가계 부채 문제를 해결하기 위해서라면 강력한 한 방을 담은 선제적 대응이 요구되는 것이다.

그렇다면 어떻게 가계 부채 문제를 해결해야 할까? 가장 확실한 방법은 가계 부문의 소득을 늘려 주는 정책이 나와야 한다. 양질의 일자리 창출이 가장 확실한 가계 부채 해법이다. 다음으로 보다 적극적인 채무 조정을 통해 가계 부문의 지출 여력을 개선해야 한다. 소득이 발생하더라도 채무 상환에 허덕인다면 또다시 서민 가계가 흔들릴 수밖에 없다.

금리의 기능과 역할은 무엇인가?

　금리는 자금의 배분 역할과 함께 경기 조절 기능도 수행한다. 금리가 변동되면 투자는 물론 저축, 물가, 국제 자금 흐름, 경기 변동 등 광범위한 분야에 영향을 주게 된다. 금리가 결정되는 원리는 기본적으로 자금의 수요와 공급이다. 자금 사정이 좋아지면 금리는 하락하고, 반대로 자금 사정이 악화되면 금리는 상승한다. 일단 금리가 결정되면 금융시장의 가격으로 시중의 자금 사정을 반영하며, 자금의 수급을 배분하는 기능을 담당하게 된다. 만약 금리가 시장의 자금 사정을 효과적으로 반영하면 기업의 투자와 가계 저축을 연결하는 자원 배분 기능을 효율적으로 수행하는 것이다.

　금리는 여타 재화나 상품 가격과는 근본적으로 다르다. 투자,

저축, 경기 변동 등 국민 경제에 전반적인 영향을 미치므로 정부가 늘 주시하고 있다. 경기가 침체되어 있는데도 금리가 높게 형성된 상황이라면 투자와 소비가 사라져 경기 회복에 큰 장애 요인이 된다. 반대로 경기가 활황 국면인데 금리가 낮게 형성된 상황이라면 지나치게 과열 국면으로 치달을 가능성이 매우 높다. 이런 이유로 경기가 과열되면 금리를 인상하고, 경기가 침체되면 금리를 인하하는 것이다.

금리의 지나친 변동은 경제에 부정적이다. 지나친 경기 변동이 경제 환경의 불확실성을 야기함으로써 기업의 투자 결정이나 가계의 소비 결정에 부정적으로 작용한다. 또한 기본적으로 금리가 시장 기능에 따라 결정되어야 자연스럽다고 하겠지만, 전적으로 시장 기능에만 맡길 수는 없다. 시장 기능에만 맡기면 수익을 쫓아 수익률이 높은 분야에만 자금이 집중되어 산업 간 불균형 문제를 심화시킬 가능성이 있다. 정부는 국내 경기 동향이나 경제 상황과 함께 주요 국가들의 경제 상황, 글로벌 경제 환경 등을 종합적으로 분석하여 적절한 수준으로 금리가 결정되도록 영향력을 행사하는 것이다.

05 환율과 국제 수지

 환율을 단순하게 정의하면 외환과 원화의 교환 비율이다. 환율은 외환 시장에서 외환에 대한 수요와 공급에 의해 결정된다. 외환의 수요와 공급은 외환시장에 참여하는 시장 참가자들의 전망, 한국은행의 외환시장 개입 등에 단기적으로 영향을 받는 한편, 장기적으로는 국내 물가, 국내외 금리 차이 등에 영향을 받는다.
 국내 물가를 예로 들어 보자. 국내 물가가 외국에 비해 상승하면 수입이 증가하면서 외환 수요가 늘어나므로 원화 가치가 하락하여 환율에 영향을 주는 것이다.
 환율은 이자율 변동에도 민감하게 반응한다. 국제간 자금 이동이 자유로운 상황에서 국내 금리가 해외 금리보다 높다면 국가 간 금리 차이가 발생한다. 이런 경우 이익 창출을 위해 원화로 표시된 예금을 좇아 해외 자금이 국내로 본격 유입될 수 있다. 그만큼 국내 금융시장이 글로벌화되어 있다는 뜻이기도 하다.

환율은 물가, 국내외 금리 차이, 외환 시장 참가자들의 전망, 한국은행의 외환 시장 개입 여부, 국제 수지 등 경제적 변수들에 따라 변동된다. 동시에 환율은 경제적 변수들 외에도 정치적 변수나 전쟁, 각종 재해 등에도 큰 영향을 받는다. 과거 전 세계에 독재 청산이라는 이슈를 강력하게 전달한 재스민 혁명이나 일본의 후쿠시마 원전 사태부터 최근의 미·중 갈등, 러시아·우크라이나 전쟁, 이란·이스라엘 무력충돌 등에서도 환율 변동을 확인할 수 있었다.

경제적 변수에 따른 환율 변동은 어느 정도 예측이 가능한 반면 정치적 변수나 전쟁, 재해 등으로 인한 환율 변동은 예측 자체가 거의 불가능하다는 어려움이 있다. 그래서 외환시장 참가자들이 뜻밖의 손해를 입는 사례가 적지 않다. 방법이 있다면 오로지 신중하고 꼼꼼하게 관련 변수들을 하나하나 챙겨 두는 것뿐이다. 당장 큰 실속은 기대하지 못해도 최소한 뜻밖의 손해만은 줄일 수 있다.

3장

보험과 펀드

01 실비보험, 잘 들면 요긴하다

우리나라는 전 세계에서 유래를 찾아볼 수 없을 정도로 빠르게 인구의 고령화가 진행되고 있다. 이는 곧 의료비 부담이 증가할 것이라는 뜻이다. 다음 페이지의 표는 2021년 기준 OECD 회원국들의 GDP 대비 경상 의료비를 보여 주고 있다.

우리나라의 경상 의료비 지출 규모는 GDP 대비 9.3%로 OECD 회원국 평균 9.7%보다 낮은 수준인 것으로 나타났다. 그러나 증가폭을 보면 2016년과 비교해 2021년 우리나라의 GDP 대비 경상 의료비는 2.0%p 증가한 것으로 나타났다. 같은 기간 OECD 평균 증가율보다 0.8%p 높다. 다시 말해 우리나라의 GDP 대비 경상 의료비 지출은 OECD 회원국 중 매우 낮은 국가에 속하지만, 증가 속도는 높은 수준이라는 뜻이다. OECD 회

(단위 : %)

구분	GDP 대비 경상의료비 비중		공공지출		가계지출		의약품지출	
	한국	OECD 평균	한국	OECD 평균	한국	OECD 평균	한국	OECD 평균
2016년	7.3	8.9	59.1	73.6	33.4	20.5	21.4	16.1
2017년	7.6	8.8	58.9	73.6	33.7	20.5	20.9	16.3
2018년	7.6	8.8	59.9	73.8	32.5	20.1	20.0	15.7
2019년	8.2	8.8	61.0	74.1	30.2	19.8	19.4	15.1
2020년	8.4	9.7	62.6	76.3	27.8	18.1	19.9	15.1
2021년	9.3	9.7	62.3	76.0	29.1	18.4	17.7	14.1

주: 1) 2023 OECD Health Data 기준 작성(2023. 8. 기준)
2) OECD 평균(2021년): 미제출 국가 자료는 가장 최근자료로 대체, 추후 국가별 제출 정도에 따라서 변동이 있을 수 있음
3) OECD 의료비 계정이 국민의료비에서 경상의료비로 변경(2022)

참고 OECD 주요국가의 경상의료비 비교(2021년)

(단위 : %)

구분	OECD 평균	한국	미국	스위스	일본	멕시코	폴란드
GDP 대비 경상의료비	9.7	9.3	17.4	11.8	11.3	6.1	6.4
경상의료비 지출 중 공공지출 비율	76.0	62.3	83.6	67.7	85.7	50.2	72.5

주) 2023 OECD Health Data 기준 작성, 추후 국가별 제출 정도에 따라서 변동이 있을 수 있음

GDP 대비 경상의료비(국민건강보험, 2023 알아두면 도움되는 건강생활 통계정보)

원국 가운데 미국은 GDP 대비 경상 의료비가 17.4%로 가장 높은 지출 비율을 기록하였다. 한편 OECD 회원국 중 멕시코 6.1% 폴란드 6.4%는 GDP 대비 경상 의료비가 7% 미만으로 낮은 수준이었다.

의료비 지출 비율에 비해 증가 속도가 빠른 상황은 문제가 될 것이 분명하다. 인구 고령화가 급속도로 진행되고 있기 때문이다. 이와 같은 상황에서 필요성이 크게 대두되고 있는 것이 의료 실비 보험이다. 의료 실비 보험은 병원비를 실제로 발생한 금액에서 본인 부담금자기부담금을 차감하고, 급여 항목의 자기 부담금10~20% 및 비급여 항목의 자기 부담금20~30%을 제외한 부분

을 보장하며, 감기나 암 같은 크고 작은 질병과 함께 상해 사고도 포함된다. 컴퓨터 단층촬영CT과 자기공명영상MRI 등 치료에 필요한 검사비까지 폭넓은 영역을 보장하고 있다. 암, 뇌졸중, 급성심근경색 등 부담이 큰 질병에 대비해 선택 특약을 통해 진단비를 추가할 수도 있다. 운전자 특약이나 일상생활 배상책임 등 다양한 특약을 활용하면 미래의 부담 요인을 더욱 줄일 수 있다.

특약은 보험사별로 조건과 보험료가 달라 비교가 필요하다. 통상적으로 평균 수명 연장을 고려해 주보장과 진단비 특약을 설정한다. 100세 만기까지 보험료 변동이 없는 비갱신형으로 가입하는 것이 안정성 측면에서 바람직하다.

의료 실비 보험은 연령이나 성별, 직업 등에 따라 보험료가 다르게 책정된다. 다양한 실비 보험을 비교하는 과정은 필수이다. 현재는 '4세대 실손 보험'이 판매 중이며, 보험료는 비급여 청구 이력에 따라 최대 300%까지 할증되거나 무청구 시 할인도 된다.

'비갱신형' 상품은 보험료가 상승하지 않아 장기 유지에 유리하고, 특약 구성 시 진단비 특약은 보험료 대비 보장 효율이 높기 때문에 필수적으로 검토하자. 의료 실비 보험과 관련된 조건을 비교하려면 보험 비교 사이트인 보험닷컴 http://jehu.cancerok.com/을 활용하면 된다.

의료 실비 보험에 가입할 때 주의할 사항으로는 다음이 있다. 첫째, 실비 보험은 비례 보상이라 원칙적으로 중복 가입이 되지 않는다는 점을 기억해 두어야 돈 낭비를 피한다. 다만 직장 실손 보험처럼 보장 기간이나 보장 금액이 부족할 때는 추가 가입이 가능하다.

둘째, 의료 실비 보험은 임신과 출산 관련 사항, 건강 검진, 예방 접종, 영양 보충, 미용 성형 등에 대한 보장이 불가능하다.

셋째, 금융감독원의 공시 자료를 통해 각 보험사별로 불완전 판매 비율을 확인할 수 있다. 불완전 판매 비율은 보험사의 신뢰도를 보여 주는 객관적 지표이다. 반드시 확인해 신뢰성 있는 실비 보험을 선택하는 것이 중요하다.

넷째, 상해와 질병뿐만 아니라 암, 뇌혈관 질환, 성인 7대 질병 등은 진단비 특약을 통해 확실히 보장해 두어야 한다. 암, 뇌졸중, 성인 질병, 심장 질환 등의 중대 질병들은 의료 실비가 문제가 아니라 진단비와 수술비가 더 큰 문제이기 때문이다.

실비 보험은 이제 의료 보험과 함께 필수 보험이다. 가능한 빨리 실비 보험에 가입해 두는 것이 지혜로운 선택이다.

02 저축성 보험은 신중하게 선택하라

저축성 보험은 말 그대로 보험 기능과 저축 기능이 함께 있는 보험을 의미한다. 물론 납입하는 금액이 모두 저축되지는 않는다. 납입하는 보험료에서 사업비와 위험 보장을 위한 비용 등을 차감한 후 약정된 이자율에 따라 적립되는 구조이다. 보험사마다 상품별로 차이가 있지만, 보통 매월 납입하는 보험료의 9% 내외가 사업비와 보장비용으로 공제되고 91% 정도가 적립된다고 보면 된다.

저축성 보험은 동일 금액을 내도 금융기관에서 가입하는 일반적인 예금이나 적금보다 적은 금액이 적립된다. 중도 해지를 하면 당연히 원금 손실을 보게 된다. 가입 초기에 해지하면 해지환급금 자체가 없거나, 있더라도 매우 적은 금액이다. 따라서 금융기관의 예금이나 적금 이자율과 비교해 저축성 보험의 단순 이자율이 높다는 이유로 가입하는 것은 바람직하지 않다.

저축성 보험을 중도에 해지하지 않고 10년 이상 장기간 유지할 자신이 있다면 가입할 만하다. 금융기관의 예금이나 적금과는 다르게 비과세에 따른 세금 절세 효과도 있고, 복리의 마법도 기대할 수 있다. 단기가 아닌 장기적인 목적으로 자금을 마련하기 원한다면 저축성 보험이 좋은 대안이다. 2025년 9월부터는 예금자 보호 한도가 종전 5,000만 원에서 1억 원으로 상향되었고, 저축성 보험의 원리금도 보호 대상에 산입되었다.

저축성 보험의 특성상 두 가지를 조심해야 한다. 주의 사항을 감안해 저축성 보험에 가입한다면 절세 효과와 함께 복리의 마술에 기초한 높은 수익도 기대할 수 있을 것이다.

첫째, 자신의 저축 성향을 잘 파악하고 가입을 결정해야 한다. 아무리 좋은 저축성 보험 상품이라도 1~2년 내에 해지하면 원금 손실을 피하지 못한다. 실제로 저축성 보험에 가입하는 가입자들이 꾸준히 증가하는 것과 비례해 상대적으로 해지율도 크게 증가하고 있다.

둘째, 자신의 연령과 운용 기간을 고려해 가입해야 한다. 저축성 보험은 장기간 운용해야 적절한 수익을 보는 상품이다. 나이가 많은 가입자라면 오랜 기간 운용해 적정 수익을 보기 어렵다. 저축성 보험 상품을 선택은 연령에 맞춰 신중하게 고려해야 한다.

셋째, 세제 혜택을 활용하는 것이 좋다. 10년 이상 일시납 유지 혹은 월납 최고 150만 원 이하이면서 5년 이상 적립식으로 납입이라는 요건을 충족하면 이자 소득세가 면제 된다. 또한 연금저축보험세제적격은 연간 최대 600만 원까지 세액 공제가 가능하고, IRP개인형 퇴직연금와 합산할 경우 최대 900만 원까지 세액 공제가 가능하다.

보장성 보험은 만약을 대비하는 것이다

보장성 보험은 사망, 상해, 질병, 입원 등과 같이 사람의 생명과 관련하여 보험 사고가 발생하면 피보험자에게 약속된 급부금을 제공하는 보험 상품이다. 뭐니 뭐니 해도 보장성 보험이라고 하면 암보험, 종신보험 등을 우선 떠올리게 된다. 그만큼 암보험이나 종신보험이 그동안 보장성 보험의 대명사로 자리 잡아 왔다.

암이나 각종 중대 질병과 관련해 1차적으로 감당해야 할 가장 큰 문제는 환자가 짊어져야 할 공포와 고통이다. 사실 그에 못지않게 환자나 가족을 힘들게 만드는 것은 질병 치료에 대한 경제적 부담이다. 오죽했으면 '오랜 투병에 효자 없다'는 말까지 있겠는가. 이런 이유로 사람들은 경제적 능력이 있는 동안 여러

보험사에 암보험, 종신보험, 변액보험 등 다양한 보장성 보험을 가입한다. 우리 주변을 살펴 보자. 위에서 언급한 보험을 둘 이상 가입하지 않은 사람이 거의 없을 정도이다.

보장성 보험은 혹시 있을지도 모르는 미래를 위해 미리 준비해 둔다는 측면에서 꼭 나쁘다고 할 수는 없다. 대신 정도가 지나친다면 문제가 된다. 보장성 보험은 말 그대로 혹시나 있을지도 모르는 가능성에 대비하고자 가입하는 보험이다. 주변을 살펴보면 대부분 언젠가 보험에서 제시한 지급 사유가 자신에게 발생할 것이라고 확신하는 사람들처럼 보험에 가입한다. 또한 보장보다는 어차피 갖고 있으면 쓰니까 저축하는 셈 치고 보험료를 과다하게 많이 납입하는 사람들도 있다. 지나치게 높은 보험료를 납부하는 가입 방식도 반드시 피해야 한다. 계약 조건을 꼼꼼하게 따져 보지도 않고 그저 보장 내용이 좋다고 가입했다가 납입 기간이 너무 길어 땅을 치는 사람도 있다.

위에서 언급한 내용들은 모두 아무 생각 없이 보장성 보험에 가입한 경우이다. 그렇다면 보장성 보험은 어떻게 가입해야 할까?

첫째, 경제적으로 부담이 되지 않는 범위 내에서 월 보험료를 결정해야 한다. 아무리 보장 내용이 좋아도 경제적으로 부담이 되는 수준이라면 머지않아 계약을 해지하게 된다.

둘째, 납입 기간과 보장 기간을 잘 따져 보고 가입해야 한다. 납입 기간이 지나치게 길거나, 평균 연령이 갈수록 늘어나고 있는 추세에서 보장 기간이 짧다면 정작 보험이 필요할 때 보장을 받지 못하는 문제가 발생한다.

셋째, 공신력 있는 보험 회사를 선택해야 한다. 너무 작은 보험사는 경영상 문제로 위기를 겪을 수도 있다.

보장성 보험은 미래를 위한 준비인 동시에 현재 시점에서 지출을 해야 하는 부담 요인이다. 두 가지를 적절히 조화시켜 보장성 보험에 가입해야 한다.

04 펀드란 무엇인가?

　펀드란 다수의 투자자로부터 소액의 자금을 모아 주식이나 채권 등에 투자하여 그 수익 실적에 따라 지분에 비례해 배당하는 금융 상품이다. 펀드는 소액으로 투자한다는 장점이 있으면서 직접적인 투자에 따른 위험을 줄이는 매력적인 투자 상품이다.

　그렇다고 아무것도 모르는 상태에서 주위 사람들이 펀드에 가입하니까 나도 가입한다는 식으로 펀드 투자를 시작하면 돈을 벌기는커녕 손실만 경험할 가능성이 높다. 많은 투자자들이 펀드가 생각만큼 녹록하지 않은 투자 상품이라는 사실을 간과하고 있어 안타깝다. 다음의 기사를 읽어 보자.

중국 휘청이자 수익률 13% '주르륵'…
"원자재 투자 이렇게 하세요"

[원자재로 살아남기]원자재 종합 펀드 수익률 -13%…'성공하는 투자' 하려면?

원자재 펀드 수익률이 바닥을 친다. 주요 원자재인 원유, 금, 구리 등이 박스권에 갇혀 등락만 반복했기 때문이다. 주식, 가상자산 등이 상승 랠리를 펼치는 것과 대조되는 흐름이다. 전문가들은 올해 종합적으로 묶어 투자하기보다 원자재 상품별로 접근해 개별 투자에 나서는 게 유효할 것이라고 조언한다.

17일 한국펀드평가 펀드스퀘어에 따르면 신한에너지&농산물인덱스증권자투자신탁(A 클래스 기준)의 최근 1년 수익률은 마이너스(-)13.28%로 집계됐다. 이 펀드는 단기채권 비중이 높지만 금속, 귀금속, 에너지, 농산물 관련 장내외파생상품에도 골고루 투자한다.

다른 원자재 관련 펀드들의 수익률도 좋지 않았다. 종합 원자재 펀드인 신한포커스이머징원자재증권자투자신탁(-11.25%), KB원자재특별자산자투자신탁(-8.73%)과 금 채굴 기업에 집중 투자하는 IBK골드마이닝증권자투자신탁(-9.88%), 신한골드증권투자신탁(-6.36%) 등도 최근 1년간 하락했다. 최대 원자재 소비국 중 하나인 중국이 경기침체를 겪은 게 관련 펀드들에 영향을 줬다. 특히 부동산 경기가 안 좋았는데 건자재, 주택 관련 내구재에 쓰이는 원자재 수요가 정체됐다.

유가가 박스권에 갇힌 상황도 주 요인으로 지목된다. 지난해부터 미국 서부텍사스산원유(WTI)는 배럴당 70~90달러 부근에서 등락을 반복했다. 중동 산유국 협의체인 OPEC+(오펙플러스)가 재정균형유가 수준을 맞추기 위해 감산을 연장해 원유 공급에 차질이 생겼다. 하지만 글로벌 경기가 둔화되는 모습을 보이자 원유 수요도 부진해 감산 효과를 상쇄했다.

---------------생략---------------

<머니투데이>, 2024년 2월 17일

위 기사처럼 개인이든 사모 투자자든 분명 펀드는 수익 창출에 있어 만능은 아니다. 처음 도입될 당시만 해도 소비자 사이에서 펀드는 위험을 줄여 주고 수익은 높여 주는 가장 확실한 투자 상품이라는 인식이 강했다. 너나없이 앞다퉈 펀드 가입 열풍이 불었던 원인이다. 결과는 어떠했는가? 글로벌 금융 위기 여파처럼 경기 과열기에 펀드 열풍이 불 때 펀드에 투자했던 투자자들은 원금을 거의 다 까먹어 막대한 손해를 감수하기까지 했다.

그렇다면 앞으로는 어떨까? 앞서 언급한 것처럼 역시 만능 투자 상품은 결코 아니라는 점을 명심해야 한다. 자신이 가입한 시점의 주가와 현재 주가, 향후 주가의 변동 방향까지 따져 보고 펀드 가입 여부를 결정해야 한다. 자신이 가입한 펀드가 어떤 회사에 투자하고 있는지도 따져야 한다. 확실히 미래 가치가 있는지, 시장 지배력은 어느 정도 수준인지, 글로벌 경쟁력은 어느 정도인지 등 이것저것 따져야 할 것이 많은 투자 상품이 펀드라는 점을 기억하자.

어떤 펀드가 좋은 펀드인가?

　펀드에 투자하는 사람치고 좋은 펀드에 투자하고 싶지 않은 사람은 하나도 없다. 그런데 좋은 펀드를 선택하는 기준이 수익률 높은 펀드라고 생각하는 투자자들이 의외로 많다. 수익률은 좋은 펀드와 나쁜 펀드를 구분하는 기준이 절대 아니다. 현재 수익률이 높은 펀드라고 해서 좋은 펀드라고 판단하는 것은 바람직하지 않다. 과거나 현재의 펀드 수익률로 미래의 펀드 수익률을 예측할 수는 없기 때문이다.

　과거 수익률이 엄청나게 높았던 펀드가 현재는 마이너스 수익률을 보이는 경우도 있고, 반대로 과거에는 쪽박 수준의 수익률을 보이다가 현재는 여타 펀드에 비해 상대적으로 높은 수익률을 보이는 펀드도 부지기수이다. 수익률만 따지지 말고 정말

알짜 펀드를 구분하는 것이 펀드 투자에 성공하기 위한 핵심 중의 핵심이다. 그렇다면 어떻게 알짜 펀드를 찾아낼 수 있을까?

첫째, 좋은 펀드는 자기만의 운용 철학을 갖고 있다. 펀드에 투자하기에 앞서 투자 설명서, 펀드 운용 계획서 등을 점검해 자신이 투자하고자 하는 펀드가 향후 어떻게 운용될지를 확인하는 과정이 반드시 필요하다.

둘째, 오랫동안 살아남은 펀드에 주목한다. 오랫동안 살아남은 펀드는 운용 기간 동안 경기 변동에 따라 다양한 경험을 한 상태이다. 다양한 경기 변동과 경제 상황을 극복하고 생존해 있는 펀드라면 앞으로도 무수한 경제적 난관을 극복하고 살아남을 가능성이 높다. 곧 편입 종목 선택에서 실수할 가능성은 상대적으로 적으면서, 편입 자산의 특성을 고려해 안정적으로 펀드를 운용할 것이라는 기대를 해도 좋다는 의미이다.

셋째, 펀드 규모를 따져 본다. 펀드 규모는 지나치게 커도 좋지 않고, 반대로 너무 규모가 작아도 좋지 않다. 펀드 규모가 일정 수준 이하라면 투자할 기업이 제한되어 적절한 펀드 운용이 불가능하다. 펀드 규모가 너무 크면 일정 수준 이상 수익을 창출하리라 예상되는 기업이 제한되어 수익률 측면에서 부정적일 수밖에 없다.

넷째, 펀드 투자에 따른 비용을 고려한다. 펀드에 가입한 투자자들은 펀드 운용에 따른 비용을 부담해야 한다. 가급적이면 비용이 최소화되는 펀드에 투자해야 새는 돈을 막는 효율적 투자임은 굳이 설명할 필요가 없다.

    이상에서 살펴본 조건들을 충족하는 펀드가 좋은 펀드이다. 펀드 투자를 계획하고 있거나 펀드 투자를 재설계하고 싶다면 위에서 제시한 조건들을 꼼꼼히 점검하기를 권한다.

06 펀드 투자 시 주의할 점

 펀드 투자 자금의 불입 방법으로는 거치식, 적립식, 임의적립식 등이 있다. 이중 일차적으로 자신의 경제적 상황에 적합한 투자 방식을 선택하면 된다. 2025년 현재도 앞서 언급한 세 가지 방식은 여전히 펀드상품의 핵심 불입구조로 운영되고 있는데 특히, 적립식은 MZ세대의 소액투자방식에 빈번하게 활용되고 있다. 물론 펀드 투자자들이라면 투자에 앞서 주의를 기울여야 할 사항들도 있다. 차례대로 살펴 보면 다음과 같다.

 첫째, 자신의 투자 목적에 적합하게 가입해야 한다. 거치식, 적립식, 임의 적립식이라는 세 가지 적립 방법은 중간에 해지와 불입이 가능하여 굳이 구분해야 하는 명확한 실익은 없다. 다만, 최근 출시된 TDF생애주기펀드나 EMPETF에 분산투자하는 펀드처럼 투자자의 생애 주기나 투자 성향에 맞춘 상품을 고르는 것은 중요하다.

둘째, 분산 투자를 해야 한다. 분산투자라고 해서 일률적으로 몇%씩 나눠서 투자하라는 의미가 아니다. 투자 대상의 안정성과 수익성의 차이, 기간 등 다양한 변수들을 고려해 서로 시너지 효과를 기대할 펀드에 분산해 투자하라는 뜻이다. 실제로 지혜로운 투자자들은 국내외 주식형 펀드 외에 채권, 인프라, 리츠, 대체 투자형 펀드 등으로 투자대상을 다양화하고 있다.

셋째, 펀드 관련 비용에 지나치게 집착하지 말아야 한다. 펀드 투자자들에게 여타 펀드에 비해 유의하게 높은 수익률을 제공하는 펀드라면 당연히 다른 펀드보다 높은 비용을 감수해야 한다고 생각하자. '제로 수수료' ETF나 초저보수 인덱스펀드의 등장으로 보수가 낮은 상품이 선호되고 있지만, 전문 운용사의 액티브 펀드 중에는 여전히 그 이상의 성과를 보여주는 펀드도 존재한다는 점을 기억해야 한다.

넷째, 펀드 투자 시점의 주식시장 상황에 따라 적립식 혹은 거치식을 결정해야 한다. 혹자는 적립식이 펀드의 장점을 극대화하는 효과적인 투자 방식이라고 주장하지만, 실제로 수익을 극대화하기 위해서는 투자 시점의 주식시장 상황에 따라 방식이 달라진다는 점을 명심한다. 예를 들어 코스피 지수가 2,800포인트라고 가정하자. 1년 후의 코스피 지수가 3,300포인트가 될 것이라고 예상된다면 어떤 선택을 해야 할까? 당연히 목돈을 거치식으로 투자하는 방식이 보다 수익 극대화에 도움이 된다.

다섯째, 펀드 등급을 확인한다. 보통 펀드 평가사들은 현재 운용되는 펀드를 대상으로 등급을 나누어 놓고 있다. 높은 등급의 펀드를 확인하는 과정이 중요하다. 2025년 현재 제로인, 에프앤가이드FnGuide, KG제로인 등에서 펀드 등급과 성과 비교 지표를 정기적으로 발표하고 있고, 이해하기 쉽게 '스타 등급', '5등급 체계' 등으로 제공된다.

여섯째, 펀드 운용사의 운용 성과를 확인해야 한다. 단기적으로 높은 수익률을 기록한 펀드가 장기적으로, 혹은 내가 환매할 시점에서도 여전히 높은 수익률을 보일 것이라고 확신하지 못한다. 펀드 운용사들이 장기적으로 꾸준하게 성과를 냈는지 여부를 파악하도록 한다. 최근에는 금융투자협회 전자 공시 시스템이나 각 자산 운용사의 공식 홈페이지에서 펀드의 누적 성과, 위험 조정 수익률, 샤프 지수 등을 참고할 수 있으며, ESG 성과를 별도로 관리하는 운용사들도 늘어나고 있는 추세이다.

이제 막 재테크를 시작하는 젊은이들에게 좋은 펀드의 선택은 매우 중요하다. 첫발을 잘 디디면 각종 재테크의 절반은 이미 성공한 것이나 다름없다. 비대면으로 간편하게 가입할 수 오라인 펀드도 많아진 만큼 좋은 펀드 선택을 위한 기준을 적극 활용해 알찬 펀드에 투자하기를 바란다.

4장

부동산 시장

청약통장을 알아야 내 집 마련이 쉬워진다

　내 집 마련을 위한 방법은 중고 주택 매입, 신규 분양의 두 가지 형태로 요약된다. 신규 분양을 통한 내 집 마련은 한때 높은 인기를 누려 왔으나, 글로벌 금융 위기 이후 부동산 시장 침체의 여파로 인기가 많이 떨어진 상태다. 그럼에도 분양을 통한 내 집 마련에 꾸준히 관심을 가질 필요가 있다. 강남을 비롯한 서울시 내 우량 재개발·재건축 아파트의 일반 분양분, 공급을 앞두고 있는 수도권 신도시 아파트 단지는 물론 노후계획 도시정비 사업이 추진되고 있는 수도권 제1기 신도시 같은 뛰어난 입지와 경쟁력을 자랑하는 주거 지역의 신규 분양에 특히 관심을 가져 보는 것이 좋다.

　신규 분양을 통해 내 집 마련을 원하는 사람이라면 주택청약 종합저축에 가입하면 된다. 가입 대상은 국민인 개인**국내 거주 재외 동포 포함** 또는 외국인 거주자로, 연령에 관계없이 누구든지 가입이 가능하나, 전체 금융 기관을 통하여 종전의 청약 통장인 청약예금, 청약부금, 청약저축을 포함해 1인 1계좌만 가입할 수 있다. 한때 주택청약 종합저축은 만능 청약 통장이라고 불리던 시절이 있었다. 최초 출시 당시만 해도 주택청약 종합저축이 기존의 청약예금, 청약부금, 청약저축을 대신하는 상품이었기 때문이다. 물론 지금도 하나의 통장만으로 국민주택, 임대주택, 민영주택 등 거의 모든 주택 유형에 청약이 가능하니 여전히 유효한 표현이기는 하다.

주택청약 종합저축에 가입하기만 하면 공공주택, 임대주택, 민영주택 등 다양한 주택에 청약할 수 있다. 적립 방법은 자유적립식이다. 다만 납입 인정 금액, 인정 회차 산정 시 매월 약정 납입일**신규 가입일 해당일**에 연체 없이 납입한 사람이 유리하다는 점은 참고하도록 하자. 저축 금액은 회차당 2만 원 이상 50만 원 이하의 범위에서 10원 단위로 자유롭게 납입하면 된다. 입금하려는 금액과 납입 누계액을 더한 금액이 1,500만 원 이하라면 50만 원을 초과하여 입금하는 것도 가능하다. 선납도 가능한데, 정상 납입 회차에 추가하여 최고 24회까지 선납할 수 있다. 2025년부터는 월 납입 인정 한도가 종전 10만 원에서 25만 원으로 상향되었다. 덕분에 청약 가점을 빠르게 쌓을 수 있게 되었으니 신규 분양을 계획하고 있다면 염두에 둘 필요가 있다.

주택청약 종합저축에 가입하려면 필요한 서류가 있다. 국내에 거주하는 대한민국 국민은 주민등록증, 운전면허증, 여권 등이 필요하다. 국내에 거소가 있는 재외국민은 재외국민용 주민등록증이, 국내에 거소가 있는 외국 국적 동포는 국내거소 신고증이, 외국인 거주자는 외국인등록증 혹은 외국인등록 사실증명서가 각각 필요하다.

주택청약 종합저축에 가입하면 별도의 소득 공제도 받을 수 있다. 해당 과세 기간의 총급여액이 7천만 원 이하인 근로 소득이 있는 무주택 세대주 또는 그 배우자가 가입 은행에 무주택 확인서를 제출한 경우이다. 선납/지연 납입분 구분 없이 과세 연도 납입 금액**연 300만 원 한도**의 40%**최대 120만 원**를 한도로 소득 공제를 받을 수 있다. 청년층을 대상으로 하는 '청년주택드림 청약통장'도 있다. 만 19~34세이면서 직전연도 연소득이 5천만 원 이하인 무주택 청년이 대상이고 우대금리로 최대 4.5%, 이자소득 비과세, 소득공제 혜택도 주어진다는 점은 매력적이다.

한편 민영주택에 청약하려면 각 지역별 청약 예치 금액의 기준을 살펴 두어야 한다.

(단위 : 만원)

공급받을 수 있는 주택의 전용 면적	거주 지역별 예치 금액		
	특별시 및 부산광역시	그 밖의 광역시	특별시 및 광역시를 제외한 지역
85㎡ 이하	300	250	200
102㎡ 이하	600	400	300
135㎡ 이하	1,000	700	400
모든 면적	1,500	1,000	500

민영주택 청약 예치기준금액(<주택공급에 관한 규칙>)

단, 주택청약 종합저축 가입 후 청약 예치 기준 금액이 낮은 지역에서 높은 지역으로 거주지를 이전한 경우 반드시 입주자 모집 공고일 현재 거주하는 지역에 해당하는 예치 기준 금액을 충족해야 한다는 사실을 유념해야 한다. 이때 별도로 전용 면적을 선택하지 않더라도, 청약하려는 주택의 전용 면적에 따라 해당 지역 기준 예치 금액이 자동으로 적용되므로, 모집 공고일 전에 미리 예치금 충족 여부를 확인하는 것이 바람직하다.

부동산 거래 시 꼭 알아야 할 것

 부동산 거래 시 꼭 알아야 할 사항은 여러 가지가 있다. 거래를 위해 꼭 필요한 사항, 좋은 부동산을 선택하기 위해 알아야 할 사항 등이 대표적이다. 우선 거래를 위해 꼭 알아야 할 사항부터 살펴보자.

 부동산 거래 시 아무리 강조해도 지나치지 않는 것은 권리관계 확인이다. 진정한 소유자와 계약하는지를 확인해야 한다는 뜻이다. 그렇다면 진정한 권리자인지 여부는 어떻게 확인할까? 바로 등기사항전부증명서를 통해서이다. 등기사항전부증명서를 발급받으면 소유권과 관련된 사항을 모두 확인할 수 있다. 모든 부동산 거래 행위에 있어 가장 기초적이면서 중요한 절차가 부동산 등기사항전부증명서를 확인하는 것이다.

일단 부동산에 관한 권리의 변동권리의 발생, 변경, 소멸 등이 발생하면 부동산 등기사항전부증명서에 나타난다. 등기사항전부증명서를 통해 부동산의 종류, 형태, 구조는 물론 소유권 및 근저당권 등 각종 제한 사항들이 확인된다.

등기사항전부증명서는 아파트, 다세대, 연립주택과 같은 집합건물에 대한 등기사항전부증명서, 토지 등기사항전부증명서, 건물 등기사항전부증명서 등으로 구분된다. 집합건물의 등기사항전부증명서는 한 동 전체에 대한 표제부와 건물, 토지의 표시로 구성된다.

다음으로 좋은 부동산을 구입하기 위한 기준 역시 부동산 계약에 앞서 꼭 점검해 두어야 할 사항이다. 주택을 구입하기 위해서는 좋은 학군이 있는지, 대중 교통망은 편리하게 구축되어 있는지, 산이나 강, 공원 등 자연 친화적 환경을 갖추고 있는지, 자족 기능은 확보된 곳인지를 우선 검토해 보아야 한다.

땅을 구입하는 경우라면 도로에 접해 있는 땅인지, 토지이용 규제가 있는지, 있다면 어느 정도 수준인지, 원하는 용도로 사용 가능한지, 개발 압력이 있는지 등을 면밀하게 검토해야 한다. 수익성 부동산을 구입한다면 상권은 어떤지, 유동 인구는 충분한지, 주변에 경쟁 상가가 있는지, 있다면 경쟁 우위를 확보하고 있는지 등을 다각도로 검토해 보아야 한다.

이상의 사항들을 검토했다면 이제 남은 절차는 계약서를 꼼꼼하게 작성하는 것이다. 계약서를 작성할 때는 등기부상 소유자, 즉 실제 소유자와 작성하는 것이 무엇보다 중요하다. 실제 소유자를 확인하는 방법은 등기부상 소유자와 신분증을 대조해 확인하는 것이다. 만약 대리인이 계약하러 나왔다면 적법한 대리권이 있는지를 확인하기 위해 인감도장이 날인된 위임장과 인감증명서가 첨부되었는지를 확인한다.

계약서를 작성할 때는 혹시 발생할지 모를 문제점을 사전에 예방하기 위해 계약 이후 분쟁의 소지가 있을 내용에 관해 꼼꼼하게 특약 사항으로 기재해 둔다. 계약은 말로 이루어지는 것이 아니라 문서로 이루어지는 만큼 하나하나 문서화하는 작업은 필수이다.

부동산 경매, 집도 장만하고 돈도 벌 수 있다

　부동산 경매시장은 과거에 비해 많은 사람들이 관심을 갖고 적극적으로 참여하는 부동산 시장 중 하나이다. 경매를 통해 부동산을 취득하면 적지 않은 이익을 확보할 수 있다는 기대가 높기 때문이다. 비록 과거에 비해 비교할 수 없을 정도로 많은 투자자들이 경매 시장에 참여하고 있어서 적정 수익을 확보하기가 여의치 않아졌지만, 그래도 분명 경매는 매력적인 부동산 취득 방법이다. 경매를 통해 부동산을 취득하면 어떤 이점이 있을까?

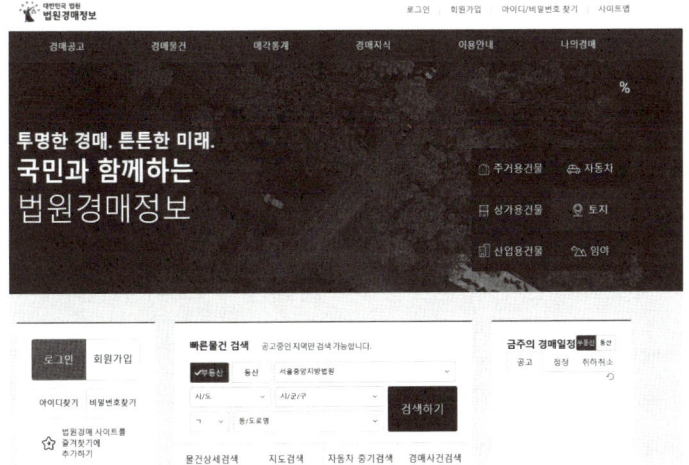

법원 경매 정보(법원경매정보, www.courtauction.go.kr)

첫째, 시세보다 저렴하게 부동산을 취득한다는 장점이 있다. 경매 가격은 특성상 일반적인 부동산 시장에서 거래되는 매매 가격보다 상대적으로 저렴하게 형성된다. 종종 시세보다 높게 감정 가격이 형성되기도 하지만 대개는 최저 매각 가격이 시세보다 10~20% 정도 낮게 정해진다. 다소 차이는 있으나 1회 유찰될 때마다 다시 20~30%씩 감액되기 때문에 저렴하게 부동산을 구입할 기회가 되는 것이다. 특히 상가나 임야, 전, 답과 같이 환금성이 낮은 부동산은 보다 더 저렴한 가격에 취득할 수 있다.

둘째, 거래 규제로부터 자유롭다. 토지 거래 규제를 위한 각종 법적, 제도적 규제가 경매를 통해 부동산을 취득하는 경우에는 적용되지 않는다. 경매를 통하면 투기적 거래가 성행하는 지역과 토지 가격이 급격히 올라 토지 거래 허가를 받아야 하는 지역을 대상으로 지정되는 토지 거래 허가 제도의 적용을 받지 않는다. 다만 농지는 경매를 통해 취득하더라도 농지 취득 자격 증명을 발급받아 낙찰기일 전까지 제출하여야만 취득이 가능하다는 점은 주의하자.

셋째, 경매는 권리 분석을 잘하면 일반 매매보다 안전하게 부동산을 취득할 수 있다. 경매를 통해 부동산을 낙찰받아 매각대금을 납부하고 등기에 필요한 서류를 첨부하여 등기신청서를 경매 법원에 제출하면 법원이 등기소에 소유권 이전등기를 촉탁하게 된다. 이때 부동산에 설정된 말소 기준 권리보다 우선하는 권리를 제외한 각종 가압류, 저당권 등기 등 완전한 소유권의 취득을 제한하는 권리들은 말소되어 권리 관계가 깨끗해진다.

넷째, 경매 물건은 수적으로나 양적으로 풍부하고 다양하다. 주택아파트, 단독주택, 연립·다세대 주택 등, 수익성 부동산, 공장, 토지전, 답, 임야 등 경매 물건은 매우 다양하다. 게다가 지속적으로 새로운 물건이 경매시장에 유입된다. 풍부한 매물이 있다는 의미이다.

경매는 권리 분석만 잘한다면 매수 목적과 관계없이 저렴한 가격에 부동산을 취득하는 방법인 만큼 적극적으로 관심을 가져 볼 만하다.

04 고령화 사회와 부동산 시장 사이의 함수 관계는?

 2022년 기준 우리나라의 전체 인구는 5,169만 2천 명인 것으로 나타났다. 이 중 65세 이상 인구는 전체의 17.7%인 914만 6천 명이었다. 연령별로 살펴보면 65~69세와 70~79세는 비중이 감소하는 반면, 80세 이상의 비중은 지속적으로 증가할 것으로 전망된다. 인구 피라미드는 30~50대가 두터운 항아리 형태로, 2052년에는 고령화로 인하여 60대 이상이 두터운 모습으로 변화될 것으로 보인다. 다음은 시도별 시간 경과함에 따라 변화하는 고령 인구 구성비를 보여 주고 있다.

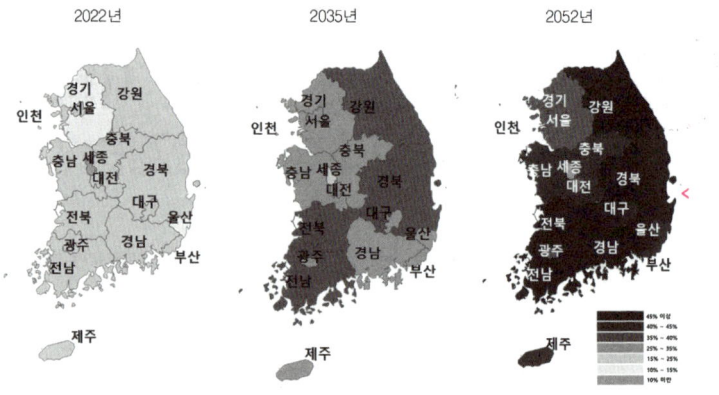

시도별 고령 인구 구성비 전망(2022년, 20235년, 2052년, 통계청)

통계청의 2022년~2052년 장래 인구 추계에 따르면 전체 인구에서 고령자 인구가 차지하는 비중은 오는 2052년 40.8%에 달할 것으로 예상되었는데 특히, 전남49.2%, 경북48.6%, 강원 47.3%, 전북46.6%, 경남46.0%의 고령 인구 비중이 두드러지게 높을 것으로 전망된다.

고령화 사회로의 본격 진입 현상이 갖는 의미는 여러 가지가 있다. 그중 가장 중요한 것은 부동산 수요와의 상관관계이다. 대한민국 모든 지역이 인구 감소 내지는 고령화 문제로 고통을 겪을 가능성은 높지 않지만, 인구 감소와 고령화 사회라는 변수는 부동산 시장에 부정적 요인으로 작용할 것으로 예상된다. 그렇다면 고령화 사회에서 부동산을 구입할 때 고려할 사항으로는 무엇이 있을까?

고령화 사회로 진입 속도가 엄청난 사회적 배경에서 가장 현명한 부동산 투자 전략은 인구 증가 내지는 가구 증가로 인해 부동산 수요가 증가할 것으로 예상되는 지역에 집중하는 전략이다. '2022년 인구주택총조사등록센서스방식' 자료에 따르면 시도별 인구는 경기가 13,718천 명26.5%으로 가장 많으며, 서울 9,417천 명18.2%, 부산 3,296천 명6.4%, 경남 3,281천 명6.3% 순으로 나타났다. 2021년 대비 2022년 인구 증감률이 큰 시도는 세종4.5%, 인천1.1%, 충남0.8% 순이며, 감소한 시도는 울산-0.9%, 대구-0.9%, 부산-0.9%, 경남-0.8% 순이었다.

증 가 6	감 소 10
세종(4.5%), 인천(1.1%), 충남(0.8%), 제주(0.5%), 경기(0.5%), 강원(0.4%),	울산(-0.9%), 대구(-0.9%), 부산(-0.9%), 경남(-0.8%), 전북(-0.7%), 서울(-0.6%), 경북(-0.6%), 광주(-0.4%), 대전(-0.4%) 전남(-0.4%)

최근 1년간 시도별 인구 증감 현황(통계청, '2022 인구주택총조사<등록센서스방식>)

인구 고령화는 분명 부동산 시장에 직접적으로 영향을 미칠 것이지만, 어떤 영향을 미칠지 예측하기는 결코 쉽지 않다. 엄청나게 빠른 속도로 인구의 고령화가 진행되고 있기 때문이다.

인구 고령화 현상이 무조건 부동산 시장의 대세 하락을 이끌 것이라고 주장하기에는 다소 무리가 있다. 자족 기능이라는 긍정적 변수를 고려해야 한다. 대부분의 사람들은 먹고살 만하면 행복해하고 큰 갈등 없이 삶을 영위해 나가기 마련이다. 일정 수준 이상 자족 기능을 확보한 곳이라면 부동산 시장의 흐름 역시 긍정적이라고 예측할 수 있다.

교통 편리성도 인구 고령화가 무조건 부동산 대세 하락을 초래할 것이라는 주장을 기우에 그치게 해 줄 변수이다. 현대 사회에서 부동산 가격을 결정하는 가장 큰 변수 가운데 하나로 흔히 교통 편리성을 들곤 한다. 교통 편리성이란 소통의 편리성을 의미하는데, 가장 큰 영향력을 갖는 교통 수단은 지하철이라는 점을 기억해야 한다. 물론 도로망이나 광역 버스 등도 무시하지 못할 교통수단이다. 교통 편리성은 인구 고령화 문제를 극복할 변수인 것이다.

기반 편익 시설이라는 변수는 인구 고령화가 현실화되는 시대적 흐름 속에서 부동산 가치를 보장할 가장 강력한 변수이다. 우선적으로 기반 편익 시설이 돋보이는 지역을 중심으로 적극적인 매수 전략을 수립할 필요가 있다. 지방의 강소 도시들이 수도권에 비해 상대적으로 엄청난 상승을 보인 배경에는 잘 갖춰진 기반 편익 시설이 있다는 점을 간과해서는 안 된다.

마지막으로 학교 인프라, 웰빙 주거 환경 역시 빼놓아서는 안 될 주요 변수들이다.

05 인구 감소가 부동산 폭락을 이끈다?

인구 변수는 부동산 가격 변동을 논하며 절대 빼놓아서는 안 되는 중요한 변수이다. 특히 주택은 인구 변수에 가장 밀접하게 영향을 받는 분야이다. 주택 이외에 수익성 부동산이나 토지도 인구 변수에 밀접하게 연결되지만, 1차적으로 영향을 받는 곳은 주택 부문이라는 사실은 이론의 여지가 없다.

미래 부동산 시장이 어떻게 변화할지 예측하려면 인구 변수를 매우 중요하게 고려해야 한다. 오늘날처럼 절대 인구 자체가 감소할 것으로 예상되는 현실이라면 더욱더 인구 변수를 중요하게 고려해야 한다. 지금부터 대한민국 인구에 대해 살펴 보자.

'2022 인구주택총조사 등록센서스 방식 결과'에 따른 우리나라의 총인구는 5,169만 명으로 전년 14.8만명 -0.3% 감소한 것으로 나타났다.

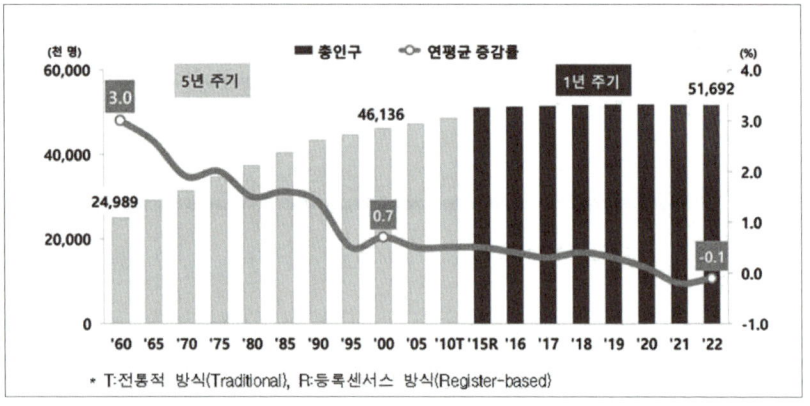

총인구 및 증감률, 1960~2022년(통계청)

위 증감률 그래프를 보면 알 수 있듯이 전체적으로 인구 증가율은 감소하고 있다. 특히 2021년 이후부터는 마이너스 성장하고 이에 따라 총인구 역시 감소하고 있는 것으로 나타났다. 따라서 인구감소는 경제 전반에 서서히 그 영향을 줄 전망이다. 그렇다면 인구 감소가 부동산 시장에 미치는 효과에는 어떤 것이 있을까? 과연 일부의 주장처럼 부동산 시장이 폭락으로 신음하게 될 상황이 닥칠까? 답부터 말하자면 그럴 가능성은 높지 않다는 것이다.

인구 감소에 따라 절대적인 측면에서 부동산 수요 자체는 감소할 것으로 보인다. 평균적인 측면에서 가격 하락이 발생할 수 있다는 뜻이다. 그렇다고 단기적으로 눈에 두드러지게 부동산 수요가 감소할 가능성은 그리 높지 않다. 아직까지는 절대 인구 감소 규모가 크지 않은데다 총인구 감소율도 엄청난 수준은 아니기 때문이다.

그렇다면 남은 것은 이제 부동산 시장의 양극화뿐이다. 인구 감소에 따라 부동산 가격이 크게 하락할 지역과 오히려 수용 증가에 따라 가격이 상승할 지역으로 구분된다는 말이다. 현명한 투자자라면 양극화에서 살아남을 지역에 주목해야 한다. 강남, 서초, 잠실, 과천, 분당, 목동 등 이름만으로도 가치를 가늠해 볼 지역이라면 양극화 현상에서도 굳건하게 제자리를 지킬 만한 지역이라 하겠다.

앞으로는 안전한 부동산이 사랑받는다.

　이론적인 측면에서 안전 자산이란 통상 '위험이 없는 금융 자산'이다. 위험이 전혀 없는 자산이 무위험 자산으로 정의되는데, 보통 금융 자산이 여타 자산에 비해 위험이 낮다는 점을 고려해 금융 자산을 무위험 자산이라 분류하곤 한다.

　모든 투자에는 위험이 동반된다. 자산에 투자하는 경우에도 다양한 위험이 수반되기 마련이다. 투자자를 곤경에 처하게 만드는 위험에는 어떤 것들이 있을까? 가장 대표적인 위험을 손꼽는다면 다음과 같다.

　첫째는 채무 불이행 위험이다. 둘째는 시장 가격의 변동 위험, 곧 시장 위험이다. 셋째는 자본주의 경제 체제 하에서 절대 피해 갈 수 없는 위험이라 할 인플레이션에 의한 자산 실질 가치

> **위험을 헷지하기 위해 현금을 보유하고 있다면?**
>
> 현금 보유는 현명한 전략이 아니다. 아주 간단한 예를 들어 보자. 이현금 씨가 금고 속에 현금 1억 원을 보관해 둔다고 가정하자. 이현금 씨는 은행 예금 상품에 가입하면 기대할 수 있는 연 2% 정도의 수익을 포기해야 한다. 제1금융권에 예금 상품을 가입해 원금 손해를 볼 가능성이 과연 얼마나 될까? 이론적으로는 가능하나 현실적으로는 그 확률이 0%이다. 또한 매년 물가가 상승하는 자본주의 경제 체제하에서는 물가 상승 폭만큼 화폐 가치가 하락하여 눈에 보이지 않는 손해를 보게 된다.
> 결국 투자와 관련된 모든 문제는 어느 정도의 위험을 감수하고 투자 수익을 추구해야 할지에 관한 문제이다. 어느 한쪽은 전혀 위험을 감수할 필요가 없고, 또 다른 한쪽은 위험을 감수하면서 투자해야만 하는 성질이 아닌 것이다.

의 변동 위험_{구매력 변동 위험}이다.

다시 본론으로 돌아와서 이론적인 측면에서의 안전 자산의 개념을 살펴 보자. 이론적인 측면에서 안전 자산이란 채무 불이행의 위험이 거의 없는 자산을 의미한다. 안전 자산이란 위험 0%인 자산이 아니라 여타 자산에 비해 상대적으로 위험이 적은 자산이라는 뜻이다. 혹자는 '투자의 위험이 따른다면 투자를 하지 않으면 되지 않겠는가. 그럼 위험을 회피할 수 있지 않겠는가!'라고 말한다. 이는 전적으로 바람직하지 못한 선택이다. 그 이유는 안전 자산에 대한 실질적 정의를 통해 확인할 수 있다.

보통 대표적인 안전 자산으로 국공채를 손꼽는다. 위에서 이미 언급한 세 가지 위험으로부터 가장 자유롭기 때문이다. 물론 수익률이라는 가장 중요한 변수는 여기서 고려하지 말않는다.

국공채뿐만 아니라 주식이나 펀드를 제외한 대부분의 금융 자산 역시 안전 자산으로 인식되어 있다. 원금 자체를 까먹을 염려가 없어서이다. 하지만 안전하다고 여겨지던 금융 자산, 그 중에서도 예금과 적금조차도 일정 금액 이하까지만 보호받는 지금 환경에서는 100% 안전한 자산은 더 이상 없다고 보아야 한다.

눈을 돌려 국내가 아닌 국제 시장을 살펴 보자. 국제 금융시장에서는 그동안 미국 관련 금융 자산이 안전 자산으로 인정받아 왔다. 예를 들면 미국 통화인 달러를 기반으로 하는 금융 자산인 미국 국채, 달러 등이다. 중국이 그처럼 많은 미국 국채를 보유하고 있고, 외환 보유고 중 달러가 차지하는 비중이 압도적으로 높은 이유도 가장 안전한 자산이 달러를 기반으로 한 자산이라는 인식이 자리 잡고 있는 까닭이다.

그럼 금융 자산에 비해 상대적으로 투자 위험성이 높은 부동산 시장에도 안전 자산이 존재할까? 답부터 말하자면 있다. 어떤 것이 안전 자산 역할을 할까? 바로 아파트이다. 아파트는 환금성이 높고, 투자 이익 확보가 가능하며, 인플레이션 헤징 hedging 이 가능하기 때문이다.

한때 수도권 시장에서까지 아파트가 과연 안전 자산인가 하는 회의론이 대두된 바 있다. 투자 대상으로 가장 중요한 항목이라고 할 투자 수익의 확보는커녕 오히려 미래 자산 가치의 불확실성 문제가 불거졌었기 때문이다. 이러한 흐름은 여러 가지 이슈로 안전 자산이라는 믿음이 잠시 흔들렸던 달러화 자산과 비슷한 현상이다.

안전 자산에 대한 믿음이 흔들렸었거나 그럴 가능성이 있다면 남은 것은 새로운 안전 자산을 찾는 일이다. 안전 자산에 대한 믿음이 달러화 자산에서 금으로 급속히 이동하는 현상과 마찬가지로 아파트를 대신해 역세권 소형 아파트 및 임대 수익 창출이 가능한 역세권 원룸이나 다가구주택, 수익성 부동산 등이 안전 자산 역할을 수행해 나가리라 예상된다.

위와 같은 흐름은 결국 안전 자산을 선호하는 현상을 심화시킬 것이다. 안전 자산을 선호하는 현상이란 투자자들이 위험이 높은 자산에 대한 투자를 회피하고 상대적으로 위험이 낮은 자산에 집중적으로 투자하는 현상을 가리킨다. 지속적으로 금값이 강세를 보이는 원인도 안전 자산을 선호하는 현상이 어느 때보다 강해지고 있다는 것에서 찾을 수 있다.

안전 자산이란 위험이 없는 금융 자산으로, 주로 채무 불이행의 위험이 없는 자산이라는 정의는 어디까지나 이론적인 측면이다. 현대 사회에서는 안전 자산을 여타 투자 자산에 비해 위험이 두드러지게 적은 자산이라 정의할 수 있다.

투자자들이 안전 자산을 선호하는 이유는 투자 실패의 위험을 줄이기 위해서이다. 금융 자산이나 부동산 자산에도 공통적으로 적용되는 절대적 기준이다. 부동산 투자에 성공하기 위해서는 반드시 안전 자산 성격을 갖고 있는 부동산에 주목해야 한다. 여기에 더해 향후 부동산 시장에서 근본적인 패러다임의 변화가 진행될 것이라는 점 또한 절대 간과해서는 안 된다.

자본주의 사회가 고도화되면 될수록 안정적인 투자 자산을 찾기가 어렵다. 영원한 안전 자산이란 존재하지 않는다. 다만 시대적 상황이나 경제적 필요에 따라 변화되는 시장의 수요 변화에 능동적이고 적극적으로 대처해 나가느냐에 따라 안전 자산인지 여부가 결정될 뿐이다.

참고로 대한민국에서 부동산이 안전 자산으로 살아남기 위해서는 다음과 같은 기준들을 충족하여야 한다. 잘 숙지해 두었다가 요긴하게 활용하기를 바란다.

안전 자산의 기준

1. 대한민국과 흥망성쇠를 함께할 곳.
2. 상전벽해가 가능하여 돈이 흐르는 곳.
3. 먹고살 거리가 충분하여 자족 기능이 갖춰진 곳.
4. 경기 변동의 불황 국면에 강한 자산.
5. 경기 상승 국면에서 자본 이득 창출이 대한민국 평균보다 커질 곳.
6. 윤택한 삶이 가능한 곳.
7. 감성과 테마가 흐르는 곳.

07 모바일이 부동산 시장을 근본적으로 바꾼다

재테크의 성패를 가르는 키워드는 정보이다. 재테크를 가리켜 정보와의 전쟁이라고 부르기도 한다. 물론 정보만 있다고 재테크에 성공하는 것은 아니다. 시의적절한 시점에 정확한 정보를 가공하여 활용해야만 비로소 재테크라는 쉽지 않은 전쟁에서 승자가 된다.

실제로는 신속하게 정보를 취득하기가 말처럼 쉽지 않다. 신속성을 확보하는 가장 강력한 재테크 도우미로 최근 급부상하는 것이 스마트폰이다. 스마트폰이야말로 신속한 정보 수집에서 가장 강력한 무기이다.

어떻게 스마트폰을 부동산 재테크에 활용할까? 스마트폰으로 어떻게 부동산 관련 정보를 수집하고 가공해서 수익을 창출할까? 누구나 한 번쯤 이런 질문을 할 것이다. 먼저 스마트 부동산 재테크에 대한 이해가 필요하다.

'스마트폰 부동산 재테크'의 개념을 살펴 보자. 스마트폰 부동산 재테크란 스마트폰으로 부동산 정보를 신속하고 빠르게 수집, 분석, 가공하여 재테크에 필요한 투자 전략을 수립하고 수익을 창출하는 것을 말한다. 낯설지 않은 개념이다.

그렇다면 누구나 알고 있지만 막상 실천하는 사람은 많지 않은 스마트폰 부동산 재테크는 어떻게 하면 되는지 방법론을 알아보자 스마트폰 부동산 재테크의 실천은 의외로 쉽고 간편하다. 가장 먼저 안드로이드 마켓이나 애플 앱스토어에서 필요한 애플리케이션을 다운로드받아 정보를 습득하고 분석하기만 하면 된다. '호갱노노', '직방', '다방', '네이버부동산', '청약홈', '아파트실거래가', 'KB부동산' '리치고' 등 다양한 애플리케이션을 활용하기만 하면 언제 어디서나 부동산 정보라는 광활한 바다를 마음껏 항해할 수 있다.

컴퓨터가 이룩한 1세대 정보 혁명은 인터넷 중심의 2차 정보 혁명을 거쳐 이제 스마트폰 중심의 3차 정보 혁명을 지나 AI중심의 4차 혁명에 이르고 있다. 그러니 향후 정보 혁명이 어디까지 진행될지 예측하기는 사실상 불가능에 가깝다. 누구도 정보 혁명의 한계를 단정 지을 수 없다. 각각의 정보 혁명에서 뒤처진 사회와 국가는 이어지는 정보 혁명에서도 주도적 위치를 차지하지 못하고 정보 후진국으로 전락한 채 세계화의 물결에 휩쓸

릴 수밖에 없다.

　재테크도 위와 같은 큰 흐름에서 자유롭지 못하다. 재테크는 정보와의 전쟁이다. 급격히 변화하는 정보의 소통 수단인 스마트폰을 적극 자기화하지 않는다면 효과적인 재테크는 갈수록 힘들어진다. 그러니 지금 당장 스마트폰을 통한 재테크를 본격적으로 실천하기를 바란다.

5장
인공지능으로 경제활동하기

챗GPT에 주목하자! 취업과 이직의 비밀 병기가 될 수 있다

챗GPT 홈페이지(https://chatgpt.com)

인공지능AI은 단순한 트렌드도 아니고 과거 윈도우와 같은 프로그램은 더더욱 아니다. 우리의 일과 삶의 방식 자체를 바꾸고 있기 때문이다. 특히 그 중심에는 챗GPT와 같은 생성형 AI가 자리 잡고 있다.

특히, 채용 트렌드가 유례를 찾을 수 없을 만큼 빠르게 변화하고 있는 요즘 채용과 이직시장에서 승리하기 위해서는 과거 그 어느 때보다 전략적이어야 한다.

"이직 준비 중이던 30대 마케터 A씨는 GPT를 활용해 다양한 기업별 자기소개서 샘플을 얻었고 이를 기초로 자신만의 맞춤형 자소서를 만들었고, 그 결과 원하는 기업 2곳에서 면접 기회를 얻었다."

"취업 준비생 B씨는 챗GPT를 활용해 IT 기업 면접에서 나올 만한 기술 질문과 답변을 반복 학습했고, 비전공자임에도 데이터 직무에 합격했다."

챗GPT를 활용한다면 언제든 내가 바로 위와 같은 사례의 주인공이 될 수 있다. 그렇기 때문에 자신만을 위한 멘토가 되기도 하고 훌륭한 조력자가 되어줄 수도 있는 챗GPT가 필요한 것이다. 그렇다면 챗GPT는 구체적으로 어떤 도움을 줄 수 있을까?

첫째, 챗GPT는 이력서나 자기소개서 작성에 엄청난 도움을 줄 수 있다.

자신의 경험과 지원 분야를 입력하기만 하면, 순식간에 수준 높은 문장으로 정리해준다. 예를 들어, 마케팅 직무에 지원하고 싶은 20대 후반의 취업준비생이 있다고 하자. 이 경우 '인턴 경험, SNS 콘텐츠 운영 경험, 대외활동에서 리더십을 발휘한 경험, 각종 자격증' 등 자신의 경쟁력과 관련된 정보를 입력하면, 챗GPT는 이를 체계적으로 정리해 자기소개서를 작성해준다. 단순히 글쓰기를 도와주는 수준을 넘어 경쟁력 있는 스토리 라인을 구성하는 데에까지 도움을 줄 수 있는 것이다.

둘째, 면접 준비 코칭은 물론 면접 예상 질문까지 생성해준다.

챗GPT가 모의 면접관 역할도 가능하다는 사실을 모르는 사람이 의외로 많다. 마케팅 경력직 이직을 앞두고 면접을 준비하는 3년 경력의 A씨가 있다고 가정하자. 이 경우 A씨는 챗GPT에 '마케팅 직무 3년차 이직 희망자에게 스타트업 기업이 물어볼 수 있는 질문 10가지와 그에 대한 이상적인 답변'을 요청할 수 있다. 당연히 챗 GPT는 즉시 결과를 제공한다. 특히 정답 없는 열린 질문예: "당신은 팀 내 갈등을 어떻게 해결하겠습니까?"에 대한 구조적 접근법을 익히는 데 매우 유용하다.

셋째, 커리어 리서치 및 트렌드를 파악하는 데 도움을 받을 수 있다.

취업 혹은 이직하고자 하는 분야의 직무나 산업에 대한 정보가 부족한 경우가 있을 수 있다. 그럴 경우 챗GPT가 '산업 분석 리서처'가 되어줄 수 있다. 예를 들어 "2025년 기준, 데이터 분석가 직무에 필요한 역량은 뭐지?"라고 질문하면, 챗GPT는 시장의 변화, 기술 측면의 트렌드, 자격증 관련 정보, 기업 요구 사항 등을 종합해 정리해 준다. 단순히 네이버나 구글 서치로는 찾을 수 없는 인사이트를 기대할 수 있다.

넷째, 자기 PR 콘텐츠 제작이나 포트폴리오 구성에 도움을 받을 수 있다.

디자이너나 마케터, 기획자들은 늘 포트폴리와 자기소개 영상과 같은 콘텐츠를 만들어야 한다. 이런 경우 챗GPT는 콘텐츠의 스크립트나 구성안을 제공해 줄 수 있다. 예를 들어 "UX 디자이너 포트폴리오 소개 글을 작성해줘"라고 입력하면 구조적인 자기 PR 글이 완성되는 식인데 이를 유튜브, 브런치 등 플랫폼에서 그대로 활용할 수 있다.

다섯째, 이직 전 커리어 전략 수립에 도움을 받을 수 있다.

이직을 꿈꾸는 직장인들은 많다. 그러나 자신의 이직과 관련된 정확한 방향성을 잡고 이직을 준비하는 직장인들은 그리 많지 않다. GPT는 '현재 직장 경력_{예를 들어 HR 5년차 등}, 이직하고자 하는 직장군_{예를 들어 IT산업}, 희망 연봉, 업무 특성'을 입력하면, 맞춤형 경력 로드맵을 그려준다. 예를 들어 "HR 컨설팅 업계로 이직하려면 어떤 경로가 좋을까?"라는 질문을 하면 단계별 준비사항_{학습, 자격증, 포트폴리오 구성 등}을 구체적으로 알려 준다.

이처럼 챗GPT는 단순히 궁금증을 해소하는 도구가 절대 아니다. '취업이나 이직 전략 수립', '자기표현 강화', '모의 면접', '경력기술서 구조화', '산업 트렌드 파악' 등 커리어 전반에 걸쳐 강력한 경쟁력을 제공하는 조력자이다.

02 챗GPT, 실무에서 이렇게 활용하자

챗GPT는 더 이상 개발자나 마케터의 전유물이 아니다. 기획자, 인사담당자, 세일즈, 디자이너, 회계 담당자 등등 누구나 GPT를 활용해 업무 효율성을 제고할 수 있다. 다음은 챗GPT를 실제로 실무에 활용한 다양한 사례들이다.

재무팀 차장 E씨

제조업체 재무팀에서 일하는 E차장. 그는 매년 초 진행되는 예산 배분 작업에서 챗GPT의 도움을 받고 있다. 엑셀로 부서별 비용 항목을 정리하면서 반복 계산을 해야 할 때마다 챗GPT에 "SUMIF 함수와 INDEX MATCH를 조합해서 조건별 합계를 구하는 수식"을 알려달라고 해 활용함으로써 업무 효율을 2배 이상 높인다. 만일 구글 서치를 통해 해답을 얻고자 했다면 3분이면 해결할 일을 그 10배인 30분 정도는 소요되었을 것이다.

전략기획팀 대리 F씨

대기업 전략기획실 대리인 F씨는 임원 보고용 발표 자료를 준비할 때마다 챗GPT에 '신사업 발표용 목차 구성'과 '슬라이드용 문장 요약'을 요청한다. 특히 "의사결정자가 이해하기 쉽게 요약해달라"고 주문하곤 한다. 그럴 때마다 '단계별 KPI와 실행 계획이 잘 정리된 프레젠테이션 개요'를 받고 있는데 챗GPT가 제공해 준 자료에서 크게 벗어나지 않았음에도 훌륭한 프레젠테이션 자료를 만들고 있다.

영업팀 주임 G씨 사례

영업팀 주임인 G씨는 거래처와 분쟁 상황이 발생할 때마다 챗GPT를 활용한다. '업무상 무리 없이 대응할 수 있는 완곡한 표현'으로 이메일 초안을 만드는 식이다. 예를 들어 "고객에게 직접적으로 '불가능 하다'라는 표현을 쓰기 어려운 경우 GPT가 '제안 감사드립니다만, 현재 내부 자원 상황상…'으로 유려하게 표현해 줘" 유용하게 활용하고 있다.

스타트업 마케터 H씨

스타트업 마케팅팀 마케터인 H씨. 그는 고객 이탈률 분석 보고서를 작성할 때마다 챗GPT를 활용하곤 한다. 예를 들어 "이탈률이 증가한 이유를 가설적으로 제시해줘"라고 요청하면 챗GPT는 업계 평균 비교, 시즌성 영향, 가격 정책 변화 등을 고려한 시나리오를 제시해 주는 식이다. 또한 해당 내용을 그래프로 시각화할 수 있는 파이썬 코드도 함께 제공받아 '비전문가도 사용할 수 있는 분석 보고서'를 만들곤 한다.

인사팀 과장 I씨

인사팀 과장 I씨. 그는 GPT를 활용해 '임직원 인사평가 결과 피드백 메일'을 정리하곤 한다. GPT가 문장 구조를 정리하고 "'감정이입형 문장'으로 재작성할 것을 요청해" 수용성과 설득력을 크게 높이는 방식으로.

챗GPT를 잘 활용하는 사람은 이미 '24시간이 아닌 25시간을 사는 것이다'라는 말이 있다. 챗GPT는 실무에서 단순히 업무를 돕는 보조적 도구에 그치지 않고 의사 결정, 문서 작성, 커뮤니케이션, 데이터 분석까지 업무 확장성이 무궁무진하기 때문이다. 위 사례에서 알 수 있는 것처럼 챗GPT를 잘 활용하는 것이야말로 오늘 날 필요로 하는 경쟁력을 갖는 것이라고 할 수 있다. 지금 당장 업무에 챗GPT를 활용해야 하는 이유이다.

03 업무 혁신을 가능케 하는 코파일럿, 디지털 시대의 동반자이다

　디지털 기술이 발전함에 따라 업무 방식과 효율성이 획기적으로 변화하고 있다. 챗GPT로 대표되는 인공지능의 등장에 힘입은 바 크다. 특히 최근 등장한 인공지능 기반의 도우미라고 할 수 있는 '코파일럿Copilot'은 단순한 자동화 도구를 넘어, 인간의 사고와 창의력을 보완하는 진정한 업무 파트너로 자리매김하고 있는 추세이다.

　그렇다면 코파일럿은 무엇일까?

　코파일럿은 마이크로소프트가 개발한 AI 기반의 생산성 도우미라고 정의할 수 있는데 사용자의 업무 흐름을 이해하고 그에 맞춰 정보를 제공하거나 작업을 자동화함으로써 업무 능력을 획기적으로 향상시킬 수 있도록 돕는 역할을 한다.

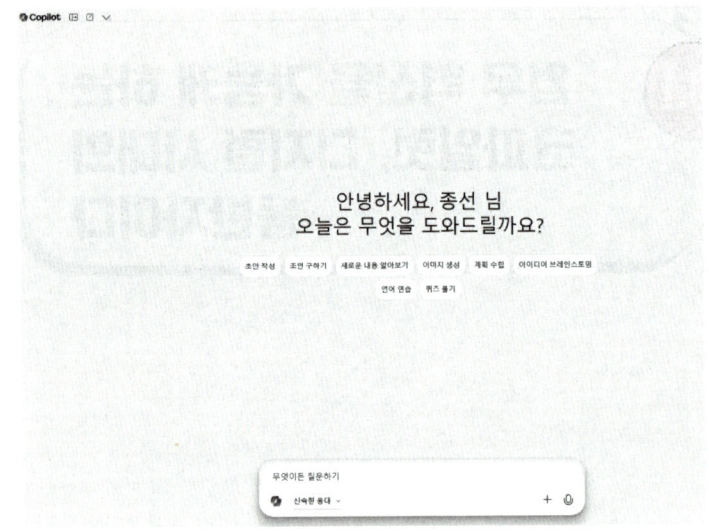

코파일럿 메인 화면

그렇기 때문에 코파일럿을 단순한 챗봇이나 검색 도구로 생각해서는 곤란하다. 실제로 코파일럿은 사용자의 맥락을 이해하고, 다양한 업무 환경에서 실질적인 도움을 제공하는 인공지능 기반의 동반자인데 예를 들어, 문서 작성, 데이터 분석, 일정 관리, 이메일 작성, 아이디어 브레인스토밍 등 다양한 업무에서 사용자의 의도를 파악하여 필요한 정보를 제공하거나 작업을 자동으로 처리해 준다. 특히 마이크로소프트 오피스 제품군Word, Excel, PowerPoint 등과의 통합을 통해, 기존의 업무 도구에 자연스럽게 녹아들어 사용자의 생산성을 극대화하는 데 도움을 준다.

코파일럿의 활용의 핵심은 '맥락 인식'과 '자연어 처리'에 있다. 사용자가 자연어로 질문하거나 요청하면, 코파일럿은 그 의미를 파악하고 적절한 작업을 수행한다. 예를 들어 "지난 분기 매출 데이터를 요약해줘"라고 요청하면, Excel 파일을 분석해 핵심 수치를 추출하고 요약 보고서를 작성해 주는 식이다. 이는 단순한 자동화가 아니라, 인간의 사고 흐름을 이해하고 보조하는 지능형 협업의 형태라고 할 수 있다.

코파일럿이 어떻게 업무 능력을 향상시켜 주는지 간단한 예시를 통해 확인해 보자.

마케팅 기획자의 콘텐츠 제작 지원

마케팅 기획자는 매주 SNS 콘텐츠를 기획하고 작성한다. 과거에는 트렌드 조사, 키워드 분석, 문구 작성 등을 모두 수작업으로 진행했다. 그러나 코파일럿을 활용하면 업무 방식이 크게 바뀐다. 예를 들어 "이번 주 트렌드에 맞는 3개의 인스타그램 콘텐츠 아이디어를 제안해줘"라고 명령하면, 코파일럿은 최신 트렌드 데이터를 기반으로 아이디어를 제시하고, 각 콘텐츠에 맞는 문구와 해시태그까지 자동으로 생성해준다. 이를 통해 콘텐츠 제작 시간이 절반 이하로 감소하는 것은 물론 아이디어의 다양성도 크게 향상된다.

재무 분석 보고서의 자동화

재무 분석 업무 담당자는 매달 수십 개의 엑셀 파일을 분석해 보고서를 작성한다. 과거에는 데이터를 수동으로 정리하고 요약하는 데 많은 시간이 소요되었지만, 코파일럿을 활용할 경우 "이 파일에서 주요 지표를 추출하고 요약 보고서를 작성해줘"라고 명령하면, 자동으로 데이터를 분석하고 시각화된 보고서를 생성해 준다. 특히 반복적인 작업인 경우라면 시간 절감 효과가 더 크고 실수가 발생할 가능성도 획기적으로 감소한다.

코파일럿이 반복적이고 시간이 많이 소요되는 작업을 자동화해 주면 인간은 보다 창의적이고 전략적인 업무에 집중할 수 있다. 단순한 생산성 향상을 넘어, 업무의 질적 전환을 가능케 해준다는 뜻이다. 뿐만 아니라 코파일럿은 지속적인 학습과 적응을 통해 점점 더 정교한 지원을 제공할 수 있다. 사용자의 업무 스타일과 선호도를 학습하고, 그에 맞춰 맞춤형 제안을 하거나 실시간 피드백의 제공도 가능하다. 이는 마치 개인 비서가 사용자의 업무 흐름을 이해하고 능동적으로 도와주는 것과 같다고 볼 수 있다.

다만, 코파일럿이 모든 업무를 대체할 수 있는 것은 아니다. 인간의 판단력, 창의성, 감성과 같은 중요한 요소인 경우 코파일럿은 이를 보완하고 강화하는 역할을 국한된다. 그렇기 때문에 코파일럿은 인간과 AI가 협력하는 새로운 업무 생태계를 가능케 해주는 조력자라고 볼 수 있다.

이처럼 코파일럿은 단순한 기술을 넘어, 업무의 본질을 변화시키는 도구다. 디지털 시대의 재테크 전략에서도 코파일럿은 중요한 역할을 할 수 있으며, 이를 적극적으로 활용하는 것이 미래 경쟁력의 핵심이 될 것이다.

04 당신의 금융 멘토, 제미니를 활용한 스마트 재테크

 취업의 설렘과 함께 시작된 직장 생활, 혹은 새로운 도약을 준비하며 이직을 고민하는 시기. 이 중요한 변곡점에서 우리는 늘 '돈 관리'라는 현실적인 문제에 부딪히게 된다. 월급을 어떻게 모아야 할지, 어떤 금융 상품에 투자해야 할지 막막한 경우가 의외로 많다. 그럴 때, 마치 옆에 똑똑한 재테크 멘토가 있는 것처럼 당신의 금융 고민을 해결해 줄 강력한 조력자가 되어 줄 수 있는 존재가 있는데 바로 구글이 개발한 초거대 언어 모델, '제미니Gemini'이다.

 제미니는 AI금융 멘토이다. 제미니는 단순한 챗봇을 넘어, 방대한 데이터를 학습하고 복잡한 논리를 추론하는 능력을 갖춘 AI 모델이다. 텍스트, 이미지, 오디오, 영상 등 다양한 형태의 정

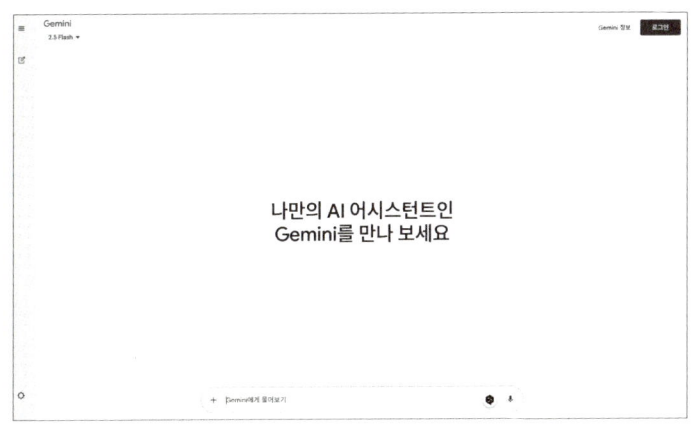

제미니 초기 화면(https://gemini.google.com/)

보를 동시에 이해하고 처리하는 '멀티모달Multimodal' 기능은 제미니의 가장 큰 강점이다. 이러한 특성 덕분에 제미니는 금융 분야에서도 놀라운 잠재력을 발휘할 수 있다.

투자 정보를 얻기 위해 수많은 경제 뉴스, 유튜브 채널, 블로그를 헤매는 경우가 많다. 그러나 제미니만 있으면 이제 그런 번잡스러운 과정을 거치지 않아도 좋다. 세미니가 신뢰성 있는 출처의 방대한 데이터를 바탕으로 최신 금융 트렌드와 투자 정보를 요약하고 분석해 주기 때문이다.

뿐만 아니라 제미니는 맞춤형 금융 솔루션도 제공해 준다. 단순히 정보를 나열하는 것을 넘어, 각자의 재정 상황, 목표, 투자 성향을 파악하여 맞춤형 재테크 전략을 제안해 준다. 마치 개인 재무 설계사를 고용한 것처럼 말이다.

취업 초년생은 물론 이직 희망자에 이르기까지 다양한 수요자에게 유용하다. 제미니는 취업 초년생은 물론 이직 희망자에게 있어 재테크의 시작부터 끝까지 함께하는 든든한 파트너가 될 수 있다. 취업 초년생인 경우 효율적으로 '종잣돈' 마련을 할 수 있도록 도울 수 있다.

예를 들어 "내 월급 000만 원 중 생활비 000만 원을 제외하고 얼마를 저축해야 할까?"와 같이 질문하면, 현실적인 저축 목표를 세워주기도 하고, "사회 초년생이 목돈 마련을 위해 적금과 펀드 중 어떤 것을 선택해야 할까? 각각의 장단점은?"이라고 물어보면, 각자의 상황에 맞는 최적의 상품을 비교 및 분석해 준다.

기본 금융 지식을 학습하는 데에도 도움을 줄 수 있다. 예를 들어 "ETF란 무엇인가요?" "분산투자의 원칙을 쉽게 설명해 주세요." 같이 질문하는 식으로 말이다.

이직 준비생에게는 '커리어 전환' 과정에서 발생하는 재무적 고민은 물론 '자산 포트폴리오'의 재정비에 도움을 줄 수 있다.

"이직을 앞두고 000만 원의 비상금이 있는데, 어떻게 관리하는 게 좋을까요?"와 같은 질문을 통해 현금 흐름을 점검하고, 이직 기간 동안의 지출 계획을 세우는 데 도움을 받을 수 있다. 뿐만 아니라 투자 포트폴리오의 재구성을 하는 경우에도 도움을 받을 수 있다. "현재 국내 주식 00만 원, 해외 주식 00만 원을 보유하고 있는데, 앞으로의 시장 전망과 이직 후의 재정 상황을 고려해 포트폴리오를 어떻게 조정해야 할까요?"와 같이 질문하면,

위험 분산을 위한 대안을 제안해 주는 식이다.

마지막으로 연금 및 퇴직금 관리에도 도움을 받을 수 있다. "퇴직연금DC형을 IRP 계좌로 옮기려는데, 주의할 점은 무엇인가요?"와 같이 질문함으로써 복잡한 퇴직금 관련 규정을 쉽게 이해하고 현명한 결정을 내릴 수 있도록 돕는다.

이처럼 제미니는 단순한 AI 비서가 아니다. 가장 필요로 하는 재무적 목표를 달성하는데 중요한 멘토가 되어 줄 수 있다. 더 이상 외로운 재테크를 할 필요도 범람하는 정보의 바다에서 허우적 거릴 필요도 없다. 제미니를 통해 스마트한 재테크를 시작할 수 있기 때문이다.